U0075474

Knowledge House & Walnut Tree Publishing

Knowledge House & Walnut Tree Publishing

The Global
Trade Frictions
and the
Rise
and
Fall
of the Great Powers

全球貿易摩擦與大國興衰

任澤平　羅志恆　著

目　錄

序

中美貿易摩擦的本質、影響、應對和未來沙盤推演

自二〇一八年七月六日中美貿易摩擦升級以來，美方對華加徵關稅的商品規模不斷擴大，並逐步升級至投資限制、技術封鎖、人才交流受阻、孤立中國等方面，對全球經濟與貿易、外商直接投資（FDI）、地緣政治、中美關係等產生深遠影響。截至二〇一九年五月初，中美已進行了十輪經貿高級別磋商，雙方圍繞協議文本開展談判，在技術轉讓、知識產權保護、非關稅壁壘、服務業、農業、匯率和執行機制等方面達成共識。

但二〇一九年五～六月，美國突然進一步提高關稅稅率和切斷華為供應鏈打壓中國高科技旗艦企業，中美貿易摩擦再次大幅升級。六月底中美元首會晤，同意重啟經貿磋商，中美貿易摩擦階段性緩和。我們認為，中美貿易談判存在波折和反覆，即使達成協議，也絕不意味著一勞永逸地解決了中美經貿摩擦問題。對此，中國要做好兩手準備。我們必須清醒地認識到，中美貿易摩擦具有長期性和日益嚴峻性。

隨著中美貿易摩擦不斷升級，美方的戰略意圖和底牌暴露得愈發明顯，其目標顯然不是縮減貿易逆差這麼簡單，越來越多的跡象表明這是打著貿易保護主義的旗號，劍指中國經濟發展和產業升級，尤其是對中國高科技領域的戰略遏制。最能顯示美方戰略意圖的是兩份文件和兩個案例：二〇一八年三月的《301 報告》和二〇一八年五月的美方「要價清單」，二十世紀八〇年代的美日貿易戰以及當前美方對華為的圍堵。

隨著中國經濟發展、中美產業分工從互補走向競爭以及中美在價值觀、意識形態、國家治理上的差異愈發凸顯，美國政界對中國的看法發

生重大轉變，鷹派言論不斷抬頭，部份美方人士認為中國是政治上的威權主義、經濟上的國家資本主義、貿易上的重商主義、國際關係上的新擴張主義，是對美國領導的西方世界的全面挑戰。他們認為，中國經濟發展挑戰美國經濟霸權，中國進軍高科技挑戰美國高科技壟斷地位，中國重商主義挑戰美國貿易規則，中國「一帶一路」倡議挑戰美國地緣政治，中國發展模式挑戰美國意識形態和西方文明。

中美貿易摩擦從狹義到廣義有四個層次：縮減貿易逆差、實現公平貿易的結構性改革、霸權國家對新興大國的戰略遏制、冷戰思維的意識形態對抗。縮減貿易逆差可以通過雙邊努力階段性緩解，但如果美方單方面要求中國做出調整，而不徹底改變自身高消費低儲蓄模式、對華高科技產品出口限制、美元的超發特權等根本性問題，美國的貿易逆差不可能從根本上削減，無非是類似當年美日貿易戰之後美國對外貿易逆差從日本轉移到中國，未來再從中國轉移到東南亞。在實現公平貿易的結構性改革方面，中國可以做出積極改革，這也是中國自身發展的需要。但是，這些都難以滿足美方戰略遏制中國高科技升級和大國復興的意圖。因此，中美雙方要管控分歧、避免誤判，多談判、合作、互信、尋求共贏，避免矛盾升級，中美雙方共同維護有利於增進人類福祉的全球化和市場化。

中美貿易摩擦使我們清醒地認識到中國在科技創新、高端製造、金融服務、大學教育、軍事實力等領域與美國的巨大差距；必須清醒地認識到中國在減少投資限制、降低關稅、保護產權、國企改革等領域還有很多工作要做；必須清醒地認識到中美關係從合作共贏走向競爭合作甚至戰略遏制；必須堅定不移地推動新一輪改革開放，保持戰略定力。中國國家主席習近平在二〇一八年四月十日博鰲亞洲論壇二〇一八年年會開幕式講話中向世界宣告：「中國開放的大門不會關閉，只會越開越大！」「實踐證明，過去 40 年中國經濟發展是在開放條件下取得的，未來中國經濟實現高質量發展也必須在更加開放條件下進行。」

同時，我們也要清晰深刻地認識到中國經濟發展的巨大潛力和優勢，

新一輪改革開放將釋放巨大紅利，最好的投資機會就在中國：中國有全球最大的統一市場（近 14 億人口），有全球最大的中等收入群體（4 億人群）；中國的城鎮化進程距離已開發國家仍有 20 個百分點的空間，潛力巨大；中國的勞動力資源近 9 億人，就業人員 7 億多，受過高等教育和職業教育的高素質人才有 1.7 億人，每年大學畢業生有 800 多萬人，人口紅利轉向人才紅利；新一輪改革開放將開啟新週期，釋放巨大活力。

在中美貿易摩擦初期，主流媒體和市場出現了嚴重誤判，「中美關係好也好不到哪兒去，壞也壞不到哪兒去」、「中美貿易摩擦對中國影響不大」等觀點流行。但是，我們在一開始就鮮明提出了一些與市場流行觀點不同、但被後續形勢演化所不斷驗證的判斷：「中美貿易摩擦具有長期性和日益嚴峻性」、「這是打著貿易保護主義旗號的遏制」、「中美貿易摩擦，我方最好的應對是以更大決心更大勇氣推動新一輪改革開放，堅定不移。對此，我們要保持清醒冷靜和戰略定力」。

美國真正的問題不是中國，而是自己，是如何解決民粹主義、過度消費模式、貧富差距太大、特里芬難題（Triffin dilemma）等。二十世紀八〇年代美國成功遏制日本崛起、維持經濟霸權的主要原因，不是美日貿易戰本身，而是雷根（Ronald Wilson Reagan）政府供給側改革和沃爾克（Paul Adolph Volcker）遏制通貨膨脹的成功。中國真正的問題是如何建設高水準的市場經濟和開放體制。

更深層次來看，過去 40 年中國經濟高速增長，受益於兩大清晰的立國戰略：對內改革開放，對外韜光養晦。今天的中國正處於戰略轉型期和戰略迷茫期，需要解決的關鍵問題是面對未來政治經濟社會形勢演化趨勢以及世界領導權更迭，確定一種對我有利的長遠戰略定位，類似當年英國的大陸均勢、美國的孤立主義和中國當年的韜光養晦。中國對內的立國戰略十分清晰，即繼續深化改革開放。對外方面，中國最重要的外交關係是中美關係，中美關係的本質是新興大國與在位霸權國家的關係模式問題，即選擇韜晦孤立、競爭對抗還是合作追隨。但是今天的中

美關係，跟過去英德、英美、美日、美蘇的關係不盡相同，既不是英德、美蘇那種你死我活的全面競爭對抗關係，也不是英美那種同種同源的合作追隨、順位接班關係，更多的是競爭合作關係。因此，中國需要在美國回歸到本國利益優先的霸權思維大背景下，樹立並宣揚一種對全世界人民具有廣泛吸引力的美好願景和先進文明；在美國回歸貿易保護主義的大背景下，以更加開放大氣的姿態走向世界；在美國四面開戰的大背景下，全面深入地建立與東南亞、歐洲、日韓、中亞等的自由貿易體系以實現合作共贏。歷史是有規律的，凡是不斷吸收外部文明成果、不斷學習進步的國家，就會不斷強大；凡是故步自封、阻礙時代潮流的國家，不管多強大，都必將走向衰敗。

我們十多年前從事「大國興衰的世紀性規律與中國崛起面臨的挑戰及未來」相關研究。自美國大選開始，我們便系統研究並持續跟蹤美國經濟社會發展背景、貿易保護主義和民粹主義抬頭背後的經濟社會基礎、美國各界對華態度和戰略轉變、川普（Donald John Trump）新政主張及進展等。

只有深入研究大國興衰的世紀性規律、美國貿易保護主義和民粹主義抬頭的經濟社會背景、中美關係演變歷程和趨勢，清醒認識川普新政的核心訴求和底牌，才能避免戰略誤判，放棄幻想，著眼長遠，沉著應對。

一、二〇一八年以來，美對華從貿易摩擦向投資限制、技術封鎖、人才交流受阻等全面升級，中方同步反制並加快改革開放進程

（一）中美貿易摩擦演變

二〇一七年八月，美國總統川普指示美國貿易代表署（Office of the United States Trade Representative, USTR）對中國開展「301 調查」。二〇一八年三月，美國貿易代表署發佈了調查結果《301 報告》（*Section 301 Report*），指控中國存在強迫技術轉讓、竊取美國知識產權等問題，

川普據此對華加徵關稅。

自二〇一八年六月十一日起，美國收緊了科學、技術、工程、數學等專業中國留學生的簽證發放。這一趨勢逐漸蔓延並影響到了其他學科正常的學術交流，中國赴美交流學者多次被阻撓。

二〇一八年六月十五日，美國單方面撕毀雙方在五月份達成的共識，擬對 500 億美元商品徵收 25％關稅，分兩批實施。六月十五日，中國決定對原產於美國的約 500 億美元進口商品加徵 25％的關稅。

二〇一八年六月十八日，川普指示美國貿易代表確定擬加徵關稅的 2000 億美元的中國商品清單，稱如果中國採取報復性措施並拒絕改變貿易「不公平」做法，將額外徵收 10％的關稅。六月二十七日，川普表示將限制中國投資美國關鍵科技產業。

二〇一八年七月六日，美國對 340 億美元的中國商品加徵 25％進口關稅的措施落地。中國於同日對同等規模的美國產品加徵 25％的進口關稅。

二〇一八年八月一日，川普威脅將對華 2000 億美元商品加徵關稅稅率從 10％上調至 25％。八月三日，中方回應將對美 600 億美元商品分別加徵 5％、10％、20％和 25％的關稅。

二〇一八年八月八日，美國宣佈將於八月二十三日對華進口 500 億美元商品中剩餘的 160 億美元商品加徵關稅。中國宣佈八月二十三日對美 160 億美元商品加徵關稅。

二〇一八年九月十八日，美國政府正式宣佈於九月二十四日起，對約 2000 億美元進口自中國的產品加徵 10％的關稅，並將於二〇一九年一月一日起將關稅稅率提高至 25％。美國還稱如果中國針對美國農民或其他行業採取報復措施，將對約 2670 億美元的中國產品加徵關稅。中國商務部當日回應稱將同步反制。

二〇一八年十月一日，美加墨協定談判成功，設置毒藥丸條款，規定美加墨三國都不得「擅自」與「非市場經濟」國家簽署協定。這意味著在沒有美國許可的情況下，中國與加拿大和墨西哥兩國分別簽署自由

貿易協定的可能性將變得極為渺茫；更為嚴峻的是，美國若將該條款納入同歐盟和日本的貿易協定，中日韓自由貿易區（FTA）和區域全面經濟夥伴關係（RCEP）談判也將受到重大影響。

二〇一八年十一月一日，美國財政部外國投資委員會依據六月美國國會通過的《外國投資風險評估現代化法案》，正式加強對航空航太、生物醫藥、半導體等核心技術行業的外資投資審查，同時該法案還規定美國商務部部長每兩年向國會提交有關「中國企業實體對美直接投資」以及「國企對美交通行業投資」的報告。

二〇一八年十一月二十日，美國商務部工業安全署（BIS）公佈擬制定的針對關鍵技術和相關產品的出口管制體系並對公眾徵詢意見，擬對生物技術、人工智慧（AI）和機器學習等 14 類核心前沿技術實施出口管制。

二〇一八年十二月一日，二十國集團領導人峰會——布宜諾斯艾利斯峰會上，中美兩國元首達成暫時休戰的框架性協議並開啟 90 天的結構性談判。

二〇一九年一月三十～三十一日，中美經貿磋商取得階段性進展，雙方同意採取有效措施推動中美貿易平衡化發展，中方將有力度地擴大自美農產品、能源、工業製成品和服務產品進口，但雙方在協議執行、知識產權保護和技術轉讓等結構性問題方面仍未達成一致。

與此同時，美方持續採用特殊歧視手段打擊華為。二〇一九年一月二十九日，美國司法部宣佈對華為提出 23 項刑事訴訟，並將向加拿大提出引渡華為副董事長、首席財務官的請求，在全球打壓華為的行動持續升級。

二〇一九年二月五日，川普在國會發表年度國情咨文演講，以「選擇偉大」為主題，重申公平貿易原則、捍衛美國就業機會、奉行以美國利益為重的外交政策，以中國為經濟和價值觀的對手。「如果另一個國家對美國產品徵收不公平的關稅，我們可以對他們銷售給我們的同一產品徵收完全相同的關稅。」同日，美國貿易代表署發佈二〇一八年度《中

國履行加入世貿組織承諾情況報告》（*2017 Report to Congress On China's WTO Compliance*），提出中國依然存在強制技術轉讓、產業政策、非法出口限制、電子支付市場未對外資開放等問題，認為「中國對世界貿易組織成員國和多邊貿易體系發起了獨特而嚴峻的挑戰，主要是因為未能接受開放的、以市場為導向的政策」。中國商務部隨即表示反對。

二〇一九年二月七日，美國白宮發佈未來工業發展計劃，提出將專注於人工智慧、先進製造、量子資訊和 5G 技術四項關鍵技術來推動美國經濟繁榮和保護國家安全。

二〇一九年二月十四～十五日，第六輪中美經貿高級別磋商結束，雙方討論了技術轉讓、知識產權保護、非關稅壁壘、服務業、農業、貿易平衡、實施機制等議題，達成原則共識。

二〇一九年二月二十一～二十四日，第七輪中美經貿高級別磋商達成重要共識，雙方圍繞協議文本開展談判，增加了匯率和金融服務談判的內容，取得實質性進展。

二〇一九年三月一日，美國貿易代表署宣佈對二〇一八年九月起加徵關稅的自華進口商品，不提高加徵關稅稅率，繼續保持在 10％。中方表示歡迎。

二〇一九年三月二十八～二十九日、四月三～五日和四月三十日～五月一日，第八、第九和第十輪中美經貿高級別磋商繼續討論協議有關文本，持續取得進展。

二〇一九年五月六日，川普突然表示，將從五月十日起對中國原徵收 10％關稅的 2000 億美元的進口商品加徵關稅至 25％，且短期內將對另外 3250 億美元商品徵收 25％的關稅。五月十三日，中國宣佈六月一日起對美原加徵 5％和 10％關稅的 600 億美元商品提高稅率至 10％、20％和 25％。

二〇一九年五月十五日，美國總統川普簽署行政命令，宣佈美國進入「國家緊急狀態」，美國企業不得使用對國家安全構成風險的企業所

生產的電信設備。美國商務部工業和安全局把華為公司列入出口管制「實體名單」。

二〇一九年六月二十九日，在二十國集團領導人峰會——大阪峰會上，中美兩國元首同意推進以協調、合作、穩定為基調的中美關係，在平等和相互尊重的基礎上重啟經貿磋商。美方表示談判期間不再對中國產品加徵新的關稅。兩國經貿團隊將就具體問題進行討論。川普宣佈美國公司可繼續向華為公司供應不涉及國家安全的零組件。

（二）除針對中國外，美國發動了以自我利益為中心的全球性貿易摩擦，四面開戰、合縱連橫，遭遇了廣泛的反彈

二〇一八年三月，美國宣佈將對進口鋼鐵和鋁產品分別徵收25％和10％的關稅，涉及歐盟、加拿大、墨西哥、日本等多個國家和地區。作為反擊，歐盟宣佈將對價值約35億美元的美國商品加徵25％的進口關稅。川普威脅稱將對進口自歐盟的汽車及零組件徵收20％的關稅。二〇一八年七月，歐盟委員會主席容克（Jean-Claude Juncker）訪美，美國和歐盟發表聯合聲明，宣佈同意通過談判降低貿易壁壘、緩解貿易摩擦，並同意暫停加徵新關稅，美歐貿易摩擦緩和。但二〇一九年四月，川普指責歐盟非法補貼空中巴士公司（Airbus），因此要對價值110億美元的進口歐洲產品加徵關稅。二〇一九年七月一日，美國貿易代表署發佈了價值40億美元的擬徵收關稅的歐盟商品清單，美歐貿易摩擦再起。

川普多次指責美日貿易不公平，並對日本農業和汽車行業「開炮」。二〇一八年七月，美國貿易代表羅伯特‧萊特希澤（Robert Lighthizer）稱必須同日本協商貿易協定。九月，美日兩國啟動貨物貿易協定談判，美國農業部部長要求日本開放農業市場。十月，川普稱如果日本不開放市場，將對日本汽車徵收20％的關稅。美國政府甚至以美國對日本的安全保護為施壓籌碼，抨擊《美日安保條約》不公平。

美國試圖建立一個繞過WTO的新的世界貿易體系。除美歐、美日

談判外，二○一八年七月十七日，歐盟和日本在東京簽署《經濟夥伴關係協定》（EPA），如果美日歐結盟，WTO將名存實亡，世界將形成兩大平行市場，國際經貿秩序面臨重建。但是，美歐、美日聯盟的建立並非一蹴而就，仍存在很多問題，如歐洲和日本的農業、汽車短期內難以實現與美零關稅（尤其法國農業將受到較大衝擊），隨後美歐聯合聲明遭到了法國等國家的強烈反對。

美國對其貿易逆差第二大來源國墨西哥發起貿易摩擦。川普上任伊始就提出要重新談判美加墨自由貿易協定。二○一九年五月三十一日，川普將外交問題經濟化、將關稅武器化，為限制非法移民，稱從六月十日起對進口自墨西哥的所有商品加徵5％的關稅；如果危機未能解決，美國將不晚於十月一日繼續上調關稅稅率至25％，墨西哥不得不部署國民警衛隊加強邊境執法並接收非法移民遣返至墨西哥境內。

美國還發起了對印度的貿易摩擦。二○一九年六月五日，美國終止了印度的普惠制貿易地位，取消對印度的關稅減免優惠，印度隨即對蘋果、杏仁等28種美國產品加徵報復性關稅。

（三）中方以打促和，擴大改革開放

中國一方面對美加徵關稅予以回擊，促使美國回到談判桌上；另一方面就降低關稅、促進投資便利化、擴大開放、推動供給側結構性改革，積極推動改革開放事業。

二○一八年四月，中國國家主席習近平在博鰲亞洲論壇年會講話中提出，降低汽車進口關稅和外資股權比例限制，加大金融服務業開放等。

二○一八年六月二十六日，中國下調亞太進口協定稅率，實行黃豆進口零關稅。

二○一八年六月二十九日，中國發佈了《外商投資准入負面清單》（二○一八年版），共在22個領域推出開放措施，基本完全放開製造業的投資限制，並提出二○二一年將取消金融領域所有外資股比限制。二

〇一九年七月二日，中國國務院總理李克強在第十三屆夏季達沃斯論壇（Davos Forum）上表示該領域開放將提前至二〇二〇年。

二〇一八年七月十六日，第二十次中國歐盟領導人會晤，雙方表示致力於在雙邊貿易和投資領域確保公平互利合作，加快《中歐投資協定》談判。

二〇一八年十一月五日，中國國家主席習近平在第一屆中國國際進口博覽會上宣佈五大主動新開放舉措：激發進口潛力、持續放寬市場准入、營造國際一流經商環境、打造對外開放新高地、推動多邊和雙邊合作深入發展（中日韓自貿區）。

二〇一八年十二月十九～二十一日，中共中央經濟工作會議強調「要推動全方位對外開放。推動由商品和要素流動型開放向規則等制度型開放轉變。要放寬市場准入，全面實施准入前國民待遇加負面清單管理制度，保護外商在華合法權益特別是知識產權，允許更多領域實行獨資經營。要擴大進出口貿易，推動出口市場多元化，削減進口環節制度性成本等」。

二〇一九年三月十五日，中國人大通過《外商投資法》，對外商投資的准入、促進、保護、管理等做出了統一規定。三月二十八日，李克強在博鰲亞洲論壇二〇一九年年會開幕式上宣佈加快制定《外商投資法》的配套法規，擴大增值電信、醫療機構、教育服務、交通運輸、基礎設施、能源資源等領域對外開放。

二〇一九年四月二十六日，中國國家主席習近平在第二屆「一帶一路」國際合作高峰論壇上宣佈中國將採取一系列重大改革開放舉措，加強制度性、結構性安排，促進更高水準對外開放，包括更廣領域擴大外資市場准入、更大力度加強知識產權保護國際合作、更大規模增加商品和服務進口、更加有效實施國際宏觀經濟政策協調、更加重視對外開放政策貫徹落實。中國將繼續大幅縮減負面清單，推動現代服務業、製造業、農業全方位對外開放。這與川普的「美國優先」形成鮮明對比。

二〇一九年五月三十一日，中國商務部稱將建立「不可靠實體清單」

制度，不遵守市場規則、背離契約精神、出於非商業目的對中國企業實施封鎖或斷供，嚴重損害中國企業正當權益的外國企業、組織或個人，將被列入「不可靠實體清單」。

二〇一九年六月三十日，中國國家發展和改革委員會、商務部公佈了《外商投資准入特別管理措施（負面清單）》（二〇一九年版），與二〇一八年版相比，二〇一九年版的負面清單進一步放寬了採礦業、交通運輸、基礎設施、文化等領域的投資限制，負面清單條目由48條減至40條。

二、近年來美國政界對中國看法發生了重大轉變，美國兩黨對華政策形成共識，總統內閣成員已基本換成對華鷹派

1. 川普總統內閣（President's Cabinet）成員已基本換成對華鷹派。自二〇一七年一月就任總統至二〇一九年一月，川普頻繁更換總統內閣、白宮高層人員已達42人，就任第一年白宮官員變動率達34％，遠高於奧巴馬（Barack Obama）、小布希（George Walker Bush）、柯林頓（William Jefferson Clinton）同期的9％、6％和11％。當前，與外貿及經濟直接相關的主要高層已基本轉為鷹派，與其他內政、外交相關的副總統邁克·彭斯（Mike Pence）、國務卿邁克·蓬佩奧（Mike Pompeo）等則多次指責中國的南海、「一帶一路」倡議等問題，對華批評從貿易上升到意識形態層面，是極端鷹派。貿易代表萊特希澤主張在貿易上保持對中國的強硬姿態，認為中國是對全球貿易體系最大的破壞者。貿易和製造業辦公室主任彼得·納瓦羅（Peter Navarro）認為中國利用貿易補貼和匯率操縱，將產品傾銷到美國。白宮首席經濟顧問拉里·庫德洛（Larry Kudlow）對華態度由鴿轉鷹，認為「301調查」的核心是科技問題，不能讓中國扼殺美國的未來。商務部部長威爾伯·羅斯（Wilbur Ross）認為美國首要任務是縮減貿易逆差，對實行不公平貿易政策的國家予以反擊。

2. 一九七九年中美建交至今，中美關係可劃分為三個階段：合作共

贏（一九七九～二〇〇〇年）、競爭合作（二〇〇一～二〇〇八年）、戰略遏制（二〇〇八年至今），兩黨對華態度同時經歷了三個階段：從對華友好的共識到分歧，再到形成遏制中國的共識。共和黨更為務實，重實際利益輕意識形態，民主黨重意識形態，強調中國的人權問題，共和黨對華負面評價佔比高於民主黨。

3. 二〇一八年九月十六日，美國前副國務卿、世界銀行前行長佐利克（Robert Bruce Zoellick）在中國發展高層論壇專題研討會上的演講較具代表性。

「美國對中國的擔憂不只侷限於川普政府。假設中美關係在國會期中選舉，或者是二〇二〇年總統大選之後回到過去是不太現實的。我主要有四個方面的擔憂：

「第一，國企的作用。在外界看來，中國好像轉向了國家資本主義的模式，我們擔心中國私營企業沒辦法公平競爭。

「第二，我在過去 10 年觀察到的美國和其他國家以前非常支持和中國的友好關係，現在變得越來越沮喪。因為他們面臨強制的技術轉讓，可能會有監管方面對競爭的限制，以及對知識產權的竊取等。以前的商界是非常支持發展友好中美關係的，現在他們已經不再扮演這個角色了。

「第三，『中國製造 2025』。對某些人來說，這看起來好像是要在未來統治科技行業。和外國人溝通的時候，有的時候他們會覺得這是非常可怕的，因為這是基於保護主義、補貼以及對海外科技企業的收購。

「第四，中國的外交政策，從以前鄧小平時代的自我克制轉向現在這種非常自信的大國外交。中國加入 WTO 時的那些衣服現在已經不太合身了。中國在市場准入方面做出了很多承諾，可能比其他開發中國家做出了更多的承諾。但是，現在中國的平均關稅還是 9% 左右，是其他國家的 3 倍。像我這樣的人就很難向川普總統去解釋為什麼中國對美國的汽車進口關稅是 25%，而美國對中國汽車的進口關稅是 2.5%。

「我們看整體的投資和貿易情況，雙方的條件確實不是對等的。所

以，在美國造成了一種不公平的看法。川普政府認為美國在過去 70 年對中國和其他國家讓步太多了。我想對於這種不公平待遇的認識會增加對中美關係的壓力。」

4. 二〇一八年十一月七日，美國前財政部部長保爾森（Hank Paulson）在新加坡舉辦的彭博創新經濟論壇發言中指出：「美國兩黨雖然在其他所有問題上看法都不一致，但對中國的負面看法高度一致。對華貿易損害了部份美國工人的利益，他們已經通過選票表達了不滿。一個正在形成的共識是，中國不但對美國是個戰略挑戰，同時中國的崛起已經損害美國利益。美國人越來越相信中國是一個同一級別的競爭者，在推行有敵意的政策，並對美國構成戰略挑戰。」「越來越多的人轉向懷疑甚至反對過去的美國對華政策。美國企業不希望發生貿易摩擦，但它們確實希望政府採取更積極的態度。窒息競爭的政策，以及近二十年來緩慢的市場開放步伐使美國商界感到沮喪。它讓我們的政治人士和專家的態度加速轉向負面。」

5. 美國前國務卿季辛吉（Henry Alfred Kissinger）表示，「中美關係再也回不到過去了，需要重新定義」。

6. 中國美國商會主席威廉・蔡瑞德（William Zarit）認為美國商界對中美經貿關係已經由支持態度轉向懷疑態度，由於中國加入 WTO 後開放持續放緩，導致了大量不公平貿易的存在。

三、川普競選總統逆襲、美國貿易保護主義以及民粹主義盛行，並非偶然現象，而是具有深層次的經濟社會背景

1. 二〇〇八年次貸危機以來，量化寬鬆（QE）和零利率導致資產價格大漲，美國收入分配差距空前拉大，製造業大幅衰落，底層沉默的大多數被剝奪感加深。國際貿易的基本理論指出，各國勞動生產率、要素稟賦和比較優勢差異決定了國際分工，分工提升了專業化生產、規模經

濟效應和生產率。因此，國家作為一個整體可以從國際貿易中受益。但是，國際貿易具有極強的收入分配效應，貿易所得對出口部門有利，但將使得進口部門受損。美國在國際貿易中整體受益，支撐了高消費模式，美國的科技和金融具有比較優勢並因此受益，但不具備比較優勢的製造業（中低端）受損。

我們認為，一定要把美國政客和企業家分開，政客欺騙的是部份在全球化進程中受損的底層民眾，大部份知識菁英、企業家和民眾是清醒、友好和理性的。在美國存在一大批支持全球化和改善中美關係的建設性重要力量。受益於全球化的美國金融和科技企業反對川普的貿易保護主義，同時希望中國在知識產權保護、市場准入等方面改進。美國鐵鏽州的傳統失業工人是支持川普對華強硬的主要政治基礎，部份政客的貿易保護主義和民粹主義主要迎合了這部份選民。

2. 美國貨物貿易逆差創歷史新高，促使美國政府、企業和民眾全面反思過去長期支持並主導的全球化對美國的負面影響以及美國受到的「不公平」待遇問題。在美國的巨額貿易逆差中，對中國的貨物貿易逆差佔比 48％，與二十世紀六〇年代西歐、八〇年代日本類似，當前的中國成為美國轉移國內矛盾的重要對象。美方認為，中美貿易失衡和美國製造業衰落的主要責任在於中方的重商主義，希望系統解決造成貿易逆差的深層次體制機制和結構性問題。二〇一八年六月二～三日備受市場期待的中美經貿談判無果而終，美國商務部部長羅斯在北京談判時不僅提出削減貿易赤字，還聚焦於促使中國改變有爭議的貿易和產業政策，「這不僅關乎（中國）購買更多（美國）商品，還關乎結構性變化」。

3. 一方面，改革開放 40 年的成就、中國共產黨的十九大報告展示了中國經濟的勃勃生機和宏偉藍圖，二〇一二～二〇一八年中國佔全球經濟規模比重從 11％ 上升到 16％，中國超越日本成為世界第二大經濟體。另一方面，二〇〇八年以來，美國受金融危機重創、貧富差距拉大，反全球化抬頭，當前中美貿易摩擦加劇實質是新冷戰思維，引發在位霸權國家遏

制新興大國崛起。在奧巴馬政府時期，美國就大力推行一體兩翼、兩翼張開（TPP、TTIP）的經濟戰略以及「戰略東移」的軍事戰略，試圖重返亞太，實施「亞太再平衡」。二〇〇八年美國《國防戰略報告》（*National Defense Strategy*）將中國定位為「潛在競爭者」，隨後爆發次貸危機，美國忙於應對國內經濟；隨著美國經濟復甦以及中國日益崛起，二〇一八年《國防戰略報告》將中國首次定位為「戰略性競爭對手」。此次中美貿易摩擦不過是過去十多年美方遏制中國發展戰略的延續和升級而已。

4. 當前的中美貿易摩擦形勢不同於過去 40 年，從根本性質、深層次原因上更類似美日貿易戰。美日貿易戰從二十世紀五〇年代中後期一直打到二十世紀八〇年代末九〇年代初，歷時 30 餘年，先後涉及了紡織品行業（一九五七～一九七四年）、鋼鐵行業（一九六八～一九九二年）、彩電行業（一九六八～一九八〇年）、汽車行業（一九八一～一九九五年）、通信行業（一九八一～一九九五年）和半導體行業（一九七八～一九九六年）。日本從早期的「自願限制出口」（如紡織、鋼鐵、家電）到不得不接受自願擴大進口、取消國內關稅（如汽車行業）、開放國內市場（如電信行業）、對出口美國的產品進行價格管制（如半導體產品）等條件，日本汽車公司甚至選擇直接赴美投資，以不斷滿足美國花樣百出的訴求。但是美日貿易戰並未解決雙方貿易失衡的根本性問題。

除了貿易戰之外，美國還對日本挑起了匯率金融戰和經濟戰等。一九八五年，在美國的主導和強制下，美、日、德、法、英等簽署了《廣場協議》（*Plaza Accord*），日元兌美元在短時間內大幅度升值；一九九〇年，美國與日本簽訂了《美日結構性障礙問題協議》（*The U.S. Japan Structural Impediments Initiative*），要求日本開放部份國內市場，並直接強制日本修改國內經濟政策和方針，之後日本政府通過舉債的方式進行了大量的公共投資。

《廣場協議》後，日元升值導致日本貿易順差減少，經濟增速和通貨膨脹水準雙雙下行，為應對「日元升值蕭條」，日本銀行開始不斷放

鬆銀根。寬鬆的貨幣政策使得國內過剩資金劇增，為股票市場和房地產市場提供大量的流動性資金，進而推動了投機熱潮的高漲，最終導致平成泡沫的破裂。

在長期的美日貿易戰中，美國步步緊逼，日本節節退讓甚至無原則順從，直到應對失當、國內資產價格泡沫崩盤，日本從此陷入了「失去的二十年」，再也沒有能力和資格挑戰美國經濟霸權，美日貿易戰才以日本金融戰敗宣告結束。

四、川普政府在中美貿易摩擦中的訴求和底牌

1. 史蒂夫‧班農（Steve Bannon）作為川普競選班子的宣傳總長和核心智囊，其二〇一七年十二月在日本東京的演講《中國摘走了自由市場的花朵，卻讓美國走向了衰敗》，已經清晰地傳遞了川普政府的理念以及對中國的態度：

「這次民粹主義的大規模興起發生在一個獨特的全球階段，就是中國的崛起。美國的菁英們長期錯誤地期望中國會實行自由市場經濟。而今我們看到的卻是儒家重商主義模式。

「因為中國出口過剩使得英國中部和美國中西部的工業地區被掏空。美國的勞動階層和底層人民的生活水準在過去幾十年出現了倒退。

「川普將如何做呢？第一，他將阻止大量的非法移民進入美國。第二，他將把產業工作重新帶回美國。第三，他將要重新審視美國已經陷入十六七年的國外戰場，如果我們把 5.6 兆美元軍事費用花在發展我們的城鎮和基礎設施上，我們與中國國際經濟的競爭應該已經遠遠領先。

「川普總統的中心目標是重振美國，其中的重要策略是對中國的貨幣操縱、不公平貿易加以反制。中國摘走了自由市場的花朵，那就是我們的創新。」

2. 現任貿易代表萊特希澤的《對美中貿易問題的證詞》、《中國貿

易壁壘清單》，展示了美方鷹派對中國貿易問題的認識、反思和訴求。

羅伯特・萊特希澤（Robert Lighthizer），曾在雷根政府時期擔任美國副貿易代表，二十世紀八〇年代的美日貿易戰就是他的傑作。他對自由貿易持懷疑態度，主張對違反貿易規則的國家徵收高額關稅。二〇一八年五月四日美方提出的「要價清單」，大部份反映了萊特希澤的建議。

萊特希澤在二〇一〇年《美中經濟安全審查委員會證詞：對過去十年中國在 WTO 中作用的評估》中指出：十年來，中國加入 WTO 的承諾大部份沒有兌現，美國批准給中國永久性正常貿易關係（PNTR）是錯誤的：（1）美國的政策制定者沒有意識到，中國的經濟政治體制與我們的 WTO 理念之間多麼格格不入；（2）美國的政策制定者嚴重誤判了西方企業將其業務轉向中國並以此服務美國市場的動機；（3）美國政府對中國重商主義的反應十分消極。

萊特希澤還認為，中國沒有履行加入 WTO 的承諾：（1）中國永久性正常貿易關係的支持者承諾的經濟利益未能實現。從二〇〇〇年到二〇〇九年，美國對華貿易赤字增長了兩倍，美國製造業也失去了幾百萬就業崗位。（2）中國的法制承諾很值得懷疑，美國政府仍在就中國不尊重美國的知識產權表達重大關切。（3）中國重商主義對美國經濟產生了致命影響。

3. 川普在競選期間的政策主張和班農傳遞的民粹主義理念基本一致。大選期間川普的政策主張是貿易保護主義、民粹主義和自由主義的混合體。勝選後川普開始明確其政策框架核心細節並著手實施，比如簽署稅改法案、收緊移民政策、對中日歐全面發起貿易摩擦、推動基礎建設落地等。

4.《301 報告》和二〇一八年五月美方的《平衡美利堅合眾國與中華人民共和國之間的貿易關係》（*Balancing the Trade Relationship between the United States of America and the People's Republic of China*，即美方「要價清單」）清晰地反映了美方意圖。

《301 報告》對中國提出五項指控，包括不公平的技術轉讓制度、

歧視性許可限制、政府指使企業境外投資以獲取美國知識產權和先進技術、未經授權侵入美國商業計算機網路及其他可能與技術轉讓和知識產權領域相關的內容。但是,《301 報告》存在大量的數據誤導性引用、片面陳述、雙重標準和混淆概念等問題。美方沒有看到中國自加入 WTO 以來在降低關稅和非關稅壁壘、擴大對外開放領域、放鬆股權限制、保護知識產權等方面做出的努力和進步。

美方「要價清單」包括:中方削減 2000 億美元對美貿易順差;停止對「中國製造 2025」的補貼和支持;保護知識產權;降低關稅;擴大農產品進口;改進美方在中國的投資限制。其中,「中國製造 2025」被三次提及。

當前中國對美貿易順差較大的領域主要是機電、影音製品、勞動密集型的紡織品等中低端製造,但是美方開出的要價清單及對中國加徵關稅的領域並不是上述中低端製造,而是未來要大力發展的高科技產業。這是打著貿易保護主義旗號的赤裸裸的遏制,展現了川普政府的單邊主義、霸權主義和美國利益優先思維。總之,上述兩份文件清晰地反映了美方意圖,即害怕中國取得先進技術趕上並威脅美國的競爭優勢和「國家安全」,擔憂中國政府大範圍、深度介入高科技創新的制度和行為,因此要打壓並遏制中國高科技。

5.川普政府四面開戰,在外部提高關稅,在內部大幅減稅,這兩大措施既提高了全球出口到美國的成本,也降低了在美國生產的成本,其目的在於吸引資本回流和「再製造化」,進而實現「讓美國再強大」。

五、未來沙盤推演

1.短期看,中美貿易摩擦打打停停,只會緩和不會結束。

中美貿易摩擦將繼續以「升級—接觸試探—再升級—再接觸試探」的邏輯演化,邊打邊談,打是為了在談判桌上要個好價錢,鬥而不破,

甚至可能達成關於結構性改革和削減貿易逆差的協議。但是涉及中方核心利益的發展高科技和產業升級將難以滿足美方要求，貿易摩擦只會緩和不會結束。即使達成協議，也並不意味著一勞永逸，川普仍有可能撕毀協議。

2. 未來半年到一年，決定中美經貿關係走向有四個重要變量和關鍵節點。

（1）二〇二〇年總統大選，將在二〇一九年下半年啟動，對華強硬的貿易政策可能再度成為候選人贏取選票的策略，對華強硬的貿易政策大機率延續，「中國威脅論」等論調可能再次甚囂塵上。

（2）美國經濟見頂回落和美股回調的速度，若中美貿易摩擦再度加劇，美國經濟和股市將面臨下行，將制約川普的強硬態度。

（3）中國改革開放的力度，中方持續改革開放，放寬市場准入、強化知識產權保護、改革國企等，既符合自身需要，也釋放談判誠意。

（4）美國引發其他國際爭端牽制中國，美方可能借助朝鮮、伊朗、南海、台灣等問題牽制中國。

3. 長期看，中美貿易摩擦具有長期性和日益嚴峻性。

美國已積累起貿易戰（對華摩擦的五大方面）、匯率金融戰（對日本）、資源戰（對歐洲）的多維打擊經驗。展現在我們面前的不僅是中美貿易摩擦，還是經濟、政治、文化、科技、網路、意識形態等領域的全方位綜合實力較量。

（1）《廣場協議》簽訂前，日美兩國國內生產毛額（Gross Domestic Product, GDP）之比接近40％；二〇一八年中國GDP相當於美國的66％。按照6％左右的GDP增速，預計在二〇二七年前後，中國有望取代美國、成為世界第一大經濟體。一個有近14億人口的超大型經濟體從起飛、轉型到跨越，這將是人類經濟增長史上的奇蹟。第二次世界大戰結束以來美國從來沒有遇到過這樣的競爭對手；與二十世紀八〇年代的日本不同，中國不會拿核心利益做交換。

（2）從全球新經濟的獨角獸企業來看，美國和中國企業佔比超七成，展現了中國新經濟的勃勃生機。據 CB Insight 數據，截至二〇一八年年底，全球共有 311 家獨角獸，其中來自美國的共 151 家，佔 48.6%；中國緊隨其後，共 88 家，佔 28.3%；英國和印度分別位於第三和第四位，分別有 15 家和 14 家，佔 4.8% 和 4.5%。

（3）中國研發支出佔GDP比重與美國的差距在縮小。中國工程師人數逐步上升，理工科畢業生逐年增加，中國從人口數量紅利轉向工程師紅利。

（4）中國製造業快速崛起，增加值佔全球製造業增加值總額比重持續上升，並進軍高科技，中美產業互補性逐步削弱、競爭性逐步增強。

（5）從世界大國興衰的世紀性規律和領導權更迭來看，貿易摩擦是中國發展到現階段必然出現的現象和必將面臨的挑戰。要深刻認識到此次中美貿易摩擦是由於發展模式、意識形態、文化文明、價值觀等差異所引發的世界領導權更迭之爭。其未來演化的參考模式不是過去四十年中美貿易摩擦的模式，而應參考英美世界領導權更迭、美日貿易戰等的歷史演化模式。

六、應對中美貿易摩擦最好的方式是更大決心和更大力度地推動改革開放

1. 當前市場上流行三類觀點：投降論、強硬論和開放論。

面對中美貿易摩擦持續升級，有一種悲觀的「投降論」觀點開始流行起來，認為只要中國服軟，中美貿易摩擦即宣告結束。

第二種流行觀點是「強硬論」。在此次中美貿易摩擦之前，中國國內存在一些過度膨脹和過度自信的思潮。隨著中美貿易摩擦升級，有種思潮是引向狹隘的民族主義、愛國主義甚至民粹主義，認為中國已經強大起來，有實力在經濟、金融、資源、輿論、地緣政治等領域對美方全面開戰。

中美貿易摩擦折射出中國在改革開放領域仍有很多功課要做，從這個意義上，此次中美貿易摩擦未必是壞事，中國可以轉危為機，化壓力為動力。坦率講，在降低關稅、放開投資限制、打破國企壟斷、更大力度地推動改革開放、建立更高水準的市場經濟和開放體制等方面中國有很多的功課要去做，這是我們客觀要承認的。

我們認為，無論是「投降論」還是「強硬論」，都是被美方牽著走，中國應保持歷史的大局觀和清醒的戰略定力，把主要精力放在做好自己的事情上，加大改革開放力度，建設高水準市場經濟和開放體制，建設自由平等、以人為本的和諧社會，我們的世界觀和意識形態自然會得到世界的認同，歷史和人民最終會給出最公平的答案。

2. 我們建議中方擺脫被動接招應對，主動提出與美方積極推動建立基於「零關稅、零壁壘、零補貼」的中美自貿區。

自由貿易有利於促進國際分工、發揮中美兩國各自的要素稟賦優勢、實現雙贏，而且自由貿易天然有利於製造業大國，這在歐元區、各自貿區以及全球化進程中均表現明顯，中國是過去40年全球化最大的受益者，德國是歐盟的最大受益者。從理論上也成立，中國勞動要素成本整體低於美國而且製造業產業鏈更完整，中美自貿區能夠實現雙贏，同時也是中國自身發展及進一步對外開放的需要。因此，建立中美自貿區將有助於化解中美貿易摩擦，化干戈為玉帛。繼中國二十世紀八〇年代設立特區、二〇〇一年加入 WTO 之後，建立中美自貿區將開啟中國新一輪改革開放高潮，助力中國從製造業大國走向製造業強國。同時，中方應該高調宣傳與美方共建自貿區的意願，讓美方回到談判軌道上，美方也應該受規則制約。此外，中國還應積極聯合東盟、拉丁美洲、非洲與「一帶一路」沿線國家和地區，與歐盟、日韓積極開展雙邊合作和自貿區談判，尋求 WTO 等國際協調機制，避免貿易摩擦升級擴大。

3. 貿易戰的本質是改革戰，最好的應對是順勢以更大決心更大勇氣推動新一輪改革開放。

前期金融去槓桿和中美貿易摩擦引發貨幣再度寬鬆的呼聲和討論，這是非常短視和誤國的，如果面對中美貿易摩擦的外部衝擊而重回寬鬆的貨幣政策，將重演美日貿易戰的失敗教訓。中美貿易摩擦應往改革開放的共識引導，類似一九六○～一九九○年德國產業升級的應對模式。信心比黃金更重要，未來應以六大改革為突破口，提振企業和居民信心，開啟高質量發展新時代。

第一，建立高質量發展的考核體系，鼓勵地方試點，調動地方在新一輪改革開放中的積極性。

第二，堅定國企改革，避免陷入意識形態爭論，要以黑貓白貓的實用主義標準衡量。

第三，大力度、大規模地放活服務業，調動民營企業家積極性。

中國已經進入到以服務業為主導產業的時代，製造業升級需要生產性服務業大發展，滿足美好生活需要消費性服務業大發展。中國共產黨的十九大報告提出，中國社會主要矛盾已經轉化為人民日益增長的美好生活需要和不平衡不充份的發展之間的矛盾。中國製造業除了汽車等少數領域，大部份已經對民企外企開放，但是服務業領域仍存在嚴重的國企壟斷和開放不足，導致效率低下，基礎性成本高昂。未來應通過體制機制的完善，放開國內行業管制和要素市場化、降低部份服務業非關稅壁壘，更大程度地放活服務業。

第四，大規模地降低微觀主體的成本。推動減稅、簡政，降低物流、土地、能源等基礎性成本。

第五，防範化解重大風險，促進金融回歸本源，更好地服務實體經濟。

第六，按照「房子是用來住的，不是用來炒的」定位，建立居住導向的新住房制度和長效機制，關鍵是貨幣金融穩健和人地掛鉤。未來應推行新增常住人口與土地供應掛鉤；保持房地產金融政策長期穩定；從開發商為主轉變為政府、開發商、租賃中介公司、長租公司等多方供給；推進房地產稅改革，抑制投機型需求。

第一章
全球貿易戰和美國大蕭條*

　　一九二九年大蕭條初期，美國股市泡沫破裂，銀行業危機爆發，經濟陷入蕭條。為保護本國經濟和就業，美國全面提高關稅，隨後引發各國競相採取報復性措施，包括提高關稅、施加進口配額限制、投資限制以及匯率貶值，導致國際貿易狀況嚴重惡化，國際協調機制崩潰，各國經濟雪上加霜。最終金融危機全面失控，不斷升級至經濟危機、社會危機、政治危機乃至軍事危機，第二次世界大戰爆發，人類進入自我毀滅模式。教訓慘痛，殷鑑不遠。

　　第二次世界大戰後，國際社會吸取教訓，逐步建立布雷頓森林體系（Bretton Woods system）、關稅與貿易總協定（GATT）、世界銀行（World Bank）等國際協調機制和組織，世界經濟進入較為繁榮穩定的發展時期。二〇一八年美國再度引發全球貿易摩擦，川普政府應吸取歷史教訓，勿重蹈大蕭條覆轍。

＊本章作者：任澤平、羅志恆、賀晨。

第一節 大蕭條時期貿易戰的時代背景和起因

一、第一次世界大戰後霸權勢力更迭，歐洲經濟逐步下滑

　　美國經濟實力大增。自一九一八年第一次世界大戰結束後，美國進一步確立世界第一經濟強國地位。出於鞏固霸權地位以及保護國內產業的考慮，美國實行貿易保護政策，關稅水準明顯提高。一九一四～一九二二年美國平均關稅稅率達 28.3％，一九二〇年的短暫經濟危機促使美國國會於一九二二年通過《福特尼—邁坎伯關稅法》（*Fordney–McCumber Tariff Act*），一九二二～一九二九年美國平均關稅稅率進一步上升至 38.2％，如**圖 1–1** 所示。關稅水準的不斷提高一方面保護了國內

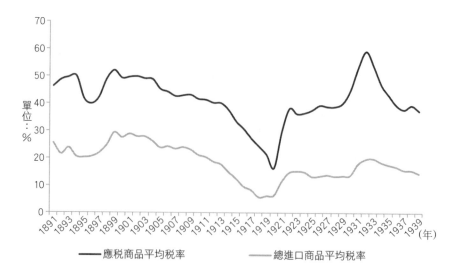

圖1–1　一八九一～一九三九年大蕭條時期美國平均關稅稅率

資料來源：美國國際貿易委員會："U.S. Imports for Consumption, Duties Collected, and Ratio of Duties to Value, 1891–2016"，2017 年 3 月，見 https://www.usitc.gov/documents/dataweb/ave_table_1891_ 2016.pdf，訪問時間：二〇一九年四月二十三日；恒大研究院。

農業、工業等相關產業，另一方面使歐洲各國通過出口提振經濟以及清償戰爭債務的可能變成泡影。一九二〇～一九二九年，美國經濟迅速發展，國家主權財富成倍增長，大量資本迅速湧入美國金融市場。

歐洲各國經濟實力下滑。英國由於第一次世界大戰期間的人員傷亡與物資損失，經濟嚴重衰退；德國作為戰敗國在修復國內經濟的同時背負巨額戰爭賠款，此外，一九二八年美國撤回在德投資使德國經濟狀況雪上加霜；歐洲其他各國經濟在戰後經歷短暫繁榮後，同樣下滑，出口增速大幅放緩疊加德國無力償付戰爭賠款，歐洲經濟整體陷入下滑狀態。

重建金本位制度。第一次世界大戰期間，各國終止了金本位制度，戰爭結束後，各國開始重建該制度。一九二五年英國宣佈恢復金本位制，一九二八年法國恢復。截至一九二九年，除西班牙以及少數亞洲、拉丁美洲國家以外，以金匯兌制形式存在的金本位制已在各國重建，戰後混亂的貨幣金融體系逐漸恢復相對平穩。但在大蕭條之前，由於各國缺乏協調的平價關係、各自為政，金本位制下的國際收支調節機制無法正常運行。在金匯兌制下，紙幣不能直接與黃金兌換，只能與黃金存放國兌換，然後再根據這些國家的相關規定來兌換黃金。然而實際黃金存放國對黃金的兌換存在著諸多限制，這造成了幣值不穩定、貨幣供給和國際收支自動調節機制受到限制等諸多問題。

二、美國聯準會加息，美國股市泡沫破裂

第一次世界大戰後，各參戰國經濟逐步恢復、生產修復，對美國產品的需求快速下滑，作為戰時美國主要出口商品的農產品價格大幅度下跌。美國聯邦政府採用各種方法試圖提高農產品價格，包括向國外發放貸款、提高歐洲國家購買農產品的支付能力等。美國政府還鼓勵銀行發放低利率的貸款進一步刺激經濟。同時大量國際資本和黃金流入美國，投機活躍，美國證券市場價格高位運行。此外，美國工人實際工資增速

不及社會生產率，消費信貸迅速擴張。一九二九年農業部門因乾旱和糧食價格下跌受損，失業率上升，銀行不良貸款率提高，美國經濟結構惡化，股市泡沫風險進一步提高。為應對日益失控的股市投機，一九二八～一九二九年美國聯邦準備理事會（Federal Reserve Board of Governors，簡稱聯準會）8次提升再貼現率，由3.5％提升至6％。[1] 驟然緊縮的貨幣政策和疲軟的經濟，導致市場恐慌情緒蔓延。

　　一九二九年十月二十九日，所有股票被「不計代價地拋售」，美國股市泡沫破裂。早在一九二九年十月十二日，美國股市已開始下跌，大量倉位被強行平倉。自十月二十四日開始，美國股市連續五日下跌；直至十月二十九日，股市泡沫正式破裂，當日被拋售股票達1641.3萬股，道瓊斯指數從最高386點下跌40％至230點，下跌趨勢持續至一九三二年，彼時股市市值較一九二九年已蒸發89％，如圖1–2所示。一九二九

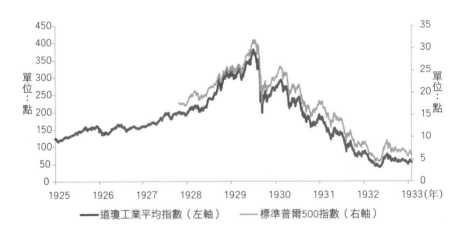

圖1–2　一九二五～一九三三年美國股市指數走勢

資料來源：Wind；恒大研究院。

---

[1] 美國聯準會：“Discount Rates, Federal Reserve Bank of New York for United States”，見 https://fred.stlouisfed.org/series/M13009USM156NNBR，訪問時間：二〇一九年四月二十三日。

年美國股市崩潰被視為大蕭條的起點，此後美國乃至世界經濟陷入長期衰退，經濟乃至政治局勢動盪不安。

三、美國施加貿易關稅

一九二九年，美國國會通過《戴維斯—貝肯法》（*Davis-Bacon Act*），該關稅法施加自一九三〇年以來 100 年內美國最高關稅，將關稅水準由 40％提高至 47％，美國應稅品佔總進口比重也快速上升，一九三六年該比重達 42.9％，較一九三〇年上升 12.4 個百分點，如**表 1–1** 所示。該法案通過後，美國 1028 名經濟學家聯名簽署請願書抵制該法案，英國、加拿大等 23 個貿易夥伴國表示強烈抗議，[2] 然而該法案最終經美國總統胡佛（Herbert Clark Hoover）簽字並於一九三〇年六月十七日正式實施。

表1–1　一九三〇～一九三六年美國應稅品佔總進口比重

年份	1930	1931	1932	1933	1934	1935	1936
比重（％）	30.5	33.4	33.2	36.9	39.4	40.9	42.9

資料來源：美國國際貿易委員會："U.S. Imports for Consumption, Duties Collected, and Ratio of Duties to Value, 1891–2016"，二〇一七年三月，見 https://www.usitc.gov/documents/dataweb/ave_table_1891_ 2016.pdf，訪問時間：二〇一九年四月二十三日；恒大研究院。

美國實施《戴維斯—貝肯法》主要出於以下三方面原因：

1. 保護美國部份產業。受一九二二～一九二九年連年低利率、信貸擴張以及顯著提高的生產效率影響，連續大規模生產導致美國農產品和

2　"1028 Economists Ask Hoover to Veto Pending Tariff Bill: Professors in 179 Colleges and Other Leaders Assail Rise in Rates as Harmful to Country and Sure to Bring Reprisals", *The New York Times,* May 1930.

部份工業產品市場供大於求，價格大幅下跌，施加關稅有助於保護這部份產業的利益，並鞏固執政黨傳統選區選票。

2. 緩和一九二九年美國股市崩盤帶來的經濟衝擊。一九二九年十月股災徹底打擊了投資者的信心，居民財富大幅縮水，消費能力大減，商品積壓嚴重，企業大量倒閉，銀行不良資產暴露，信用驟然緊縮，銀行危機爆發。股市危機和銀行危機給經濟帶來巨大衝擊，美國政府企圖通過增加關稅保護國內產業，促進經濟恢復。

3. 金本位制制約貨幣政策工具使用。第一次世界大戰後，西方各國為穩定貨幣供給和金融體系，努力重建金本位制。到一九二九年，金本位制已經基本在各市場經濟國家得到普及。然而金本位制下的「三元悖論」困境制約了貨幣政策獨立性，美國聯準會為維持金本位制於一九三一年十月再度提高再貼現率，這進一步促使美國採用提高關稅、減少配額等貿易保護性政策刺激經濟以及保護國內生產和就業。

第二節　演變：美國挑起關稅戰，各國施加報復性關稅

美國無視經濟發展規律，強硬實施《戴維斯—貝肯法》，進一步提高關稅，嚴重破壞了正常的國際貿易關係，引發各國強烈不滿。加拿大、意大利、西班牙、瑞士等國紛紛制定報復性貿易政策，如**表 1-2** 所示，國際經貿關係進一步惡化。

表1-2　加、意、西、瑞四國報復性貿易政策

時間	國家	貿易政策
一九三〇年六月十七日	美國	實施《戴維斯—貝肯法》，關稅水準由40%提高至47%
一九三〇年六月二十二日	西班牙	實施報復性關稅（wais tariff），幾乎提升全部美國商品關稅，其中汽車關稅提高至100%—150%

（續）表1–2　加、意、西、瑞四國報復性貿易政策

時間	國家	貿易政策
一九三〇年六月三十日	意大利	宣佈將全面對美國出口至意大利的汽車、農業生產器械和無線電設備進行徵稅，其中對汽車徵稅超150%
一九三〇年九月十七日	加拿大	通過《加拿大緊急關稅法案》，對幾乎所有從美國進口的重要產業商品關稅增加近50%
一九三〇年六月	瑞士	全面抵制美國商品，1930年對美進口額下跌達29.6%

資料來源：Mark Milder, "Parade of Protection: A Survey of the European Reaction to the Passage of the Smoot-Hawley Tariff Act of 1930", *Major Themes in Economics*, Vol.1, No.1 (1999), pp.3–26.

一、加、意、西、瑞四國率先反擊

（一）加拿大提高對美報復性關稅至50%

　　加拿大作為美國第一大貿易夥伴國，向美英兩國出口各類原材料是其主要經濟活動以及國家經濟增長點，其中，小麥、土豆、奶製品和肉類製品等重點加收關稅的農產品更是加拿大的主要出口商品。截至一九二九年，加拿大出口貿易佔其國民收入的三分之一。早在美國新關稅法案暫未實施之前，加拿大已採取相關措施試圖阻止事態升級。一九三〇年五月，加拿大小幅提高了美國出口至加拿大的16類商品關稅，以此制約美國新關稅法的實施。《戴維斯—貝肯法》六月生效後，加拿大進一步提高對美關稅水準，並於一九三〇年九月十七日通過了《加拿大緊急關稅法案》（*Canadian Emergency Tariff*），對幾乎所有從美國進口的重要產業商品增加關稅近50%。[3]

---

[3]　Mark Milder, "Parade of Protection: A Survey of the European Reaction to the Passage ofthe Smoot-Hawley Tariff Act of 1930", *Major Themes in Economics*, Vol.1, No.1 (1999), pp.3–26.

（二）意大利和西班牙對美汽車關稅提高至100%～150%[4]

在二十世紀二〇年代末，美國汽車迅速搶佔意大利及歐洲其他市場，汽車成為美國對其最主要的出口產品之一。對意大利而言，由於其農產品在美國新關稅壁壘中受到重創，一九三〇年六月三十日，意大利宣佈將對美國出口至意大利的汽車、農業生產器械和無線電設備全面徵稅，其中對汽車徵稅超150%，福特汽車（FORD）在意大利售價由300美元上翻至815美元。此外，意大利進一步宣佈將只從購買意大利農產品的國家進口商品。對西班牙而言，美國關稅政策打擊到其主要出口商品——紅酒。一九三〇年六月二十二日，西班牙提高幾乎所有從美國進口商品的關稅，並對美、法、意出口至西班牙的汽車徵收100%～150%的關稅。法國、意大利在隨後與西班牙的貿易談判中表示將補償西班牙，關稅壓力下降，汽車出口小幅回升，而美國出口至西班牙的汽車數量在三年內持續下滑94%，如圖1–3所示。

（三）瑞士全面抵制美國產品

瑞士作為傳統貿易出口國，鐘錶製品佔其出口總額的90%～95%，其中約有六分之一的手錶出口至美國。美國新關稅法案將鐘錶關稅從194%提升到266%，激怒瑞士全面抵制美國產品，一九三〇年瑞士進口額下跌5.4%，而對美進口額下跌達29.6%。[5]

---

[4] Mark Milder, "Parade of Protection: A Survey of the European Reaction to the Passage of the Smoot-Hawley Tariff Act of 1930", *Major Themes in Economics*, Vol.1, No.1 (1999), pp.3–26.

[5] Joseph M. Jones Jr., *Tariff Retaliation: Repercussions of the Smoot-Hawley Bill*, Philadelphia: University of Pennsylvania Press, 1934.

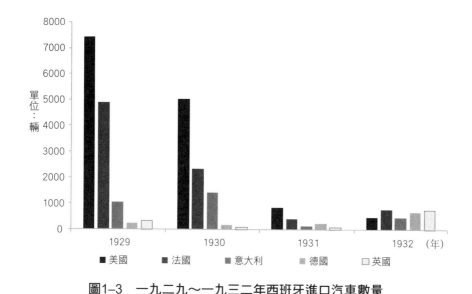

圖1–3　一九二九～一九三二年西班牙進口汽車數量

資料來源：Mark Milder, "Parade of Protection: A Survey of the European Reaction to the Passage of the Smoot-Hawley Tariff Act of 1930", *Major Themes in Economics*, Vol.1, No.1 (1999), pp.3–26.

二、英、法、德參加貿易戰，國際貿易體系全面崩潰

（一）英國對特定商品徵收歧視性關稅

　　面對日益嚴峻的國際貿易形勢，自由貿易的捍衛者——英國經常賬大幅惡化，最終決定提高關稅保護國內產業，並實施帝國內部特惠關稅制度，國際貿易體系分裂。在一九三○年美國頒佈《戴維斯—貝肯法》之初，作為自由貿易主義的堅定擁護者，英國並未採取措施提高關稅，選擇繼續開放市場。然而隨著加意西瑞四國實行貿易保護政策，國際貿易狀況日益嚴峻，各國商品大量出口至英國部份免稅區，致使英國經常賬持續惡化。最終，英國於一九三一年十一月二十日頒佈《非常進口稅法》（*Abnormal Imports Act*），對於特定商品徵收最高達 100％的歧視

性高關稅。[6] 一九三二年二月，英國議會通過了一個新的進口關稅法案，規定將對一般進口商品徵收 10％的從價稅，對大多數工業品徵稅 20％，[7] 而對鋼鐵、奢侈品等徵稅更高。同時，英國組織召開渥太華會議，與其領地、自治殖民地間實行互惠關稅，即帝國內部特惠關稅制度（Imperial Preference），從而構成對其他國家貨物的歧視。

（二）法國實施進口配額制度

受二十世紀二〇年代早期簽訂的貿易協定約束，法國 70％的進口商品關稅固定無法調整。[8] 在此情況下，法國政府宣佈實施進口配額制度，該制度針對美國對法出口的電子設備及肉製品進行嚴厲的配額限制。此外，這些配額需按照合同進行談判制定，保證了法國部份市場向歐洲國家開放，在一定意義上促進了歐洲聯合抵制美國。截至一九三二年年末，共 10 個國家緊隨法國實行貿易完全配額制或進口許可證制度。

（三）德國提高關稅並施加進口配額，開發準殖民地貿易市場

作為戰敗國，德國在第一次世界大戰之後背負巨額戰爭賠款，國內惡性通貨膨脹，失業率飆升，與其他戰勝國簽訂的不平等貿易協議使德國在與西方各國的國際貿易中收益甚少。在國際貿易市場全面惡化後，一九三二年一月德國提高關稅並施加進口配額限制，同時積極與歐洲東南部、南美洲等偏遠地區準殖民地開展雙邊貿易，以期發展國內經濟。

---

[6] Clinton L. Rossiter, *Constitutional Dictatorship-Crisis in Government in Modern Democracies*, Harcourt: Brace & World, 1963, pp.179–180.

[7] Joseph M. Jones Jr, *Tariff Retaliation: Repercussions of the Smoot-Hawley Bill*, Philadelphia: University of Pennsylvania Press, 1934.

[8] Mark Milder, "Parade of Protection: A Survey of the European Reaction to the Passage of the Smoot-Hawley Tariff Act of 1930", *Major Themes in Economics*, Vol.1, No.1 (1999), pp.3–26.

（四）國際貿易體系全面崩潰

美國於一九三〇年正式實施的《戴維斯─貝肯法》與最初加拿大、意大利、西班牙和瑞士四國的報復性關稅反擊極大惡化了國際貿易局勢，而隨後英法德相繼實行的貿易保護政策則加速了國際貿易體系的全面崩潰。美國、加拿大等國在一九二八～一九三二年關稅上升幅度超過15％，而英法德意等國關稅提高幅度超過50％。國際貿易關係的崩潰肇始於美國《戴維斯─貝肯法》的實施，美國漠視國際貿易多邊關係，單方面提高關稅以期保護國內經濟，反而進一步使美國及全球經濟惡化。

第三節　升溫和結局：從經濟危機到第二次世界大戰

大蕭條作為真正意義上的第一次全球性經濟危機，其後果不僅僅是貿易的急劇萎縮、全球經濟的衰退，同時也對日後國際貨幣體系、宏觀經濟理論、國家宏觀政策和國際協調機制的一系列發展變化有著深遠的影響。

一、惡性的貿易戰導致全球貿易下降，全球經濟狀況進一步惡化

總體而言，大蕭條期間各國貿易明顯下滑，全球出口貿易在一九二九～一九三四年間大約減少66％，如**圖 1–4** 所示。從進出口數據看，一九二九～一九三三年美國進口金額從44.6億美元下滑66％至15.2億美元，出口金額自52億美元下滑至16.7億美元。其中進口自歐洲的商品從一九二八年的6.3億美元下降到一九三五年的3.1億美元，而出口到歐洲的商品從12.4億美元下降到6.4億美元。[9]歐洲各國進出口同樣大幅

9　美國商務部：“Historical Statistics of the United States-Colonial Times to 1957”，見 https://www.census.gov/library/publications/1960/compendia/hist_stats_colonial-1957.html，訪問時間：二〇一九年四月二十三日。

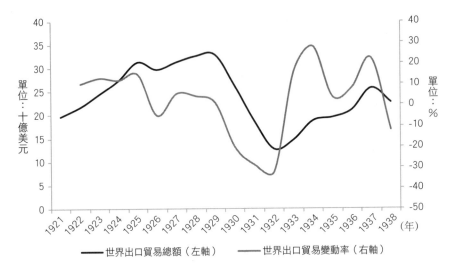

圖1–4　一九二一～一九三八年世界出口貿易總額及變動率

資料來源：聯合國：“Historical Data 1900–1960 on International Merchandise Trade Statistics”，
見 https://unstats.un.org/unsd/tradekb/Knowledgebase/50015/Historical-data-
19001960-on-international-merchandise-trade-statistics，訪問時間：二〇一九年四
月二十三日。

下滑，其中，英、德、法、意合計進口、出口在一九三〇～一九三一年
間分別平均下降 26.3％、24.6％。從 GDP 數據看，各國經濟增速均出現
下滑，其中美國 GDP 在一九三〇～一九三二年分別下滑 8.5％、6.4％和
12.9％；英、德、法三國在此期間 GDP 下降 5.4％、16.5％和 15.3％，如
圖 1–5 所示。從失業率看，各國失業率在一九二九～一九三三年間迅速
攀升，美、英、德、加在一九三二年失業率均超過 20％，分別為 23.6％、
22.1％、43.8％和 26％。

二、全球經濟持續蕭條，凱恩斯主義興起

基於市場「無形的手」能夠自動實現經濟復甦的信念，以美國為首

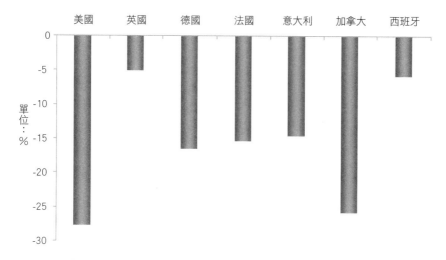

圖1–5　一九三二年相較一九三〇年各國GDP下降幅度

資料來源：美國數據來源：BEA，"National Income and Product Accounts"，見 https://apps.
bea.gov/iTable/iTable.cfm?reqid=19&step=2，訪問時間：二〇一九年四月二十三
日；英國數據來源：英格蘭銀行："A Millennium of Macroeconomic Data"，見
https://www.bankofengland.co.uk/statistics/research-datasets，訪問時間：二〇一九
年四月二十三日；德國、法國數據來源："Madison Project Database 2018"，見
https://www.rug.nl/ggdc/historicaldevelopment/maddison/releases/maddison-project-
database-2018，訪問時間：二〇一九年四月二十三日。

　　的不少西方國家在大蕭條之初仍堅持財政預算平衡，並沒有持續運用擴
張性的財政政策，但是各國乃至全球經濟狀況持續惡化，使得人們開始
質疑古典經濟學的合理性，這時凱恩斯主義（Keynesianism）興起，並逐
漸成為各國治理宏觀經濟、制定經濟政策的主流理論。

　　凱恩斯主義認為市場經濟未必能實現自我調整並達到充份就業的均
衡狀態。因此，需要依靠政府「有形的手」在市場失靈時干預經濟，政
府的擴張性財政政策有必要性和有效性。基於此，西方各國逐漸擴大政
府支出，由平衡財政轉向功能財政，採用擴張性財政政策走出危機。自
一九三一年起美國財政預算持續轉為赤字，如**圖 1–6** 所示。

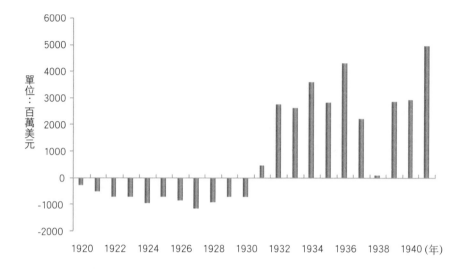

圖1-6　一九二〇～一九四一年美國財政預算赤字

資料來源：美國國會預算辦公室：“Table 1.1–Summary of Receipts, Outlays, and Surpluses or Deficits (-): 1789–2024”，見 https://www.whitehouse.gov/omb/historical-tables/，訪問時間：二〇一九年四月二十三日。

三、金本位制崩潰，國際金融系統基本陷入癱瘓，國際收支調節機制轉變

（一）金本位制下自動調節的國際收支平衡機制

金本位制是以黃金為本位幣的貨幣制度，包括金幣本位制、金塊本位制和金匯兌本位制。在大蕭條之前，世界貨幣體系已重回金匯兌本位制，保留著金本位制時期貨幣價值的決定基礎，貨幣仍然規定含金量，然而金幣被禁止自由鑄造，也不允許在國內流通，取而代之的流通貨幣是各國中央銀行發行的銀行券，各國需要將黃金存放在各自錨定的中心國（英國、法國、美國等），本國貨幣與之實行固定比率兌換，只有當本國貨幣兌換成黃金存放國的貨幣時，才能再兌換成黃金。

　　在金本位制下，國際收支平衡有自行調節的特徵，如**圖 1–7** 所示。在金本位制下，當一國國際貿易出現逆差時，將導致外匯供不應求，若外匯匯率超過黃金輸送點，將導致黃金流出，國內貨幣供給額下降，總需求收縮，物價下跌，進口減少，出口競爭優勢增加，貿易逆差減少，國際收支狀況改善。反之亦然。

（二）英美集團退出金本位制，國際貨幣金融系統基本陷入癱瘓

　　一九二九年，美國證券市場崩潰引發美國銀行業危機，隨即金融危機擴散至歐洲。一九三一年五月，奧地利信貸銀行（Creditanstalt）宣佈破產，對銀行穩健性的擔憂與對匯率貶值的預期相互助長，觸發大範圍

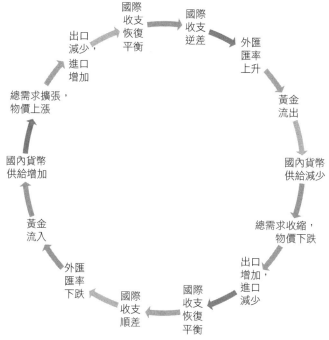

圖1–7　金本位制下的國際收支調節機制

資料來源：恒大研究院。

銀行擠兌及資本外逃，恐慌隨即波及德國、英國、波蘭等國。其中，持續的擠兌風潮導致英國在兩個月內流失 2 億英鎊以上的黃金，英國政府被迫於九月二十一日宣佈脫離金本位制，此舉引發國際間的外匯管制和競爭性貶值。與英鎊保持固定匯率的瑞典、挪威、丹麥、葡萄牙、埃及、伊拉克、阿根廷、巴西等國家相繼放棄金本位制，形成英鎊集團。國際金融恐慌傳回美國，到一九三一年十月，美國流失黃金達 7.6 億美元，一九三三年美國宣佈退出金本位制，第一次世界大戰後重建的國際貨幣金融體系基本陷入癱瘓。

（三）國際協調失敗，金本位制徹底崩潰

在意識到各自為政的政策對改善國內經濟局勢收效甚微後，西方各國開始謀求國際合作並於一九三三年在倫敦召開世界經濟會議（London Economic Conference），其宗旨一是穩定貨幣，消除對匯兌的控制和運轉障礙；二是消除國際貿易障礙，促進國際貿易的重新活躍。然而會議中提出的目標很快因各國間的種種分歧而宣告失敗。一九三六年，法國宣佈法郎貶值，同年與英、美簽訂三方貨幣協議（Tripartite Agreement），金本位制徹底崩潰，實施金本位制的國家數量自一九三二年起快速下滑，如**圖 1–8** 所示。貨幣體系逐步分裂成以英鎊、法郎、美元為核心的三大集團。

由於大蕭條前完整的國際協調機制體系尚未建立，各國之間的協調主要集中於經濟層面，具有臨時性和特定性。在大蕭條貿易競爭期間，國際協調機制的缺失導致沒有權威的國際組織能進行反貿易保護的裁決或提出補救機制，更沒有能令各國普遍接受的應對金融危機的經濟政策。各國各自為政、以鄰為壑的局勢難以得到改善，陷入「囚徒困境」（Prisoner's Dilemma）。

第二次世界大戰後，國際社會吸取經驗教訓，逐步建立布雷頓森林體系、世界銀行、關稅與貿易總協定等國際協調機制和組織，促進國際

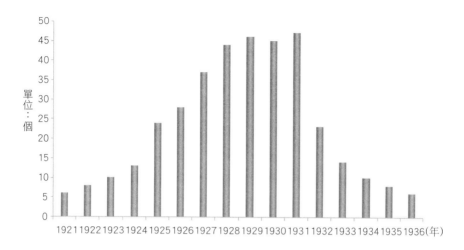

圖1–8　一九二一～一九三六年實施金本位制國家數量

資料來源：Barry Eichengreen, Globalizing Capital: *A History of the International Monetary System*, Princeton: Princeton University Press,1998; Barry Eichengreen, *Golden Fetters: The Gold Standard and the Great Depression, 1919–1939*, New York, Oxford: OxfordUniversity Press, 1992.

經濟的健康發展，世界經濟進入較為穩定的發展時期。

（四）各國匯率競相貶值，國際收支調節機制發生轉變

　　在金本位制崩潰、各國匯率競相貶值的大環境下，國際收支調節機制發生改變，先貶值的國家佔據優勢。退出金本位制後，各國不再受貨幣錨定黃金的限制，通過擴大貨幣供給額，調控匯率貶值，促進出口，達到改善國際收支的目的，如**圖 1–9** 所示。此外，早期擺脫金本位制的英鎊集團較其他國家更早解除了對貨幣再通脹（reflation）的外在約束（貨幣錨定黃金），採用積極的貨幣政策促使經濟更快、更強勁地復甦，如**圖 1–10** 所示。因此，世界貨幣供給指數自一九三三年起快速提高，如**圖 1–11** 所示。而以法國為首的部份國家因其黃金儲備充足而堅持金本位制，使得幣值高估、貿易進一步受損，經濟恢復速度明顯比較早放棄金本位制的國家偏慢。

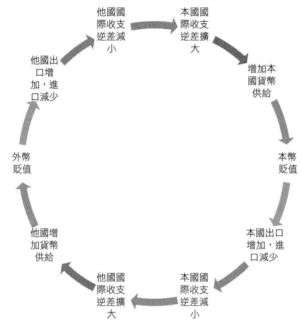

圖1-9　競爭性貶值下的國際收支調節機制

資料來源：恒大研究院。

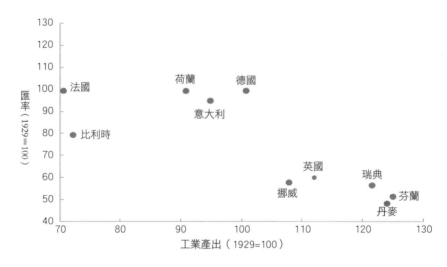

圖1-10　一九三五年各國工業產出及匯率的變化

資料來源：Barry Eichengreen, Jeffrey Sachs, "Exchange Rates and Economic Recovery in the 1930s", *The Journal of Economic History*, Vol. 45, No.4 (December 1985), pp.925-946.

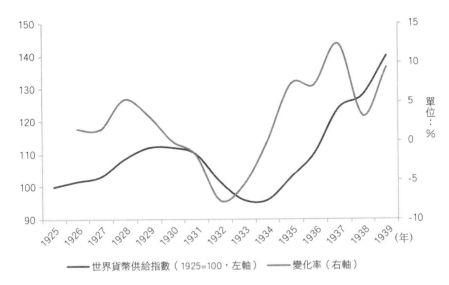

圖1–11　一九二五～一九三九年世界貨幣供給指數及變化率

資料來源：聯合國："Historical Data 1900–1960 on International Merchandise Trade Statistics"，
　　　　　見 https://unstats.un.org/unsd/tradekb/Knowledgebase/50015/Historical-data-
　　　　　19001960-on-international-merchandise-trade-statistics，訪問時間：二〇一九年
　　　　　四月二十三日。

四、獨裁主義、軍國主義崛起

　　持續的經濟蕭條刺激獨裁主義、軍國主義崛起，間接造成第二次世
界大戰爆發。德國方面，美國股市暴跌促使美國銀行中斷對德國的援助
貸款，金融危機擴散，德國銀行破產，實體經濟迅速萎縮，失業率飆升
至43.8％。持續的經濟衰退促使民眾轉向支持納粹黨。一九三三年一月，
納粹黨上台執政，並建立了獨裁政府。日本方面，一九二九～一九三一
年，其GDP下滑8％。[10] 一九三一年日本退出金本位制，通過日元貶值

---

[10] "Madison Project Database 2018"，見 https://www.rug.nl/ggdc/historicaldevelopment/
maddison/releases/maddison-project-database-2018，訪問時間：二〇一九年四月
二十三日。

和財政政策刺激經濟，大量赤字開支用於購買武器軍備，軍國主義實力日益膨脹。持續的經濟蕭條刺激獨裁主義、軍國主義崛起，為第二次世界大戰爆發埋下隱憂。

第四節　啟示：貿易保護主義導致「囚徒困境」，產生經濟、社會和軍事危機

一、貿易競爭一旦開始，會引發他國報復性提高關稅，陷入「囚徒困境」，甚至升級至投資限制、匯率戰，加劇國際貿易狀況惡化

英國在一九三〇年美國頒佈《戴維斯－貝肯法》時並未提高關稅，然而在加拿大、意大利等國施加報復性貿易關稅後，國際貿易狀況惡化以及金融危機擴散使英國宣佈放棄金本位制，提高關稅壁壘，這加劇惡化了國際貿易狀況，引發更多國家加入貿易摩擦。

二、越早退出金本位制、實施擴大內需政策的國家越早實現經濟復甦，所以匯率貶值、減稅、積極的財政政策是應對貿易摩擦外部衝擊的有效手段

退出金本位制後，各國便可通過擴大貨幣供給額，調控匯率貶值，促進出口，達到改善國際收支的目的。此外，經濟蕭條時期財政政策宜從平衡財政轉向功能財政，加強逆週期調節改善經濟狀況。

三、貿易保護主義難以拯救陷入困境的經濟，重回多邊自由貿易體系才是出路

　　加徵關稅和非關稅壁壘等貿易保護手段的目的是保護本國產業，但其結果是招致他國報復，全球分工被破壞，貿易萎縮。因此，貿易保護主義絕不是解決經濟金融危機的出路，相反，它只會加劇各國經濟困境，進而延緩世界經濟復甦的步伐。在各國經濟愈加緊密聯繫的今天，單邊主義、貿易保護主義不可取，各國需要加強協商合作，充份發揮國際協調機制的優勢，在開放互助中共謀發展，重回多邊自由貿易框架體系。

四、選擇自由貿易還是貿易保護主義取決於國家利益，自由貿易和貿易保護主義的激烈衝突多發生於世界霸權交替之時

　　英國在工業革命後以貿易立國，奉行自由貿易政策搶佔全球市場，甚至不惜以武力推進國際貿易（如鴉片戰爭等），但在二十世紀三〇年代，為應對國內農業危機以及保護國內市場，英國最終放棄了長達百餘年的自由貿易。在黃金兌付危機、英鎊貶值等事件發生後，英國再也無力與美國抗衡。與此對應的卻是美國已實施了上百年的貿易保護主義。但是，一九三〇年美國的關稅法案不僅未能解決本國經濟復甦問題，反而嚴重地打擊了全球貿易，促使美國反思並調整貿易政策。一九三三年羅斯福（Franklin Delano Roosevelt）上台後推行「復興、救濟和改革」的新政，一九三四年《互惠貿易法案》（*The Reciprocal Tariff Act*）通過，國會授權總統在三年之內負責對外談判並且就調整關稅稅率簽訂貿易協議，可以自行決定將關稅最大程度降低 50％ 而無須國會批准。經過談判，美國與許多國家簽訂互惠貿易協定，對美國恢復國際關係和貿易起到了較大作用，促進美國經濟率先走出危機，從此美國接替英國高舉自由貿易大旗。

　　歷史經驗表明，當國家實力弱小時需要由國家保護經濟，經濟強大後需要自由貿易來獲得市場。當他國崛起、自身衰落時，又會訴諸貿易保護主義，這就是自由貿易與貿易保護主義交替的軌跡，背後則是新一輪國際政治經濟格局變遷和霸權交替，未來亦不例外。

第二章
美日貿易戰：
日本為什麼金融戰敗？[*]

　　本章旨在還原二十世紀五〇年代中後期至八〇年代末九〇年代初美日貿易戰、金融戰、經濟戰和科技戰的風起雲湧，總結美國的慣用手段以及日本在經濟爭霸中戰敗的原因，以看清本質。美日貿易戰本質是大國經濟爭霸，霸權國家遏制新興大國崛起，貿易戰只是幌子。日本通過貨幣寬鬆政策應對外部衝擊導致資產價格泡沫，最終金融戰敗，陷入「失去的二十年」。只要中國堅定不移地推動改革開放，就沒有什麼能夠阻止中國經濟穩步向前發展。

＊本章作者：任澤平、羅志恆、華炎雪、趙寧。

第一節　美日貿易戰發生的政治經濟環境

　　美日貿易戰發生於二十世紀五○年代中後期至九○年代初期，隨著美日經濟政治實力及國際局勢變化而發生相應變化，總體上伴隨日本崛起而愈演愈烈。第二次世界大戰後，日本經濟可大致劃分為以下五個階段：

　　1. 戰後復甦期：一九四五～一九五五年，GDP 年均增速 9.3％。

　　2. 高速發展期：一九五六～一九七三年，GDP 年均增速 9.2％，如圖 2-1 所示。實現從輕工業到重化學工業的升級，日本的成本優勢及其產業升級帶來的市場競爭力，衝擊到美國相關行業，紡織品、鋼鐵、彩電貿易戰爆發。

　　3. 穩定增長期：一九七四～一九八五年，GDP 年均增速 4％，劉易斯拐點（Lewis turning point）出現，經濟增速換檔；一九八○年確立技

圖2-1　一九五六～二○一六年日本經濟增速

資料來源：Wind；日本統計局；恒大研究院。

術立國方針，[1] 實現從重化學工業到技術密集型產業（汽車、通信、半導體）的升級。越戰及兩次石油危機對美國衝擊較大，美國經濟陷入停滯性通貨膨脹（stagflation），日本相對較快地走向復甦；雷根上台以來美國經濟在積極財政和放鬆管制下發展較好，但整體上日本經濟增速快於美國。美日貿易逆差開始急劇擴大，貿易戰進入白熱化階段。

4. 泡沫經濟形成期：一九八六～一九九一年，日元持續升值，過度寬鬆的貨幣金融政策和擴大內需的財政政策推升股價、地價泡沫。二十世紀八〇年代末追趕期結束，追趕期的經濟體制和企業經營方式不適應新的環境。

5. 泡沫破裂後的蕭條期：一九九二年至今，泡沫破裂，日本陷入「失去的二十年」，二十一世紀初小泉內閣改革雖有起色，但仍未能擺脫整體的低迷。

一、戰後復甦期（一九四五～一九五五年）：冷戰爆發，美國對日本的態度由削弱轉向扶持

第二次世界大戰結束後，美國發表《美國戰後初期對日政策》，單獨佔領日本，保留了日本政府和天皇，間接統治日本。美國對日本實施以非軍事化、民主化以及解散財閥為核心的改革，旨在通過嚴厲的制裁政策，削弱日本的威脅。隨著冷戰爆發、美蘇對立，美國希望通過復興日本以提高抵抗共產主義威脅的能力，同時配合實施美國的亞洲戰略。

一九四八年十月美國正式開始扶植日本，派專員對日本進行全方位規劃。一九五〇年韓戰爆發，美國與日本簽署了《特需訂貨協議》，同時向日本開放國內市場，日本憑藉管制低利率和傾斜生產方式，重建基礎產業，迎來戰後的第一次繁榮。日本為進一步促進國家經濟發展，制

1　陳建：〈日本基本國策及經濟發展的幾個歷史階段〉，《中國人民大學學報》一九八九年第四期。

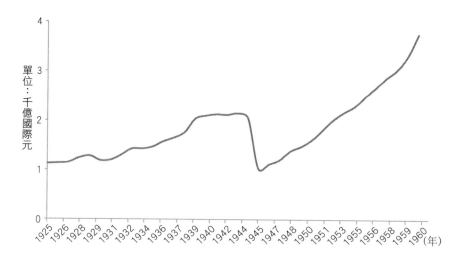

圖2-2　一九二五～一九六○年日本GDP規模

資料來源：“Social Democracy for the 21st Century: a Realist Alternative to the Modern Left”，見 https://socialdemocracy21stcentury.blogspot.com/2013/01/japanese-real-gdpgrowth-19252001.html，訪問時間：二○一九年六月三日；恒大研究院。

定了外向型發展戰略、調整產業結構、保護大企業並發展小企業等策略，「重經濟，輕軍備」，僅用了 10 年時間便恢復到戰前水準，如**圖2-2**所示。一九五一年九月，美國和日本簽訂了《美日安全保障條約》，規定日本從屬於美國。一九五六年日本《經濟白皮書》宣稱「已經不再是戰後」，意味著復興階段結束。[2]

二、高速發展期（一九五六～一九七三年）：以重化學工業為主導，紡織品、鋼鐵、彩電貿易戰爆發

一九五六年日本政府提出「當務之急是要乘著世界技術革新的東

2　〔日〕濱野潔等：《日本經濟史：一六○○～二○○○》，彭曦等譯，南京大學出版社二○一○年版，第二四三頁。

風，讓日本走向新的建國之路」。池田內閣於一九六〇年十二月提出「國民收入倍增計劃」，計劃從一九六一年開始在 10 年內使國民收入翻一倍，[3] 形成了相應的產業、財政、金融政策及監管模式。該階段，日本的勞動力總體充足（人口紅利期），人才培養和教育力度加大，城市化進展加快，融資利率低，內需強勁，政策引導產業升級，外部環境相對友好，一系列因素刺激日本經濟高速發展。一九六七年，日本提前完成國民收入翻一倍的目標。一九六八年，日本成為僅次於美國的第二大經濟強國。一九七三年，日本國民收入甚至比一九六〇年增加了兩倍，形成了強大和穩定的中產階層，基礎設施建設飛速發展。

1. 形成由下游向上游傳導的投資帶動型經濟。二十世紀五〇年代中期，日本藉由韓戰擴大特需的契機，經濟增長方式開始向設備投資主導型轉變，帶動以化學、金屬、機械產業為中心的重化學工業的發展，形成了從下游到上游的「以投資帶動投資」的經濟增長模式。

2. 消費革命開啟擴大內需的良性循環。隨著東京圈、大阪圈、名古屋圈工業的發展，日本人口開始向三大都市圈流動，一九七三年三大都市圈人口佔全國比重為 47.3％，如圖 2–3 所示。一九五五～一九七五年城市化快速發展，日本城市化率上升近 20 個百分點至 75.9％，如圖 2–4 所示。城市家庭數量上升使得耐久財（durable good）需求量上升，工業生產能力上升以及量產體制帶動了商品價格的下降。二十世紀五〇年代後半期，以冰箱、洗衣機、黑白電視機為代表的家電產品價格下降到一般家庭可承受的水準，[4] 消費革命帶動內需急劇擴大。一九五四～一九五八年，洗衣機的銷量從 27 萬台增至 100 萬台，黑白電視機從 3000 台增至 100 萬台。此外，家庭儲蓄率的上升又通過金融機構為企業投資

---

[3]〔日〕濱野潔等：《日本經濟史：一六〇〇～二〇〇〇》，彭曦等譯，南京大學出版社二〇一〇年版，第二四四頁。

[4]〔日〕濱野潔等：《日本經濟史：一六〇〇～二〇〇〇》，彭曦等譯，南京大學出版社二〇一〇年版，第二五〇頁。

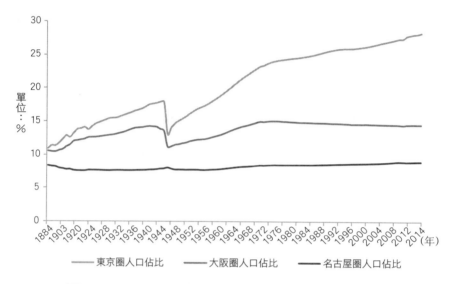

圖2-3　一八八四～二〇一四年日本三大都市圈人口佔比

資料來源：日本統計局："Population Census"，見 https://www.e-stat.go.jp/en/stat-search/
files?page=1&query=tokyo% 20population&layout=dataset&toukei=0020052
1；恒大研究院。

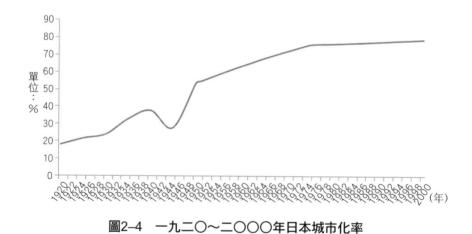

圖2-4　一九二〇～二〇〇〇年日本城市化率

資料來源：Wind；恒大研究院。

提供了資金，開啟支撐經濟增長的良性循環。

　　3. 注重人才和技術培養，學習和引進海外先進管理方式。一九五六年日本教育文化經費佔財政支出比重達到 12.4％，如**圖 2-5** 所示。一九七四年大學、短期大學、高中入學率明顯高於一九五四年，如**圖 2-6** 所示。一九五五年日本設立「生產性本部」，其核心工作是向歐美國家派出由日本企業家和工會人員組成的海外視察團，進行實地考察與技術學習。一九五五～一九七五年，日本共派出視察團一千次以上，人數達到一萬人次以上，將所學成果改良並應用到本國企業管理中。[5]此外，軍需生產培育起來的技術被轉用到了民間部門，使日本工業部門生產效率和產品質量提高，生產成本降低。

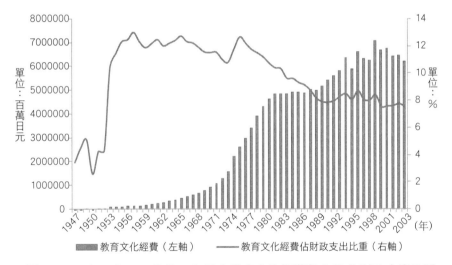

圖2-5　一九四七～二〇〇三年日本教育文化經費投入及佔財政支出比重

資料來源：日本統計局："Public Finance"，見 http://www.stat.go.jp/english/data/chouki/05.html ；恒大研究院。

---

5 〔日〕濱野潔等：《日本經濟史：一六〇〇～二〇〇〇》，彭曦等譯，南京大學出版社二〇一〇年版，第二四九頁。

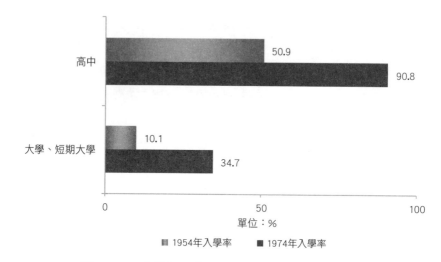

圖2-6　二十世紀五〇、七〇年代日本入學率比較

資料來源：〔日〕濱野潔等：《日本經濟史：一六〇〇～二〇〇〇》，彭曦等譯，南京大學出版社二〇一〇年版，第二五六頁；恒大研究院。

4.財政支持、引導產業升級，以減少對夕陽產業造成的衝擊。一九六〇年日本完成了由勞動密集型的紡織輕工業向資本密集型的重化學工業的升級，產業政策重心轉移到了保護和培育新興產業，如**圖 2-7**所示。日本政府制定了外幣配額政策優先權、為促進設備投資的低息融資和出口稅制等優惠政策。對於以煤炭為代表的夕陽產業，政府支付補助金，以減輕因急劇衰退帶來的失業以及對地方經濟的重創；對產能過剩的行業，政府實施調整設備投資、促進企業合併重組等政策。

三、穩定增長期（一九七四～一九八五年）：增速換檔，產業升級，汽車、通信和半導體貿易戰爆發

一九七四年前後，支撐日本經濟高速增長的基本條件發生了變化，產業結構亟待調整。一九七四年出現「停滯性通貨膨脹」，且GDP負增長。

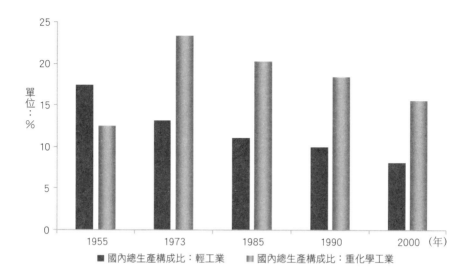

圖2–7　一九五五～二○○○年日本輕工業、重化學工業佔比

資料來源：〔日〕濱野潔等：《日本經濟史：一六○○～二○○○》，彭曦等譯，南京大學出版社二○一○年版，第二四二頁；恒大研究院。

1. 劉易斯拐點來臨，人口紅利逐步消失，老齡化加速。日本粗出生率與總和生育率在二十世紀六○年代末七○年代初達到頂點，如**圖 2–8** 所示。從年齡結構看，0 ～ 14 歲人口佔比持續下滑；15 ～ 64 歲人口佔比在一九六九年、一九九二年形成兩個高峰，分別是 68.89％和 68.92％；65 歲及以上人口佔比持續上行，如**圖 2–9** 所示。從農村到城市的勞動力轉移在七○年代初已急劇減少，城市化率在一九七五年達到較高水準75.9％，其後 10 年僅增加 0.8 個百分點。

2. 以冰箱、洗衣機、電視機為代表的家電在一九七五年前後普及率相對較高，國內需求達到相對飽和的狀態。其中，每百戶家庭擁有彩電90 台，洗衣機 98 台，冰箱 97 台，汽車仍有市場潛力，以消費性耐久財為中心的內需增長機制到二十世紀七○年代中期已動力不足，如**表 2–1** 所示。

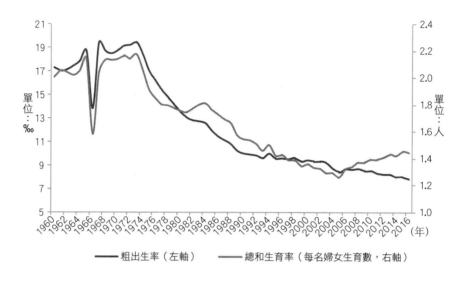

圖2-8　一九六○～二○一六年日本生育率

資料來源：Wind；恒大研究院。

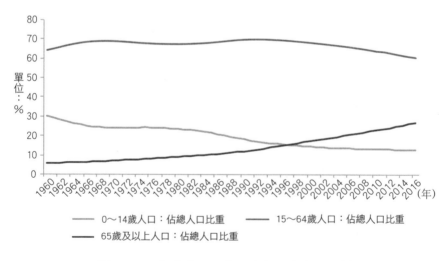

圖2-9　一九六○～二○一六年日本人口結構

資料來源：Wind；恒大研究院。

表2-1　一九五七～一九九〇年日本每百戶家庭消費性耐久財擁有量

每百戶家庭耐用消費品擁有量	1957年	1960年	1965年	1970年	1975年	1980年	1990年
汽車（輛）	—	1	—	22	41	57	77
洗衣機（台）	20	45	69	88	98	99	108
冰箱（台）	3	16	51	85	97	99	116
黑白電視機（台）	8	55	90	90	—	—	—
彩電（台）	—	—	—	26	90	98	197
錄影機（台）	—	—	—	—	—	—	82
微波爐（台）	—	—	—	—	—	—	71

資料來源：Richard Katz, *Japan, the System that Soured,* Routledge, June 2, 1998 (1st edition)；恒大研究院。

　　3. 石油危機提高重化學工業生產成本，導致原本推動經濟高速增長的企業設備投資積極性下降。鋼鐵、造船、石油化工等曾經的領頭羊產業最終失去競爭力，引領二十世紀七〇年代後半期到八〇年代經濟增長的產業是汽車、電子等技術密集型產業。

　　4. 環境污染問題越來越嚴重。重化學工業排放的廢氣廢水和大量使用的農業化肥導致環境對經濟的約束越來越大。

　　5. 布雷頓森林體系解體，日元升值。布雷頓森林體系解體前，1 美元固定兌換 360 日元；布雷頓森林體系解體後，在一九七一年十二月，《史密森協定》（*Smithsonian Agreement*）嘗試通過多國之間調整維持固定匯率制度，日元被迫升值到 308 日元／美元。一九七三年二月，日本採用了浮動匯率制，《史密森協定》失效，日元升值到 220 ～ 250 日元／美元，如**圖 2-10** 所示。但日本憑藉產品競爭優勢對美出口持續擴大，美日貿易逆差不斷攀升，如**圖 2-11** 所示。

　　針對以上問題，日本政府綜合運用法律、財政、稅收和金融等政策措施，側重從供給側實施改革，經濟增速換檔成功，日本產業結構升級

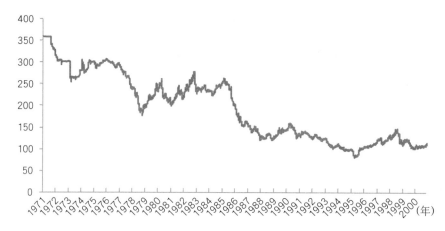

圖2-10　一九七一～二○○○年美元兌日元匯率變化

資料來源：Wind；恒大研究院。

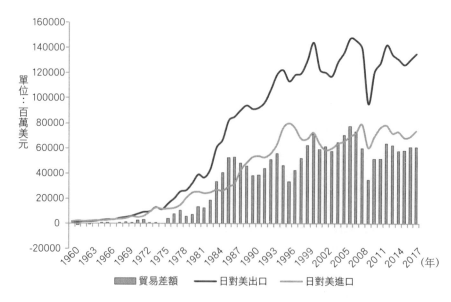

圖2-11　一九六○～二○一七年日、美貿易差額

資料來源：IMF，見 http://data.imf.org/regular.aspx?key=61013712；恒大研究院。

為技術密集型。反觀此時的美國，兩次石油危機導致其經濟陷入「停滯性通貨膨脹」，雷根政府以「供給學派」（Supply-side economics）理論指導經濟建設，財政與貿易出現雙赤字。

該階段日本平均增速高於美國，美日貿易逆差持續擴大，貿易戰範圍擴大。

日本主要改革措施如下：

（1）「減量經營」，節約能源消耗，降低利息負擔和勞動力成本。

第一次石油危機引發了日本國內經濟危機，一些企業自發開展經營調整，被稱為「減量經營」，其核心主要有三條：節約能源消耗、降低利息負擔和降低勞動力成本。日本政府因勢利導，積極推動和引導「減量經營」在全國實施，製造業從戰後傳統的粗放型經濟轉向高附加值型經濟增長方式。

節約能源消耗。石油危機導致的能源價格上漲對日本傳統的粗放式增長模式造成了沉重打擊，以石油化工、鋼鐵等為代表的高能耗行業的競爭力大大降低。日本政府通過行政指導及各種限制措施，引導經營效益差的企業關停並轉，顯著削減了產能。同時，鼓勵企業進行內部技術改造和生產設備更新，有效節約能源。許多高能耗行業積極採取節能技術，如鋼鐵業大量採用高爐爐壓發電設備，石油化工業採用加熱爐的廢氣、餘熱回收技術，水泥業引進懸浮預熱器技術等。

降低利息負擔。第一次石油危機爆發後，日本著名的《日經商務週刊》雜誌指出，在石油危機後的惡劣環境下，日本企業必須努力壓低原材料費用、財務費用等各項成本才能生存下去。當時日本企業自有資本比率不高，利息負擔較重是比較突出的問題。通過實施「減量經營」，日本企業的自有資本比率大幅提高，從企業借款佔營業額的比率看，一九七八年比一九六五～一九七三年平均減少 6.6 個百分點；從製造業自有資本比率看，一九八五年比一九七五年提高 7.7 個百分點。再加上同期日本利率水準不斷下降，企業利息負擔有效減輕。

降低勞動力成本。劉易斯拐點到來後的勞動力成本大幅上升，成為石油危機衝擊下日本企業不能承受之重。企業通過解僱臨時工、控制正式員工的錄用、女性員工離職後不再補充新人等多種方式調整雇傭人數，降低人工成本。據日本產業勞動調查所統計，一九七五年以後的四年間，包括松下電器、三菱重工、東芝等在內的多家企業減員達 21 萬人。此外，由於開發中國家勞動力成本較低，日本政府還積極鼓勵勞動密集型產業，尤其是一些高耗能、高污染的勞動密集型產業向海外轉移。

（2）政府引導產業結構升級，大力疏解產能過剩和扶持新興產業發展。

大力疏解產能過剩。經過兩次石油危機打擊，日本衰退產業和過剩產能增加。一九七八年，日本政府制定了《特定蕭條產業安定臨時措施法》（以下簡稱《特安法》）和《特定蕭條產業離職者臨時措施法》等四部法律，主動對衰退產業和過剩產能進行調整和疏解。《特安法》認定平電爐、煉鋁、合成纖維、造船、化肥等 14 種產業為結構蕭條產業，當時這些產業的企業開工率只有 60%～70%。針對上述結構蕭條產業的調整和疏解方法包括：1. 採取政府收購來報廢設備的方式，即由政府與產業界合作預測未來供求，對「過剩部份」由政府出資收購報廢；2. 設立特定蕭條產業信用基金，為那些按計劃淘汰落後設備的企業提供優惠利率貸款，幫助蕭條產業安置工人和企業轉型；3. 允許因供求明顯失調、價格降到平均生產費用的特定商品的生產者締結有關限制產量、維持合理價格的壟斷組織。《特安法》的實施取得明顯成效，一九七八年和一九七九年日本工業連續兩年高漲。

扶持新興產業發展。在對衰退產業和過剩產能進行調整和疏解的同時，日本政府有效利用產業政策，鼓勵和培育新興知識和技術密集型產業發展。一九七八年，日本政府制定了《特定機械資訊產業振興臨時措施法》，提出要發展電子計算機、高精度裝備和知識型產業，投入了大筆政府專項資金補貼尖端技術開發，並對以上產業實施稅收和金融方面的優惠政策。人們已將這個計劃視為日本二十世紀七〇年代後期推出的

產業技術政策的成功典範，它奠定了日本電子產業的基礎，為日本擴展國際電子市場份額做出了很大的貢獻。二十世紀七〇年代，日本產業結構變化的另一個重要特點是服務業的重要性增強，一九七三～一九八五年服務業年均增速高於同期製造業增速 0.2 個百分點，從一九七〇年至一九八〇年，服務業就業人數比重提高了 8.9 個百分點。

第二節　演變：六大行業貿易戰伴隨日本產業升級依次展開

　　戰後日本經濟摩擦在經濟全球化和日本產業結構轉換的背景下發生，涉及的產業從二十世紀五〇年代中後期的輕工業，到六〇～七〇年代的重化學工業，再到八〇年代的高技術行業。美日貿易戰集中在六大行業：以《美日紡織品貿易協定》告終的紡織品貿易戰（一九五七～一九七四年）、以日本自願限制鋼鐵出口和美國建立鋼鐵「自動啟動反傾銷訴訟」制度告終的鋼鐵貿易戰（一九六八～一九九二年）、以日本主動限制對美彩電出口並增加海外投資告終的彩電貿易戰（一九六八～一九八〇年）、以日本自願限制汽車出口和增加對美投資告終的汽車貿易戰（一九八一～一九九五年）、以開放日本通信市場告終的通信貿易戰（一九八一～一九九五年）、以設定日本產品銷售價格和美國在日本市場佔有率為貿易數值管理告終的半導體貿易戰（一九七八～一九九六年）。

　　美日貿易戰的特點有：（1）從貨物到服務（二十世紀九〇年代的金融服務業）。（2）從進出口調整到經濟制度協調。（3）以雙邊談判為主，規避 GATT 多邊機制，美國經常動用國內貿易法 301 條款、201 條款等威脅日本，甚至為此修改《一九七四年貿易法》（*Trade Act of 1974*），通過《一九八八年綜合貿易與競爭法》（*Omnibus Foreign Trade and*

Competitiveness Act of 1988）制裁日本，強迫日本簽訂協議，如**表 2-2**所示。由於美日是典型的單方面、非對稱的依存關係，且出於維護美國市場、依賴安保的需要，面對美國的咄咄逼人，日本幾乎是節節讓步，缺乏必要的有力的反制。（4）貿易戰演變的基本路徑是：美國行業協會（企業）對日譴責或要求議會對日採取保護主義→日方反駁→美方動用301條款等威脅→經濟問題政治化→談判→日方讓步→簽署協議。（5）貿易措施層層遞進：從要求日本自主限制出口到要求其擴大進口、開放市場、取消關稅、對出口美國的產品進行價格管制、設定美國的產品在日本的市場佔有率指標等條件。

表2-2 一九七六～一九八九年美國對日本展開的「301調查」事件

年份	行業/產品	「301調查」事件	解決方式	法律依據
1976	鋼鐵	EC OMA向美國轉移鋼鐵	無	無
1977	絲綢	放棄絲綢進口禁令	終止配額	GATT第六條
1977	皮革	皮革類進口配額	終止配額	GATT第六條
1979	通信	NTT通信採購	開放招標	GATT東京回合
1980	棒球棒	棒球規定	改變規定	GATT第三條
1982	鞋	鞋類進口配額	終止配額	GATT第六條
1985	木材	木材產品標準	改變標準	無
1985	通信	通信標準	透明化	無
1985	醫藥	醫藥標準	接受外國測試	無
1985	電子	電子知識產權	加強專利法	無
1985	半導體	半導體進口	市場目標20%	無
1989	人造衛星	衛星採購	透明化	GATT東京回合
1989	巨型計算機	巨型計算機採購	出低價標	無
1989	木材	木材產品標準	改變標準	無

資料來源：陳昌盛、楊光普：〈應對美國貿易大棒：日本的經驗與教訓〉，《中國經濟時報》二〇一八年七月四日；恒大研究院。

一、紡織品貿易戰（一九五七～一九七四年）

　　第二次世界大戰後，美國把扶植日本棉紡織業作為對日提供經濟援助的內容之一，美國借款給日本企業購買棉花和機器設備，日本向美國出口棉紡織品獲得外匯以償還借款。二十世紀五〇年代之前日本向英國大量出口，五〇年代後美國開放其國內市場，日本轉向美國大量出口，如**圖 2–12** 所示。一九四九年日本商工省制定了《關於迅速發展合成纖維工業的方針》，東洋人製造公司等國內企業積極引進和開發合成纖維技術，依靠韓戰的特殊需求，推動日本紡織業產量增加。日本紡織業主要為中小企業，處於過度競爭狀態，價格低於國際市場，沒有建立完善的出口管理制度。一九五五年日本加入 GATT，美國給予 30 種棉製品的關稅優惠，廉價的日本棉紡織品進入美國，出現了「1 美元襯衫」事件。一九五五～一九五六年，「1 美元襯衫」在美國的市場佔有率從 3％增長到 28％。一九五七年日本超越英國，成為世界上紡織品出口額最大的國家。從出口地區看，對美國出口最大，日本棉製品在美國的市場

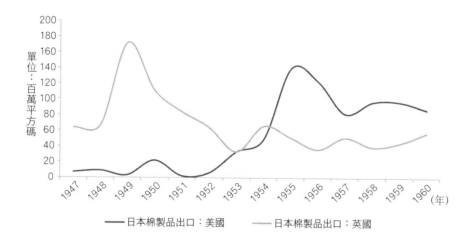

圖2–12　一九四七～一九六〇年日本對美、英的棉製品出口

資料來源：Wind；恒大研究院。

佔有率從一九五一年的 17.7％上升到一九五五年的 60％以上。到二十世紀六〇年代末，日本出口的毛製品佔美國市場比重高達 30％，合成纖維製品佔比高達 25％，損害美國紡織品行業利益，美國輕工業向議會提出立法限制進口。為維護美國市場，日本於一九五六年提出自主出口限制（棉製品 1.25 億平方公尺，女襯衫 25 萬打），一九五七年美日簽訂五年有效期的《美日紡織品協定（一九五七～一九六一年）》。一九五七年，日本針對美國強化限制的要求，與美國政府簽署了《美日棉紡品協定》，以政府間協議的方式自願限制出口。一九六〇年，甘迺迪（John F. Kennedy）在競選時因對紡織業做出保護承諾而贏得南方各州選票，在其就任總統後，迅速成立了紡織業部長委員會並研究扶持紡織業的政策。一九六一年八月，美日簽訂了《美日棉紡織品短期協定》，內容包括設定總出口限額和三類商品限額。一九六三年美日簽署了《美日棉紡織品長期協定》，規定一九六四年和一九六五年日本對美紡織品出口增速分別為 3％和 5％。一九七一年十月，美日簽訂了《美日紡織品協定（一九七二～一九七四年）》，規定此後三年內日本合成纖維和毛紡織品的平均出口增長率分別限制在 5.2％和 1％之內，並將商品劃分為七類，具體規定了出口限制的目標，美日紡織品貿易戰自此得以緩解。

小結：紡織貿易戰加速日本產業結構升級。二十世紀七〇年代初，日本基本完成重化學工業化，作為輕紡工業的代表產業之一的紡織業在日本實際上已經成為衰退產業，日本政府花 2000 億日元收購過剩紡織品，限制出口的同時縮減了紡織品過剩產能，促進了產業結構調整。

二、鋼鐵貿易戰（一九六八～一九九二年）

自一九五一年起，日本制定了兩個「鋼鐵合理化計劃」，對鋼鐵業進行大規模技術改造，積極建設大型聯合鋼鐵企業，同時積極引進國外先進技術並進行創新，極大地促進了日本鋼鐵產業經營效率的提高。一九六

〇～一九七八年，日本鋼鐵產業生產總值年均增長率 9.7％，在已開發國家中拔得頭籌。在滿足內需的同時，日本鋼鐵出口大規模增加，二十世紀六〇～八〇年代的出口率達到 30％以上，自一九六三年起日本成為世界上鋼鐵產品出口量最大的國家。[6] 日本鋼鐵在美國鋼鐵進口中的比重由一九五〇年的 5％上升到一九六八年的 50％以上。美國鋼鐵產業受石油危機和國內工人罷工的影響，國際競爭力下降，掀起保護主義浪潮。

1.《美日鋼鐵產品協定》（一九六八～一九七四年），日本自主限制出口。

美國鋼鐵生產廠商早在一九六三年就指責日本對美國進行鋼鐵傾銷，為防止美國的進口限制和貿易報復，日本自願減少對美出口，維持對美出口秩序。一九六八年，美國鋼鐵生產廠商再次指責日本鋼鐵廠商的傾銷行為。美國政府官員所羅門以貿易限制和貿易報復威脅，向日本鋼鐵出口聯盟要求日本自主限制鋼鐵產品對美國的出口。日本被迫讓步，於一九六八年七月實行鋼鐵產品對美出口限制，限制時間為一九六九～一九七一年，要求一九六九年鋼鐵產品出口同比減少 20％，一九七〇年和一九七一年允許保持同比 5％以內的增長率，一九七二年美日商定將此協議延長至一九七四年。

2. 設定最低價格（一九七八～一九八二年），發起「201 調查」。

一九七六年以後，日本的鋼鐵產品又大規模進入美國市場，佔美國鋼鐵進口額比重 55.9％。一九七七年十二月，美國政府制定了外國對美國鋼鐵產品出口的最低限價制度，外國廠商鋼鐵產品在美國市場售價一旦低於最低限價，美國國際貿易委員會將有權不經產業界訴訟而直接調查傾銷行為是否對美國產業構成侵害，即《一九七四年貿易法》的 201 條款（緊急進口限制條款）。

6　胡方：《日美經濟摩擦的理論與實態——我國對日美貿易的對策與建議》，武漢大學出版社二〇〇一年版，第 123 頁。

3.《美日特殊鋼貿易協定》（一九八三～一九八七年），日本自願限制出口。

一九八三年七月，美國對薄鋼板、帶形鋼等特殊鋼提高關稅並進行進口數量限制。在此背景下，日本主動謀求與美國簽訂自主出口限制協議。一九八三年十月，通過《美日特殊鋼貿易協定》，日本在此後五年時間內對特殊鋼實行自願出口限制。

4. 限制外國鋼鐵產品在美市場佔有率上限（一九八四～一九九二年）。

一九八四年美國鋼鐵企業以及全美鋼鐵聯盟根據 201 條款申請實施救濟措施。雷根決定實施鋼鐵業救濟措施，要求鋼鐵出口國自主限制出口。一九八四年十月美國通過了《鋼鐵進口綜合穩定法》，規定無論美國國內鋼鐵產業是否被侵害，外國（含日本）鋼鐵產品在美國市場上的佔有率只能在 17%～ 20.2%。一九八四年十二月美國與日本等國達成自主出口限制協議，約定市場佔有率：日本在美國鋼鐵市場上的佔有率限制在 5.8% 以內，韓國在 1.9%，巴西在 0.8%，西班牙在 0.67%，南非在 0.42%，墨西哥在 0.3%，澳大利亞在 0.18% 以內。布希（George Herbert Walker Bush）上台後，將救濟措施延長兩年半，在一九九二年終止。美日鋼鐵貿易基本成為受國家管理的貿易。

小結：相較於紡織品貿易戰，在鋼鐵貿易戰中，美國使用的貿易手段更加豐富，而且對各國都展開了攻擊。首先要求日本實行自主出口限制，但隨著貿易摩擦的擴大和深化，美國進一步實施保護國內市場的最低限價制度和有關鋼鐵市場佔有率的法案。

三、彩電貿易戰（一九六八～一九八〇年）

一九六九年日本成立第一家將全部電視機產品半導體化的公司，一九七〇年幾乎所有日本電視生產企業實現半導體化，二十世紀七〇年

代初期日本電視機技術全面超越美國。日本彩電生產商經營策略靈活，以盈利不大的小型電視機進入美國市場，並逐漸轉向大型電視機，以低價優勢與美國電視生產企業展開正面競爭。

1.維持出口市場秩序的《美日彩電協定》（一九六八～一九八〇年）。

一九六八年三月，美國電子工業協會（EIA）起訴日本 11 家電視生產企業，要求對日本生產的黑白電視和彩電徵收反傾銷稅，經裁定於一九七一年三月徵收反傾銷稅。由於日本政府的反對，兩國於一九八〇年四月達成和解，以美國放棄徵收反傾銷稅，日本支付和解金的方式解決。

2.《美日彩電協定》，自主限制出口數量（一九七七～一九八〇年）。

在一九七六年美國建國 200 週年和總統選舉之際，為更好觀看相關節目，美國居民對彩電的需求旺盛，日本對美國的彩電出口急劇增加，當年增速高達 150%。日本彩電對美出口的金額和市場份額在一九七六年達到頂峰，在美國彩電進口中所佔比重達 90% 以上，在美國市場上佔有率接近 20%，如**圖 2-13** 所示。美國彩電產業保護委員會根據 201 條款，向美國國際貿易委員會提出申請調查。美國國際貿易委員會經調查後向總統提出提高關稅和進口管制措施，同時還就日本家電企業在對美貿易中的價格傾銷行動和接受政府補貼等「不公平貿易習慣」問題進行調查。日本擔心美國實施對其不利的政策和法案，便主動讓步。一九七七年五月，美日簽訂維持出口市場秩序的《美日彩電協定》，有效期為三年，內容包括：日本對美國彩電出口每年控制在 175 萬台以內，其中製成品控制在 156 萬台以內，半成品控制在 19 萬台以內。在日本對美國彩電出口實施自主限制後，一九七九年日本對美彩電出口下降到 69 萬台，一九八〇年進一步下降到 57 萬台。

早在二十世紀七〇年代初，日本彩電生產商便開始在美國建廠，其後為規避美國關稅壁壘和反傾銷，延續了其在美建廠的趨勢。到一九七八年，日本企業在美國生產的彩電超過了日本對美國出口的彩電，美日彩電貿易戰在八〇年代初結束。

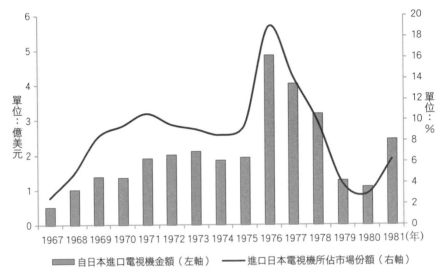

圖2-13　一九六七～一九八一年美國自日本進口電視機金額及其市場份額

資料來源：Wind；恒大研究院。

　　小結：美日彩電貿易戰並未解決美國彩電產業自身問題。一九六八年，美國國內有 28 家電視機生產企業，到一九七六年僅剩 6 家，八〇年代末僅剩下增你智（Zenith Electronics）一家，九〇年代該公司把生產工廠轉移到墨西哥，如今支撐美國電視機行業的近 20 家外國公司中，日本公司實力最為強大。

四、汽車貿易戰（一九八一～一九九五年）

　　石油危機後，日本汽車以其小巧美觀、價格低廉、低耗油的優勢迅速佔領美國市場。一九七八年日本對美國的汽車出口數量為 152 萬輛，一九七九年達到 164 萬輛，一九八〇年進一步上升到 192 萬輛，如圖 2–14 所示。日系汽車在美國進口汽車中的比重達到 80％，美系汽車在美國市場份額不斷萎縮，汽車貿易戰隨即打響，如圖 2–15 所示。

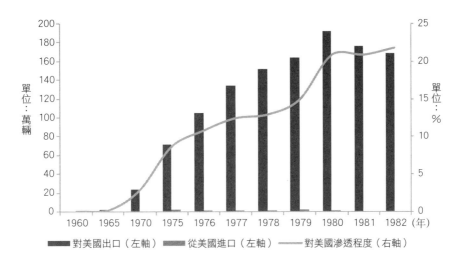

圖2-14　一九六〇～一九八二年日本汽車進出口情況及對美國市場滲透程度

資料來源：Wind；恒大研究院。

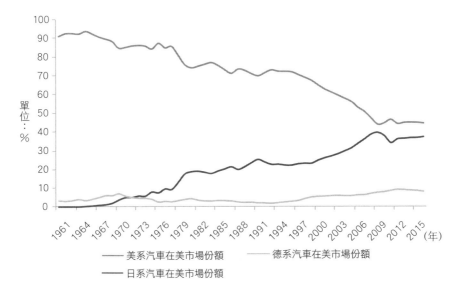

圖2-15　一九六一～二〇一五年美、日、德系汽車在美市場份額

資料來源：Wind；恒大研究院。

1.《美日汽車貿易協定》（一九八一～一九九二年），設定日本出口限額。

以一九七八年美國克萊斯勒（Chrysler）陷入財務赤字為開端，一九八〇年美國三大汽車公司在全美汽車工會要求美國政府對日本汽車實施進口限制，並在國會開展遊說活動，國會相繼提出許多保護主義的法案。美國國際貿易委員會提出緊急進口限制措施，一九八一年五月美日簽訂了《美日汽車貿易協定》，規定日本從一九八一年四月開始的一年內，將對美國汽車出口限制在 168 萬輛以內。同年五月，日本通商產業大臣發表《對美國出口轎車的措施》，日本汽車製造商在出口受限後赴美投資建廠，豐田與通用、馬自達與福特、三菱與克萊斯勒相繼在美國聯合建立裝配廠。一九八三年協議延期，限額上調到 185 萬輛，並規定以後每年可在實際出口值上增加 16.5％。但日本並未完全達到美方要求，經常超出上限。

2.《美日汽車、汽車零組件協定》（一九九二～一九九五年），增加對美汽車和零組件進口，開放市場。

日本汽車生產商在美投資後，購置的零組件和半成品主要來自日本而非美國，因此汽車貿易摩擦轉向零組件貿易摩擦。一九八一年美日達成一項有關汽車零組件問題的協議，規定日本在一九八一年內購買價值 3 億美元的美國汽車零組件，但是日本汽車生產商認為美國汽車零組件質量較差，只購買了 2 億美元。

美國對日本兩次未能履行協議非常不滿，於一九八四年和一九八七年兩次提出日本汽車零組件市場開放的要求，但都未能達成一致意見。一九九二年布希訪問日本，雙方達成關於汽車零組件問題的協議，規定到一九九四年，日本購買 190 億美元的美國國內製造的汽車零組件。

美國要求日本開放汽車市場的談判始於一九九三年，歷經 20 個月無果。一九九五年五月，美國向 WTO 提出申訴並以啟動 301 條款、對進口的日本汽車徵收 100％關稅作為威脅；在零組件方面，美國提出延長美日

一九九二年達成的《汽車零組件協定》，進一步要求日本每年以10%～20%的增長率進口美國生產的汽車零組件。日本向WTO申訴並預計六月末對美國採取報復性反擊措施，未能成功。一九九五年六月雙方達成《美日汽車、汽車零組件協定》，日本基本滿足了美國所有要求，美國對日本的汽車及零組件出口開始增加。

小結：與紡織、鋼鐵等產業不同，汽車屬於美國和日本的支柱產業，美國在汽車貿易戰中的訴求既包括保護本國市場又包括打開國外市場。在保護本國市場方面，美國採用201條款、多邊談判等方式，要求日本進行自主限制出口，設定出口增速；日本的應對策略為主動限制出口、在美國建廠，以減少對美出口。在打開國外汽車市場方面，美國以301條款、增加進口關稅威脅日本，迫使日本同意進口美國汽車及零組件要求，並規定進口增速數字指標；日本試圖通過政府補貼、WTO框架方式解決，但未能成功，最終滿足了美國的大部份要求。

五、通信貿易戰（一九八一～一九九五年）

美日通信貿易戰的起因是美日在通信行業變革的過程中產生了分歧。通信行業在各國基本處於自然壟斷地位，但第三次科技革命帶來的微電子、資訊科技蓬勃發展，衝擊到傳統通信產業，美國意識到競爭的市場必然是一個開放的市場。一九八四年美國電話電報公司（AT&T）被拆分，美國致力於在全球「消除通信產業壟斷，確立競爭的經濟秩序」。日本通信產業是由日本電報電話公司（NTT）壟斷，當美國要求日本開放市場時，遭到了電電公司的強烈反對，通信貿易戰由此爆發。

1.《政府採購器材協定》（一九八一～一九八三年），採購美國通信器材。

美國擁有質量高、價格低廉的通信器材，但日本電電公司卻並未從美國進口，而是從電電家族的企業群採購。美國認為是日本電電公司的

壟斷和政府的政策導致市場封閉。一九七八年美國政府要求日本電報電話公司對器材採購商實行門戶開放政策，並於一九七九年、一九八〇年兩次發佈對日報告書《瓊斯報告》，列舉美日通信器材領域的不平等問題，要求日本調整美國器材購買政策。一九八〇年年底，美日達成有關政府採購器材的協定，有效期為三年，從一九八一年開始實施。隨後日本海外器材採購額大幅上升，由一九八一年 44 億日元上升到一九八三年 340 億日元，一九八二年日本從美國採購器材佔海外器材採購的 83％。

2. 新《政府採購器材協定》（一九八四～一九八七年），定期檢查協定實施。

日本從美國採購有所增加，但這與美國的預期仍有較大差距。在共同開發方面，日本僅有 1 件器材是與海外廠商共同開發的，美國認為日本市場仍然是封閉的。一九八四年一月，美日達成新的《政府採購器材協定》，有效期為三年，規定定期檢查協定實施狀態。

3.《美日行動電話協定》（一九八九～一九九五年），開放日本市場。

一九八五年通過的分類市場談判（MOSS）規定讓美國「摩托羅拉方式」和摩托羅拉（Motorola）行動電話進入日本，但此項要求在日本並未得到實施，於是從一九八九年開始，美日進行了長達五年的行動電話談判。一九九四年年初美日高峰會談破裂，美國以恢復 301 條款威脅日本，一九九四年三月達成《美日行動電話協定》，開放日本國內市場，規定從一九九四年四月起的 18 個月內，日本在東京和名古屋地區建立 159 個行動電話中心、增設 9900 個通話頻道以銷售並普及摩托羅拉行動電話，打破了日本通信市場的壟斷。

小結：通信貿易戰中，美國對日本實施的手段以開放市場為主線，在日本未能達到美國預定的要求時，美國展開對日本通信產品的進口限制。日本在對策上採取緩慢移除貿易壁壘的做法，在未達到美國預期時採取與美國企業建立合資子公司的方式緩和美日通信貿易戰。

六、半導體貿易戰（一九七八～一九九六年）

　　一九四八年開始，美國相繼發明了電晶體、矽電晶體、積體電路等，美國的半導體產業快速發展。到二十世紀七〇年代，美國致力於廢除各國間貿易壁壘，日本對此十分擔憂，於是由通產省帶頭組成「超大規模積體電路技術研究組織」，投入 760 億日元，在一九七九年優先於美國掌握了積體電路記憶晶片技術，隨後日本在 64k、1M、4M、16M、64M 積體電路生產中相繼獲得成功，在國際市場佔領先機。二十世紀八〇年代中期，日本半導體的全球市場佔有率由一九七七年的 4.2％上升到 34.8％，而美國半導體市場佔有率從一九七七年的 66.5％下降到 38.4％，如**圖 2–16** 所示。一九八〇年，日本在對美半導體貿易上首次產生 28 億日元順差，多數美國人認為日本技術升級使得日本對美國的威脅遠超蘇聯，美日半導體貿易戰由此展開。

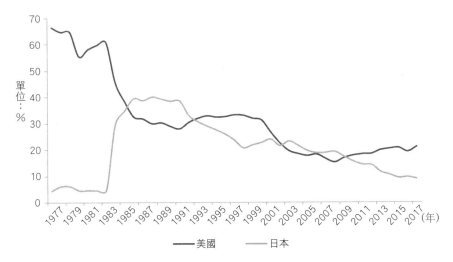

圖2–16　一九七七～二〇一七年美日半導體市場佔有率

資料來源："Worldwide Market Billings"，見 http://www.semiconductors.org/wp-content/uploads/2019/05/GSR1976-March-2019.xls ；恒大研究院。

1.《關稅削減協定》（一九七八～一九八一年）：削減直至取消半導體關稅。

一九七七年，美國電子機器製造廠商組成了半導體工業協會（SIA），目的之一是廢除各國之間半導體的貿易壁壘。當時，日本的半導體關稅稅率為 12％，美國為 6％。一九七八年六月，在東京舉行的 GATT 的多邊談判上，美日雙方通過《關稅削減協定》，規定從一九八〇年開始兩國用 11 年時間將稅率均降至 4.2％。

由於一九八〇年日本對美半導體貿易首次出現順差，一九八一年美日元首舉行會談，約定於一九八二年將美日雙方的稅率（5.6％和 10.1％）下調至 4.2％。一九八二年七月，在華盛頓舉行美日貿易會談，商定於一九八四年四月起相互取消有關積體電路的關稅。

2.《美日半導體貿易協定》（*The U.S.-Japan Semiconductor Trade Agreements*）（一九八六～一九九一年）：發起「301 調查」，徵收反傾銷稅，設定美半導體在日市場佔有率指標。

二十世紀七〇～八〇年代，美日在半導體市場佔有率發生了巨大變化，日本大幅上升而美國大幅下降，而且日本半導體追趕趨勢更加猛烈。一九八五年六月，美國啟動「301 調查」；九月，美國半導體廠商以日本半導體出口傾銷問題向美國國際貿易委員會提出訴訟。一九八六年美國國際貿易委員會做出裁決：提高從日本進口的半導體關稅並徵收反傾銷稅。一九八六年七月達成了《美日半導體貿易協定》。協定的主要內容包括：（1）日本半導體廠商應按美國商務部確定的價格銷售；（2）日本應增加對美國半導體進口，使美國和其他國家半導體產品在日本市場上的佔有率從 8.5％提高到 20％以上；（3）美國停止對日本半導體廠商的傾銷調查。

但是，日本在履行《美日半導體貿易協定》過程中，採取向第三國增加銷售的策略，以傾銷價搶走美國的國際市場。一九八七年四月，雷根政府對日本 3 億美元的半導體及相關產品徵收 100％懲罰性關稅。同年，發生了日本東芝公司向蘇聯出售違禁機床產品事件，美國禁止日本

東芝公司的產品對美出口長達三年。

3. 新《美日半導體貿易協定》（一九九一～一九九六年）：規定外國公司半導體在日市場佔有率，一九九三年美國半導體全球市場佔有率重回第一。

一九九一年六月，《美日半導體貿易協定》五年期滿，但外國公司在日本半導體市場上佔有率僅 14.3％，未達到協議要求。八月，美日又締結了新的協定，五年有效期，規定到一九九二年年底，外國公司在日本半導體市場上佔有率達到 20％（一九九三年達到 20.2％）。一九九六年，協定到期，此時美國半導體產業重登世界第一寶座，新的半導體協定，不再設定市場佔有率，而是要求每隔三個月兩國就半導體市場銷售、市場佔有率和增長情況進行統計，以便兩國進行監督控制。

小結：美國對日本的半導體政策是以「減少貿易順差」的名義進行的經濟壓制，不同於紡織品、鋼鐵貿易戰，更多的是擔心自身競爭力的下降。美國採取的手段更加多樣，首次提出外國半導體佔日本市場比重的具體指標，標誌著美國對日貿易政策和手段出現重大變化，從對日進口產品限制、日本的自願限制出口，發展到日本自願擴大進口及數值指標的管理貿易方式。日本有反對，通過加大對美投資、加大對第三國出口來緩和貿易摩擦，但更多的仍是屈從於美國。

第三節　升溫：二十世紀八〇年代中後期升級到金融戰、經濟戰

六大產業的貿易戰未能削弱日本的競爭力，日本逐步實現產業升級，美日貿易逆差反而持續擴大。美國認為美日間的貿易失衡在於利率、匯率管制和金融抑制導致日元被低估，日本產品在全球傾銷。《廣場協議》後，日元大幅升值，日本出口增速大幅下滑，但進口下滑幅度更大，

一九八六年日本整體順差擴大，其中對美順差在一九八六年和一九八七年持續擴大，加劇了美國的不滿。同時，美國認為日本金融市場封閉，美國金融機構無法進入日本，競爭不對等。美國逼迫日本開放金融市場，過急的金融自由化為投機和泡沫提供宏觀環境。日元升值並未改變美日貿易失衡，美國認識到根源在於日本的經濟體制，即交易習慣、土地制度、儲蓄投資模式、《關於調整大規模零售店鋪的零售業業務活動的法律》（簡稱《大店法》）等方面的結構性障礙，因此美國強行干涉日本的經濟政策，從宏觀和制度層面改變貿易失衡，日本出於對美經濟、軍事和政治的依賴，步步退讓，失去宏觀政策獨立性，應對失當，陷入「失去的二十年」。

一、匯率金融戰：逼迫日元升值，金融自由化

金融自由化一般包括三個方面：利率自由化、金融業務自由化和國際資本流動自由化。二十世紀八〇年代日本金融自由化的特點是：利率自由化和國際資本流動自由化同時起步且急速展開。日本的金融自由化是在美國的壓力下展開的，美國主要出於兩個目的：第一，美國認為日本在利率、金融業務開展及資本流動方面有諸多限制，導致日元無法實現其在國際市場的真正價值。因此，美國認為要扭轉美日貿易失衡，不是要改變美國的經濟政策，而是要改變日本的金融、結構性經濟制度。第二，八〇年代初，歐美的金融機構進入日本受到嚴格的金融管制，難以進入世界第二大經濟體開展業務，但美國市場卻對日本開放，形成不對等的競爭。一九八三年歐美銀行東京分行的貸款總額佔日本貸款總額的 3.5%，存款總額不到日本存款總額的 1%；歐美投行均未取得東京證券交易所的會員資格，只能通過香港與日本展開交易。美方當時負責施壓與談判的是財政部部長里甘（Donald Regan，一九八一～一九八五年任財政部長，一九八五～一九八七擔任白宮幕僚長），里甘任職財政部長

前擔任美林證券公司（Merrill Lynch）的董事長兼首席執行長。日本金融自由化後，「管制」的閘門打開，大量資本瘋狂湧入並於泡沫前拋售日本資產，助推泡沫形成與破裂。

（一）「美元日元委員會」：推動金融資本市場自由化，但未能實現日元升值目標

隨著貿易戰的推進及日本產業競爭力的提高，美國國會中的貿易保護主義勢力壯大。雷根在第一任期強調「強國家，強貨幣」，實行高利率政策，美元不斷走強。美國產業界認為被扭曲的匯率降低了美國的競爭力，施壓政府糾正美元升值的傾向。一九八三年九月，李・摩根（Lee L. Morgan）發佈了題為《美元與日元的不匹配：問題的所在與解決方案》的報告，成為日後美國施壓日本的談判藍本，其提出了 11 項具體策略，核心是「金融自由化，日元國際化」，徹底「排除抑制日元需求的人為措施」。美國認為，日本開放金融與資本市場後，市場對日元資產的興趣增加，日元將隨之升值。

一九八三年十一月，美國總統雷根訪日，與日本首相中曾根康弘探討日元和美元匯率問題，這是「美元日元委員會」的開端。同月，日本大藏大臣竹下登與美國財政部部長里甘宣佈成立美日間「美元日元委員會」，以匯率、金融和資本市場問題為框架，就歐洲日元債券、增加東京證券交易所會員權限、美國某些州限制外國銀行進入等問題進行探討。

一九八四年五月，美日發表《美元日元委員會最終報告書》，美國主要實現四個方面的利益訴求：（1）日本金融資本市場自由化，包括利率自由化和日元借款自由化；（2）確保外國金融機構自由進入日本金融資本市場。外國證券公司可以申請成為東京證券交易所會員，向外國銀行開放日本信託業；（3）創設自由的海外日元交易市場，擴大歐洲日元市場──離岸市場；（4）實現日本金融與資本市場自由化，消除外資對日投資障礙。日本承諾自主、漸進地推進金融資本市場自由化，消除

日元國際化障礙。但是日元並未如美國預計升值，美元繼續堅挺，日本對美順差繼續擴大，美國從而尋求其他手段。金融自由化加速推進，具體如下：

（1）利率自由化方面，新的金融衍生產品大量出現。一九八五年，利率聯動型可轉讓存款證書（CD）、市場利率聯動型存款（MMC）和自由利率的大宗定期存款陸續出現。

（2）金融業務管制方面，放鬆市場准入與貨幣自由兌換。一九八四年日本允許海外存款證和商業支票在國內銷售，撤銷外匯期貨交易的「實際需要原則」，提供投機的自由，自由發放以日元計價的對外貸款。一九八六年開始實施短期國債的招投標發行，外國投資銀行開始取得東京證券交易所的會員資格，撤銷人壽保險、年金信託等對外證券投資管制，促進以賺取利率差為目的的個人對外投資。一九八七年日本創設國內商業票據市場。

（3）資本流動方面，撤銷日元兌換管制。一九八六年日本創設東京離岸市場，允許 181 家外國外匯專業銀行參與，日本企業可以在英國倫敦市場發行以美元為單位的信用債和可轉債。

（二）《廣場協議》：五大國聯手拋售美元，日元迅速大幅升值，但未減少美日貿易逆差，直到一九八八年逆差才縮窄

一九八五年七月，美日兩國財政部在巴黎開始就《廣場協議》進行磋商，會談目的是建立美日磋商機制，關注兩國經濟問題。九月，美、日、英、法、德五國財政部部長、央行行長在紐約舉行 G5 會議，簽訂《廣場協議》，宣佈聯合干預外匯市場，結束美元匯率偏高情況。五國達成以下共識：（1）二十世紀八〇年代前期持續的美元堅挺，沒有反映各國經濟的基本面；（2）各國協調阻止美元繼續升值，調整世界外貿和投資不平衡；（3）平息美國因貿易逆差重新興起的貿易保護主義思潮；（4）主要國家間開始進行緊密而具體的政策協調，在外匯市場表明美元貶值意圖。

其後，日元快速升值。協議簽訂前，美元對日元匯率是 1 美元兌換239 日元，至一九八六年年底，已貶值為 1 美元兌換 159 日元，1 年內美元貶值超過 30%。日元的急劇升值引起日本各界的強烈不滿，部份出口企業利潤受到影響，以日元計價的出口增速下降。自一九八六年三月開始，日本銀行多次賣出日元買入美元以防止日元升值打擊日本經濟，但此舉並未遏制住日元持續升值的態勢。由於日本產品的競爭力依然較強，日元升值並沒有立即減少美日貿易逆差，直到一九八八年美日貿易逆差才下降，而一九九一年後繼續上升。

（三）《羅浮宮協議》：穩定匯率，阻止美元進一步貶值，日本承諾降低利率擴大內需

《廣場協議》後，日元、馬克等持續升值，影響日、德國際競爭力，日本陷入「升值恐懼」。一九八六年九月，日本希望美國穩定美元匯率，美國的條件是日本必須下調利率刺激內需。十月三十一日，美日發表聲明：「雙方取得諒解，認為日元美元匯率的調整已經與現在基本面大致符合」。日本計劃實施：（1）下調個稅和法人稅，實施稅制改革；（2）向國會提出追加預算，提出 3.6 兆日元綜合經濟對策；（3）擴大內需，日本銀行下調法定利率。

一九八七年年初日元繼續升值，二月二日在巴黎舉行的 G7 財長會議達成《羅浮宮協議》（*Louvre Accord*），決定穩定匯率：（1）《廣場協議》後，各國協調一致干預外匯市場，當前匯率基本反映各國經濟基本面；（2）匯率比價劇烈波動損害各國經濟增長；（3）各國貨幣之間匯率如果超出目標行情，有損各國經濟增長，各國財政部部長及央行行長一致同意促進匯率穩定在目前水準附近。

但一九八七年三月日元升值到 145，十二月升值到 120，一九八八年一度突破 100。日元升值趨勢未能停止，大幅度的刺激政策卻已實施，泡沫愈演愈烈。

（四）一九九五年《美日金融服務協定》：金融服務領域進一步放鬆市場准入

一九九五年一月，美日簽署《美日金融服務協定》，日本主要在四個方面做出讓步：（1）年金資產的運用，允許投資顧問公司進入厚生年金基金；（2）投資信託，從根本上放寬運用原則；（3）重新制定與公司債相關的各項規定及慣例等；（4）廢除對非居民的民間歐洲日元債務的回流限制，投資者購買外國債券時，對證券公司與投資者之間的貨幣互換解禁等。此外，日本在金融服務領域進一步放鬆外資市場准入限制，在年金、信託、證券市場等領域進一步推動金融自由化。

二、經濟戰：強行改變日本經濟結構，日本宏觀政策獨立性喪失

在貿易戰和匯率金融戰後，美國認為美日貿易失衡的根源是日本國內存在一系列結構性障礙，這些障礙導致美國產品難以進入日本，美日衝突轉向制度衝突和宏觀調整。為消除結構性障礙，美日雙方達成三大協議：一九九〇年的《美日結構性障礙問題協議》、一九九三年的《美日新經濟夥伴關係框架》和一九九七年的《美日規制緩和協定》。

一九八九年九月，美日正式召開美日經濟結構問題會談。一九九〇年，雙方達成《美日結構性障礙問題協議》，包括美日雙方對對方的要求。其中，美國要求糾正日本經濟結構中存在的六個方面的問題：儲蓄投資模式、土地利用、流通問題、價格機制、排他性交易習慣、企業系列制問題。日本提出美國應在七個方面採取措施：儲蓄投資模式、企業的投資活動與生產力、企業行為、政府規制、研究開發、振興出口、勞動力教育培訓。

具體而言，第一，美國要求日本改變儲蓄大於投資的現狀，在 10 年內增加 430 兆日元的公共事業投資；建立靈活的消費信用制度，擴大民

間消費。第二，要求日本有效利用土地，美國認為日本投資過少很重要的原因是土地價格過高，要擴大土地供應和提高土地利用效率，通過進口美國農產品以在農田建立住宅和工廠。第三，要求日本改變流通領域的問題，修建機場、港灣實現進口流程的快速化，簡化通關手續，進口手續需在 24 小時之內完成，修改《大店法》，縮短創辦大型商場的手續時間為 1 年半，增加進口商品的賣場面積。第四，改變國內商品定價高於對美出口的價格的現狀。第五，改變排他性交易習慣，嚴格執行《禁止壟斷法》。第六，改變企業系列制問題，日本國內企業間相互持股，形成上下分層、相互協作的幾百個公司的商業體系，基本排斥了對外採購，美方要求對此改變，具體如**表 2–3** 所示。

表2–3　《美日結構性障礙問題協議》的主要內容

美國對日本提出的要求	
儲蓄投資模式	・改變儲蓄和投資不均衡問題，增加國內公共資本的投資
	・修改社會資本建設計劃，擴大現有投資規模
	・建立靈活的消費信用制度，擴大民間消費
土地利用問題	・土地價格過高，增加大城市住宅供給，改善土地利用效率
	・綜合改革土地稅制
流通問題	・修改《大店法》中的不公平措施
	・整頓流通環境，解決流通中手續繁多、管道過多的問題
價格機制	・調整內外價差
	・政府規制緩和
排他性交易習慣	・嚴格執行《禁止壟斷法》
	・確保政府行政指導的透明度和公正性
	・對民間企業實行透明的內外無差別的採購活動
	・縮短專利審查時間
企業系列制問題	・確定在企業間內部交易習慣的持續性，在排他性方面運用《禁止壟斷法》
	・發表推進開放的對日直接投資政策的聲明

（續）表2-3　《美日結構性障礙問題協議》的主要內容

日本對美國提出的要求	
儲蓄投資問題	・削減巨額財政赤字
	・修正國內儲蓄和投資不均衡以修正經常收支不均衡
企業的投資活動與生產力	・盡快立法以緩和《反托拉斯法》
	・改善產品製造責任制
企業行為	・企業制定長期戰略
	・實行技術開發
政府規制	・撤銷出口限制，促進進口自由化
研究開發	・通過稅制措施提高產業界研究開發能力
振興出口	・支持民間出口
勞動力教育培訓	・加強學校教育和職業訓練

資料來源：日本通商省一九九一年版《通商白皮書》；恒大研究院。

　　美日雙方均提出改變儲蓄投資不平衡的問題，但美方的要求明顯高於日本，試圖改變日本的既有經濟結構；日本對美方的要求更多是側重於提高美國產品競爭力進而擴大美國對外出口，如研發、勞動力培訓和生產力提高等。

　　一九九三年美日通過《美日新經濟夥伴關係框架》，主要從全球經濟、宏觀經濟和個別領域三個層面進行政策協調，從改革日本市場准入、內需型經濟體制和提高美國競爭力的角度調整雙方關係。（1）全球經濟方面，加強美日在全球的經濟技術合作；（2）宏觀經濟方面，要求日本縮小經常收支順差，發展可持續的內需型經濟，放開外國產品和服務的市場准入，擴大從美國進口；（3）個別領域方面，優先進行政府採購、保險、汽車零組件的談判，實行金融、保險、《反壟斷法》、流通制度方面的規制改革，提高美國產業競爭力並擴大出口。

　　一九九七年美日通過《美日規制緩和協定》，內容包括兩部份，確定了日本放鬆管制與競爭政策的基本框架。第一部份是日本應採取的措施，涉及住宅、通信、醫療、金融服務、商品流通、競爭政策、法律服務和建立放鬆管制組織等方面。第二部份是日本政府希望美國改善的問

題，涉及經濟結構、透明度和政府慣例、住宅、通信、醫療器械及醫藥、金融服務等方面。

從上述三個協議的內容看，二十世紀九○年代後期，隨著全球化和資訊化的發展和美日兩國經濟聯繫的加強，兩國貿易摩擦從個別產品轉向金融投資領域進而轉向制度協調，解決方式由《美日結構性障礙問題協議》中的投資儲蓄問題，轉向《美日新經濟夥伴關係框架》中的宏觀經濟政策協調及市場准入問題，進而轉向《美日規制緩和協定》中的服務貿易領域制度協調問題，即由一般意義上的擴大進出口的貿易方式轉向以放鬆管制和規制為代表的制度協調，如圖 2-17 所示。

第四節　結局：日本貨幣寬鬆政策，金融戰敗，陷入「失去的二十年」

在美國步步緊逼及日本國內實行過度寬鬆的財政與金融政策後，日本股價、地價不斷上漲，在緊急加息和抑制地價後，泡沫迅速破裂。從二十世紀九○年代起，日本經濟長期低迷，產業競爭力下降，追趕階段結束後，曾經推動日本高速發展的宏觀調控與「日本式經營」的微觀管理成為日本發展的阻礙。日本與美國 GDP 之比從一九八五年的 32%（一九七八年和一九八六年突破過 40%）降低至二○一七年的 25%，日本人均 GDP 自一九八七年超過美國，但到二○一七年降至美國人均 GDP 的 64.6%，美國成功壓制日本崛起，如圖 2-18 所示。

一、貿易戰對美國貿易逆差有階段性的改善，但長期美國貿易逆差擴大趨勢更為嚴重

貿易逆差的規模根本上是由國內外產業優勢與結構決定的。貿易戰

貨物貿易戰	紡織品貿易戰 （1957～1974年）	• 簽訂《美日紡織品協定》、《美日棉紡織品短期協定》、《美日棉紡織品長期協定》、《美日紡織品貿易協定》 • 日本自願限制出口
	鋼鐵貿易戰 （1968～1992年）	• 簽訂《美日鋼鐵產品協定》、《美日特殊鋼貿易協定》 • 日本自願出口限制
	彩電貿易戰 （1968～1980年）	• 簽訂《美日彩電協定》 • 美國採用反傾銷反補貼調查等方式迫使日本自願出口限制
	汽車貿易戰 （1981～1995年）	• 簽訂《美日汽車、汽車零組件協定》 • 日本自主出口限制
	通信貿易戰 （1981～1995年）	• 簽訂《政府採購器材協定》、《美日行動電話協定》 • 日本自願出口限制
	半導體貿易戰 （1978～1996年）	• 簽訂《關稅削減協定》、《美日半導體貿易協定》 • 日本自願出口限制、自願擴大進口、數值指標管理的貿易方式

匯率金融戰	美元日元委員會 （1983～1984年）	• 推動金融資本市場自由化：利率自由化方面，新的金融衍生產品大量出現；金融業務管制方面，放鬆市場准入與貨幣自由兌換；資本流動方面，撤銷日元兌換管制，創設東京離岸市場
	《廣場協定》 （1985年）	• 五大國聯手拋售美元，日元迅速大幅升值，但未改變美日貿易逆差
	《羅浮宮協定》 （1987年）	• 以擴張性金融政策為主的擴大內需政策 • 日本下調短期利率、公共事業集中到上半年、5兆日元財政刺激
	《美日金融服務協定》 （1995年）	• 進一步放鬆外資市場准入限制 • 年金、信託、證券等領域進一步推動金融自由化

經濟戰	《美日結構性障礙問題協議》 （1990年）	• 要求日本改善：儲蓄投資模式、土地利用問題、流通問題、價格機制、排他性交易習慣、企業系列制問題 • 要求美國改善：儲蓄投資問題、企業的投資活動與生產力、企業行為、政府規制、研究開發、振興出口、勞動力教育培訓
	《美日新經濟夥伴關係框架》 （1993年）	• 加強全球經濟技術合作、日本減小經常收支順差、創造良好的自由貿易環境（金融、保險、《反壟斷法》、流通制度改革）
	《美日規制緩和協定》 （1997年）	• 要求日本改善：住宅、通信、醫療、金融服務、商品流通、競爭政策、法律服務、建立放鬆管制組織 • 要求美國改善：經濟結構、透明度和政府慣例、住宅、通信、醫療器械及醫藥、金融服務

圖2-17　美日貿易戰過程

資料來源：恒大研究院。

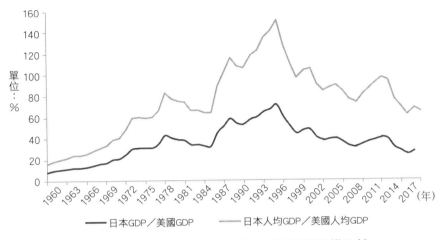

圖2-18　一九六〇～二〇一七年美日經濟規模比較

資料來源：Wind；恒大研究院。

期間，美國貿易差額與 GDP 之比曾有三次明顯改善，「鋼鐵貿易戰」、「彩電貿易戰」帶來了一九七二～一九七五年美日貿易逆差及美國貿易逆差總額的改善，「汽車貿易戰」帶來了一九七八～一九八〇年美日貿易逆差及美國貿易逆差總額的改善，但是「匯率金融戰」卻並未在一九八六～一九八七年縮小美日間及美國貿易逆差總額，直到一九八八～一九九〇年才起作用，如**圖 2-19** 所示。

　　因此，貿易戰可以在短期內改善美國貿易逆差，每次改善持續約三～四年。但由於未解決國際分工、產業優勢、美國自身儲蓄投資結構、美元國際儲備貨幣地位等根本性問題，貿易逆差擴大的趨勢並未改變，二十世紀六〇～九〇年代，美國的貿易逆差整體仍在擴大。

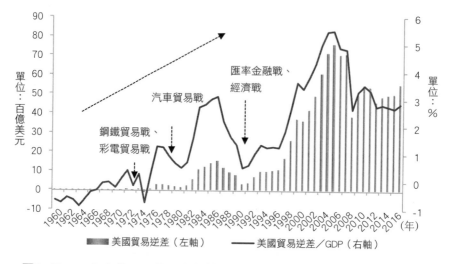

圖2-19　一九六○～二○一六年美日貿易戰對美國整體貿易逆差的影響

資料來源：Wind；恒大研究院。

二、日元大幅升值，房市、股市泡沫破裂，經濟增速大幅下滑，日本陷入「失去的二十年」

一九八五年《廣場協議》後，美元對日元匯率由一九八五年的238.47降到一九八八年的128.17，日元升值近一倍之多。日元升值過快過多導致出口增速大幅下滑至負增長，一九八六～一九八八年出口增速分別為–15.9％、–5.6％和1.9％，導致GDP增速從一九八五年的6.3％下降至一九八六年的2.8％；但一九八七～一九八八年伴隨消費和設備投資大幅上升，GDP在一九八七～一九九○年回升到較高增速，產生了經濟繁榮的景象。

二十世紀八○年代日本貨幣政策過度寬鬆。一九八○年三月以來央行持續下調利率，其中一九八六年一月至一九八七年二月，短期內連續五次下調利率至2.5％。貨幣供給額M2平均餘額在一九八七～

圖2–20　一九八〇～二〇〇〇年日本廣義貨幣供給增速與GDP增速

資料來源：Wind；恒大研究院。

一九八九年高達 10％以上，直到一九九二年九月轉為負增長，如**圖 2–20**所示。寬鬆的貨幣政策釋放大量流動性，加之日元升值吸引大批熱錢流入日本，導致股價、房價上漲，資產價格出現泡沫，投機盛行，製造業企業低成本融資後投資股市和房地產。日本製造業的大企業對股市的投資由一九八五年前的年平均 0.9 兆日元上升到一九八九年的年平均 2.7 兆日元。

　　美國施壓日本擴大內需以削減貿易逆差，日本擴張性財政政策的實施為泡沫奠定基礎。美國督促日本減少貿易順差，中曾根政府委派日本中央銀行前總裁前川春雄起草《前川報告》（一九八六年四月發佈），提出擴大內需、轉換產業結構、擴大進口市場、改善市場准入環境、加快金融自由化和加快日元國際化。日本開始實施擴張性的財政政策，出現了「日元升值、高投資率、低利率」並存的局面。

　　日本央行擔心加息可能導致美元貶值，且當時「日本第一」的外界認知和日本國民信心膨脹的氛圍讓人難以相信泡沫已經產生。日本當局

對經濟形勢的判斷較為樂觀，認為日本並未出現泡沫，價格上漲是對經濟向好的反映，貨幣緊縮不斷推遲。直到一九八九年六月至一九九○年八月，日本央行緊急上調利率，連續 5 次加息，擊潰股市，東京日經 225 指數直線下跌，由一九八九年年底的 34068 點下降到二○○三年的 9311 點，如圖 2–21 所示。同時日本政府採取抑制地價的措施，土地、房地產價格泡沫在一九九一年下半年急速破裂。二○一七年的全國平均地價僅相當於一九七三年的水準，相當於一九九一年最高點的三分之一，如圖 2–22 所示。抑制地價的措施主要有：（1）直接管制土地交易，買賣土地必須向當地政府主管機構提出報告，防止不正當高價買賣土地；（2）管制金融機構貸款，大藏省要求全國銀行、信用金庫、生命保險公司和損害保險公司實施「管制向不動產融資的總量」措施，向不動產貸款增長率不得高於貸款總量增長率；（3）完善土地稅制，強化土地保有課稅、土地轉讓利益課稅和土地取得課稅，實施《土地基本法》，強化對土地交易、金融機構和不動產商的監管；（4）強化城市土地用地的管制。

股市、房地產泡沫破裂後，出現大量過剩產能、不良債權、過剩勞動力，銀行等金融機構、企業破產倒閉，失業率上升，動盪的政局及錯誤的應對導致日本經濟步入低迷期。在日本長達 40 年的「追趕階段」和二十世紀八○年代中期的繁榮時期，政府干預的產業政策、微觀的日本式企業經營發揮了巨大作用，但資訊技術革命、實現追趕目標的新環境卻最終成了日本產業和經濟進一步轉型升級的障礙，昭和時期的繁榮演變為平成時期的危機。具體而言，宏觀上長期的低利率和財政擴張助長泡沫，過急、過快的抑制又迅速刺破泡沫。高景氣下產能盲目擴張，泡沫破裂後產生大量過剩產能、過高不良債權和過剩勞動力，財政、貨幣政策失效，必須實施結構性改革。

微觀上「日本式企業經營」主要包括：終身雇傭制、年功序列制、企業內工會、主辦銀行制與企業間互相持股。在追趕階段內外需旺盛，終身雇傭制、年功序列制和企業內工會使得員工忠誠度高，資方與勞方

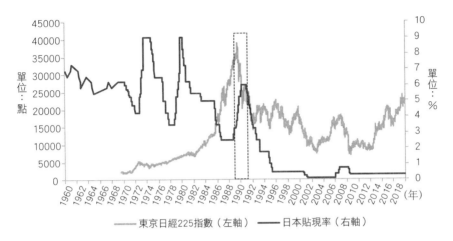

圖2-21　一九六○～二○一八年東京日經225指數與日本貼現率

資料來源：Wind；恒大研究院。

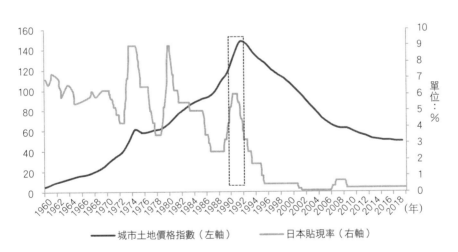

圖2-22　一九六○～二○一八年日本城市土地價格指數與日本貼現率

資料來源：Wind；恒大研究院。

的分歧較小，有利於減緩生產成本迅速抬升，但在需求下滑、全球化競爭激烈時期不利於勞動力市場出清。日本企業直到九〇年代中後期才大規模解僱職工，如**表 2–4** 所示。主辦銀行制（間接融資制下股東權利較小）、企業間相互持股（大中小企業分工協作）、護送艦隊式的政企關係（促進企業發展），使得企業經營目標可以更加長遠，比如追求規模和市場佔有率，而非短期的股價波動和投資收益率，在追趕階段帶動企業迅速壯大、搶佔國際市場份額。但這種制度也存在公司治理結構脆弱、政企不分的問題，導致市場對企業經營者的監督弱化；片面追求市場佔有率和規模，導致產能過剩和過度負債。當追趕目標實現且勞動力優勢不再、人口紅利消失時，原有的非市場化經營體制便成了創新的障礙。

此外，日本政局的動盪、政府對形勢的錯誤判斷及應對失策均導致日本經濟步入低迷期。

表2–4　泡沫破裂後日本著名大企業的裁員行動

	實施大裁員的企業	裁員人數（萬人）
1	日本電報電話公司（NTT）	11
2	日產汽車	3.5
3	日立	2
4	東芝	1.8
5	富士康	1.6
6	三菱	1.4
7	三菱電機	0.8
8	松下電器	0.5
9	馬自達	0.65
10	NEC	0.4
11	豐田	0.2
12	本田汽車	0.1

資料來源：Wind；恒大研究院。

（1）缺乏穩定的政治環境應對危機。二十世紀九〇年代的日本在十年內經歷了九屆內閣，七任首相。長期執政的自由民主黨因黨內鬥爭一度退居在野黨，政府部門間爭鬥使日本在應對貿易戰中多次被美國利用，日本在談判中處於被動地位。不穩定的政局導致日本缺乏整治宏觀經濟的環境和有效的對策。任職最短的宇野宗佑（一九八九年六月三日至八月十日任職）和羽田孜（一九九四年四月二十八日至六月三十日任職）任職都只有兩個月左右，如**表2–5**所示。

表2–5　一九八九～二〇〇〇年日本首相任職時間

任期	姓名	時間	黨派
76任	海部俊樹	1989年8月10日～1990年2月28日	自由民主黨
77任	海部俊樹	1990年2月28日～1991年11月5日	自由民主黨
78任	宮澤喜一	1991年11月5日～1993年8月9日	自由民主黨
79任	細川護熙	1993年8月9日～1994年4月28日	日本新黨
80任	羽田孜	1994年4月28日～1994年6月30日	自由民主黨
81任	村山富市	1994年6月30日～1996年1月11日	日本社會黨
82任	橋本龍太郎	1996年1月11日～1996年11月7日	自由民主黨
83任	橋本龍太郎	1996年11月7日～1998年7月30日	自由民主黨
84任	小淵惠三	1998年7月30日～2000年4月5日	自由民主黨

資料來源：恒大研究院。

（2）政府對宏觀形勢的判斷錯誤。甚至到泡沫破裂後的一九九一年，《經濟白皮書》依然寫道：「日本經濟仍然在持續 50 個月以上的長期的增長過程。」大藏省官員認為：「經濟不久便會復甦，我們現在要做的就是忍受，忍受到不良債權的自然消失。石油危機的時候，我們呼籲國民節約和忍受。結果，我們挺過來了。所以，現在大可不必為不良債權的事驚慌失措。」一九九二年日本產業界仍在與大藏省、經濟企劃廳等經濟主管部門爭論宏觀經濟形勢。

（3）應對失策，以總量政策解決結構性問題必然失敗，持續寬鬆的財政政策導致政府債務激增，真正的不良債權問題遲遲得不到解決。宏觀上應該推進結構性改革，解決債務過高問題、處置不良債權債務、發展直接融資資本市場、改革「護送艦隊式」的政企關係、建立市場化的人才競爭機制、打破年功序列制。

日本不斷推出規模龐大的「綜合經濟對策」，一九九二年增加公共事業投資 8 兆 6000 億日元，促進民間設備投資約 1 兆日元；一九九三年四月宮澤內閣將公共事業投資提高到 13 兆日元；一九九三年九月細川內閣又提高 9 兆日元，一九九四年、一九九五年和一九九八年又擴大公共事業投資，國債發行規模增加。由於公共事業投資可以增加雇傭，解決失業問題，同時，建築等公共事業領域聚集了國會議員、政府官員和土木建築企業家的利益，儘管部份投資既無效率、公平，又阻礙了產業結構升級和推動資訊技術革命，但公共事業投資仍在大規模地進行。

政府推出「股價維持政策」，直接花錢安撫市場以防止股價進一步下跌。一九九一年下半年日本央行開始持續降息至一九九五年的 0.5%，但卻繼續擴大了不良債權規模，並未帶動經濟增長。「泡沫經濟」時期，日本銀行業向中小企業和房地產業發放了巨額貸款，「泡沫經濟」破裂後，日本銀行業不良債權規模大幅飆升。據日本大藏省一九九八年一月十二日公佈的數字，日本全國 146 家銀行自查的不良債權已經達到 76.708 兆日元，約佔總貸款金額的 12%。但大量的不良債權從發生到開始處置，至少被延誤了 8 年之久，直到長期信用銀行、日本債券信用銀行和北海道拓殖銀行的先後破產，平成金融危機演變為平成金融恐慌。一九九一～二〇〇三年，181 家金融機構紛紛倒閉，日本經濟在一九七五～一九九〇年平均增速 4.5%，而一九九〇～二〇一〇年平均增速降至 1%。

三、二十一世紀初的結構性改革取得部份效果，經濟增速緩慢回升，但始終難以回到景氣時期

二〇〇一年四月，小泉純一郎憑藉「無改革、無增長」的競選主張以高支持率上台，頂住了「景氣優先」路線主張者的壓力，大張旗鼓地實施了「結構改革」。其中供給側的改革措施主要有：

（1）**放鬆規制，實施民營化改革**。小泉內閣一直強調要將日本建設成為一個「小政府、大經濟」的國家，對政府下屬的各類經營性機構實施民營化改革。小泉內閣在「結構改革」的綱領性文件《今後的經濟財政運作以及經濟社會的結構改革的基本方針》中提出了民營化、規制改革計劃，即在「民間能做的事情，由民間去做」的原則下，對經濟各個領域尤其是公共干預較多、限制較嚴的領域放鬆規制，更大程度上發揮市場機制的資源配置作用。具體改革舉措有：特殊法人改革或民營化；削減對特殊法人的補助金；推動郵政業實現民營化；對公共金融功能進行徹底的改革；在醫療、護理、社福、教育等領域也引入競爭機制。其中郵政業民營化改革在日本具有典型意義，改革前日本郵政業由政府經營，機構臃腫、效率低下，改革的目的在於放寬市場准入，引入新的競爭者，帶動郵政業的高效經營。二〇〇五年十月，日本參議院表決通過《郵政民營化法案》，小泉內閣的郵政業民營化改革獲得成功。

（2）**降低稅率，激活經濟社會活力**。自從供給學派經濟學提出減稅主張後，減稅已被認為是供給側改革的重要內容，小泉內閣的「結構改革」中也包含減稅內容。《今後的經濟財政運作以及經濟社會的結構改革的基本方針》指出，稅收政策應該真正成為有利於經濟目標實現的手段，今後應向著擴大稅基、降低稅率的方向努力。二〇〇三年一月，小泉內閣通過二〇〇三年度稅制改革大綱，實施減稅計劃，主要內容包括降低法人稅實際稅率、對研究開發和資訊科技的投資實施減稅、降低繼承稅和贈與稅稅率等方面。

（3）推出「金融再生計劃」，促進產業結構調整。「泡沫經濟」破滅後，不良債權一直是困擾日本銀行業、企業界乃至整個經濟發展的關鍵問題。企業虧損或倒閉的數量增多，銀行不良債權增加。針對這一問題，小泉內閣採取了雙管齊下的配套改革，即金融改革與產業重組相結合，在解決銀行不良債權問題的同時，推動產業結構的調整。二〇〇二年，小泉內閣推出「金融再生計劃」，具體改革舉措包括：通過設立中小企業貸款機構、建立新的公共資金制度等方式增加中小企業的融資管道和手段；通過專業機構（如「整理回收機構」，英文簡稱 RCC）減免中小企業債務，盤整不良債權，促進產業重組和企業復興；提高銀行不良債權撥備，強化資本充足率約束作用，對銀行制定明確的不良率削減目標並嚴格檢查，切實降低銀行不良債權比率。

（4）推進養老保險改革，增強社會保障制度可持續性。由於日本人口持續老齡化，日本養老保險出現了參保者不斷減少、領取者逐漸增加的困境。二〇〇三年度小泉內閣「經濟財政諮詢會議」制定了《二〇〇三年經濟財政運營與結構改革基本方針》，提出構築可持續的社會保障制度，建立年輕人對將來充滿信心、老年人安度晚年的社會。二〇〇四年，日本通過《養老金制度改革相關法案》，主要內容是在未來十餘年內逐年上調保險費，目的是為了消除年輕人對養老金制度的不信任感，通過更好地平衡養老金給付水準和現職人員負擔，建立起可持續性更強的養老金制度。此外，針對人口老齡化的嚴峻形勢，二〇〇四年通過的《老年勞動法修正案》提出未來十年分階段強制性地提高退休年齡。

在「泡沫經濟」破滅開啟的長期蕭條之後，小泉內閣的「結構改革」獲得了日本民眾的巨大支持，小泉內閣成為二十世紀九〇年代以來日本少有的長期政權，小泉本人也成為離任後日本民眾最懷念的首相之一。通過改革，日本企業經營狀況有所好轉，不良債權問題基本得到解決。從二〇〇二年二月至二〇〇八年二月，日本經濟實現了長達 73 個月的景氣復甦，為第二次世界大戰以來持續時間最長的景氣時期。這次景氣的

實際增長率雖然不高，平均增長率只有不足 2%，增速最高的二〇〇四年也只有 2.4%，但與二十世紀九〇年代年均 1% 的增長率相比有所改善。由於經濟景氣有所回升，日本多年來一直疲軟的股市也出現了止跌回升的局面。從二〇〇三年四月至二〇〇七年六月，東京日經 225 指數從不足 8000 點漲到 18000 點以上，達到了二〇〇一年以來的最高水準。

第五節　啟示：貿易戰背後是經濟爭霸和改革戰

從歷史上看，當前的中美關係類似二十世紀八〇年代美日關係及十九世紀末二十世紀初的英美關係，屬於守成大國對新興崛起大國的天然壓制。目前的中國與八〇年代的日本相比，面臨的環境既有相似，又有不同，只要正確、理性地應對，大可避免重蹈美日貿易戰結局的覆轍。

中國與八〇年代的日本相似之處：第一，中國的金融與房地產業佔 GDP 比重類似八〇年代的日本。二〇一八年中國金融與房地產業佔比之和 14.4% 略低於日本八〇年代的 16.8%，但中國房價同日本當年一樣均處於絕對價格的較高水準。第二，經濟的快速發展引發信心膨脹，尋找「中國模式」與當年日本尋找並總結「日本模式」並無二致。二〇一八年中國與美國 GDP 之比為 66%，超過日本一九八五年《廣場協議》前日美 GDP 之比。一九八六年美國出口佔全球比重為 10.6%，僅高於日本 0.8 個百分點；二〇一八年美國出口佔全球比重為 8.5%，低於中國的 12.8%。這種變化導致部份人士未能客觀、清醒、冷靜地正視中美差距。第三，中國提出「一帶一路」倡議與二十世紀八〇年代日本提出的「雁行發展」模式有相似之處。但是中國的倡議更多地倡導國際合作，而非日本「建立由東京緊密協調的區域分工」和「將亞太地區統一到日本領導之下」。第四，中國當前的高槓桿、違約潮可能引發的不良債權與日本當時存在的高槓桿、大量不良債權有相似之處。第五，衝突原因都是

自身的崛起挑戰了美國經濟霸權以及制度衝突。美日屬於資本主義內部不同道路的衝突，中美屬於社會主義市場經濟與資本主義經濟的衝突。

中國與八〇年代的日本的不同之處和優勢：第一，中國的市場比日本大，對美國的制約更強。第二，中美經濟仍有很強的互補性，而非美日貿易戰期間產業間的直接競爭。第三，中國的主權和宏觀調控政策獨立，中美是兩個獨立的大國，而非日美間的政治從屬依賴關係。第四，當前相較二十世紀八〇年代存在更加有效的多邊協調機制，中國較二十世紀八〇年代的日本更具國際談判經驗，從加入 WTO 的談判到近年來的貿易爭端，中國的貿易爭端解決經驗逐步豐富。第五，日本的過剩產能和不良債權遲遲得不到處理，中國已經開展供給側結構性改革。

對比當前中國與八〇年代日本的異同，美日貿易戰的啟示有：

一、貿易戰本質是大國經濟爭霸和改革戰

當年日本對美國無原則順從，結果美日貿易戰不斷升級，直到自己應對失當崩盤，沒有實力挑戰美國霸權，美日貿易戰才結束。中美貿易摩擦本質是霸權國家對新興大國的戰略遏制。文明的衝突、冷戰思維的意識形態對抗都是幌子。中美貿易摩擦只有兩種可能結局，中國要麼被遏制，要麼偉大崛起。

二、放棄幻想，做好中美貿易摩擦具有長期性和日益嚴峻性的準備

美國對日本發動貿易戰，一方面是為了改善美國貿易失衡，另一方面是對日本經濟崛起的遏制。隨著中美經濟實力的相對變化，產業從互補走向競爭，形勢將日益嚴峻。這在歷次世界領導權更迭中均有典型案例，如果雙方管控失當，從貿易戰升級到匯率金融戰、經濟戰、意識形態戰、地緣戰、軍事戰，則會落入所謂的「修昔底德陷阱」（Thucydides's Trap）。美日貿易戰歷時 30 多年，最終以日本金融戰敗而宣告結束。

三、做好中美貿易摩擦升級為匯率金融戰和經濟戰的準備

美國對日本貿易戰的路徑清晰：從有競爭衝突的產業貿易戰，逐步到匯率金融戰和經濟戰，且充份使用其國內 301 條款、201 條款等進行威脅，美國露出了單邊主義、霸權主義、美國利益優先的本質。

四、防止採取貨幣寬鬆政策、重走貨幣刺激老路的方式應對，這是日本金融戰敗的主要教訓

貿易摩擦必然打擊外需，但是如果為了擴大內需而轉向貨幣寬鬆政策刺激，則容易醞釀金融泡沫。金融去槓桿和中美貿易摩擦引發貨幣再度寬鬆的呼聲和討論，這是非常短視和誤國的，如果面臨中美貿易摩擦的外部衝擊重回貨幣刺激的老路，將重演美日貿易戰的失敗教訓。

五、外部霸權是內部實力的延伸，中方應對中美貿易摩擦的最好方式是以更大決心、更大勇氣推動新一輪改革開放

最好的應對是順勢以更大決心更大勇氣推動新一輪改革開放（類似一九六〇～一九九〇年德國產業升級應對模式，而不是一九八五～一九八九年日本貨幣寬鬆政策刺激應對模式），推動供給側結構性改革、放開國內行業管制、降低製造業和部份服務業關稅壁壘、加強知識產權保護的立法和執行、下決心實施國企改革、改革住房制度、建立房地產長效機制、大規模降低企業和個人稅負、改善經商環境、發展基礎科技的大國重器等。

美國真正的問題不是中國，而是自己，例如，如何解決民粹主義、過度消費模式、貧富差距太大、特里芬難題等。二十世紀八〇年代美國成功遏制日本崛起，不是因為美日貿易戰，而是雷根政府供給側改革的成功。

中國真正的問題也不是美國，而是自己，例如，如何解決進一步擴大開放、國企改革、調動官員積極性、激發企業家信心活力、減稅降費等問題。

六、建設更高水準、更高質量的市場經濟和開放體制，做好自己的事情，不要被美國貿易保護主義牽制

要積極擁抱全球化，中國是全球化的受益者。一方面，中國可以與日韓、歐盟、東南亞建立高水準的自由貿易區，實施「零關稅、零壁壘、零補貼」；另一方面，國內繼續推進改革開放，做好自己的事情。這樣做不僅展現了中國大國開放的姿態，更把中國的改革開放事業往前推進一大步。

七、堅持對外開放，尤其是擴大貿易自由化和投資自由化，但要控制資本項下金融自由化的步伐

日本的資本賬戶在二十世紀八〇年代過快開放，導致熱錢大進大出，成為資產價格泡沫形成以及破裂的重要推手。在內部轉型不到位的情況下，過早的對外開放便利短期資金進出的資本賬戶，容易引發金融債務風險，二十世紀八〇年代拉美債務危機、九〇年代日本金融危機、一九九八年亞洲金融風暴等均與此有關。貿易自由化、投資自由化、負面清單管理等總體上有利於中國吸引外資、促進貿易，但推動資本項下的開放要有節奏、漸進地進行，避免短期內迅速地衝擊人民幣匯率以及資本大規模流入流出對經濟金融系統的衝擊。

八、更加有效地實施產業政策，避免產業政策扭曲市場

科學的產業政策曾有效促進追趕型產業實現彎道超車，但產業政策不能成為市場競爭的障礙。產業政策的重點在於支持教育、融資、研發等基礎領域，而非補貼具體行業，尤其不應該補貼落後產能行業。

九、避免國民心態的過度膨脹，避免民粹主義、民族主義情緒的興論導向

二十世紀八〇年代中後期，「日本第一」的過度膨脹導致日本對形勢認識不清，一再誤判並錯失機遇。在此次中美貿易摩擦升級之前，中國國內存在一些過度膨脹的思潮。中美貿易摩擦無異於最好的清醒劑，必須清醒地認識到中國在科技創新、高端製造、金融服務、大學教育、軍事實力等領域跟美國的巨大差距，中國新經濟繁榮大部份是基於科技應用，但是基礎技術研發存在明顯短板，必須繼續保持謙虛學習、改革開放。轉危為機，化壓力為動力。歷史是有規律的，凡是不斷吸收外部文明成果、不斷學習進步的國家，就會不斷強大；凡是故步自封、阻時代潮流的國家，不管其多強大，都必將走向衰敗。

十、穩定的政治環境和民眾企業政府部門間的同心協力對於應對外部貿易戰以及推動內部轉型升級極其重要

日本二十世紀八〇年代政府部門間矛盾及九〇年代政局的動盪導致應對不力。貿易戰背後更深層次的是改革戰，與其「打嘴仗」、挑動民族主義和民粹主義情緒，不如實事求是地做好改革開放和結構轉型，歷史和人民最終會給出最公平的答案。

第三章
美日貿易戰：
美國如何贏得經濟爭霸？[*]

　　二十世紀七八〇年代，美國全球霸權面臨美蘇軍事爭霸、美日經濟爭霸、國內經濟陷入停滯性通貨膨脹、勞動年齡人口增速下降、美元信任危機等重大挑戰。美國分別發動了旨在拖垮蘇聯的「星戰計劃」和旨在打壓遏制日本的美日貿易戰、金融戰、經濟戰、科技戰。但是，美國真正贏得了美日貿易戰、美蘇全球爭霸，主要是靠雷根政府供給側改革和沃爾克控制通貨膨脹，重振了美國經濟活力，培育了後來大放異彩的網路資訊技術「新經濟」，重新奪回世界領導權，繼續維持經濟軍事霸權，美國股市走出超級大牛市。與之相對照的是，蘇聯窮兵黷武而忽視發展經濟基礎，日本過度依靠貨幣寬鬆政策刺激而不是結構性改革。結果，蘇聯解體，日本陷入「失去的二十年」，失去了挑戰美國的資格。當前中美貿易摩擦不斷升級，中國經濟內部面臨增速換檔和結構升級的重大挑戰，中國供給側結構性改革正處在爬坡過坎的關鍵期。美、日、蘇在二十世紀八〇年代前後面臨的挑戰與應對對中國具有重大啟示和借鑑意義。

＊本章作者：任澤平、張慶昌，許詩淇對本章有貢獻。

第一節　二十世紀七八〇年代美國面臨的挑戰：美蘇爭霸、日本崛起、國內經濟陷入停滯性通貨膨脹

二十世紀七八〇年代美國面臨美蘇爭霸、日本和西歐崛起、布雷頓森林體系解體、兩次石油危機、國內經濟陷入停滯性通貨膨脹的嚴峻挑戰。

一、美蘇爭霸，陷入朝鮮和越戰

第二次世界大戰後，蘇聯的經濟和軍事實力不斷提升，對美國形成重大威脅。蘇聯與美國的經濟總量之比從一九四五年的20％上升到一九六〇年的41％，蘇聯的鋼、煤、石油等重要工業品產量已超過美國。蘇聯的軍事實力更急劇膨脹，常規武器和核武器已經趕上甚至在某些方面超過了美國。

韓戰、越戰導致美國政府支出和赤字上升。一九五〇年和一九五五年，美國分別經歷了韓戰和越戰，消耗了大量財力和人力，給財政帶來了巨大負擔，且戰爭最終失敗。一九五〇年六月二十五日，韓戰爆發，持續三年。戰爭中，美國動用了三分之一陸軍、二分之一海軍和五分之一空軍兵力，但未能贏得戰爭。一九五五年十一月，越戰爆發，持續20年，美國深陷戰爭泥潭，消耗大量財政支出。

二、日本、西歐國家經濟迅速崛起，以美元為中心的布雷頓森林體系解體

第二章已經介紹了日本在第二次世界大戰後經濟迅速恢復並高速增長，日本經濟迅速崛起並強勢衝擊美國市場，由此引發了貿易戰。二十世紀七〇年代以後，日本順利進行了產業升級，節能汽車、電子、機械

產品行銷世界，工業競爭力在國際上空前提高，出口大幅增加。

西歐[1]在「馬歇爾計劃」（The Marshall Plan）的扶持下重建，經濟規模總量逐漸上升到與美國相當。第二次世界大戰後，依靠美國的大量援助和適當的經濟發展政策，西歐國家經濟快速恢復和發展，經濟實力追趕上並逐漸超過美國。一九七〇年，西歐 GDP 佔世界比重為 28.1％，同期美國佔比為 36.3％。一九八〇年，西歐 GDP 佔比已達 34.7％，超過美國（25.5％），如圖 3–1 所示，美國的國際影響力大幅下滑。一九五〇～一九八〇年，在國際貿易領域，美國出口金額佔世界比重從 16.1％下降到 11.1％；在國際金融領域，美國黃金儲備佔世界比重從 65.2％下降到 22.9％，如圖 3–2 所示。

以美元為中心的國際貨幣體系──布雷頓森林體系瓦解。一九四四年

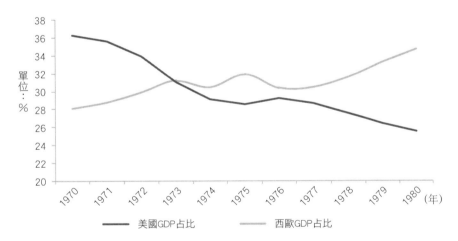

圖3–1　一九七〇～一九八〇年美國GDP和西歐GDP世界佔比變化

數據來源：Wind；恒大研究院。

---

[1] 本章的西歐國家包括英國、愛爾蘭、荷蘭、比利時、盧森堡、法國、摩納哥、德國、奧地利、瑞士、意大利、西班牙、葡萄牙、挪威、瑞典、丹麥、芬蘭、冰島、希臘 19 個國家。

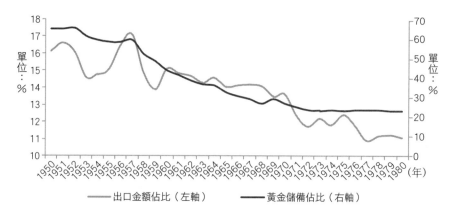

圖3-2　一九五〇～一九八〇年美國出口和黃金儲備世界佔比變化

數據來源：Wind；恒大研究院。

七月，西方主要國家的代表在聯合國國際貨幣金融會議上確立了該體系。由於西歐、日本的崛起，美國經常賬出現逆差，且通貨膨脹率逐漸上升，美元貶值。一九七三年，美元與黃金脫鉤，布雷頓森林體系解體。

三、兩次石油危機

　　兩次石油危機導致石油價格大漲，衝擊了美國經濟。第一次石油危機源於一九七三年十月爆發的中東戰爭。為了打擊以色列及其同盟國家，阿拉伯石油輸出國組織宣佈石油禁運，暫停出口，導致原油價格飛漲，原油價格從一九七三年不到 3 美元／桶上漲到一九七七年 13 美元／桶。一九七九～一九八〇年，第二次石油危機爆發。伊朗政局劇烈變動導致石油產量從 580 萬桶／天驟降至 100 萬桶／天，原油價格從一九七八年的 14 美元／桶迅速升至一九八〇年的 37 美元／桶，如**圖 3-3** 所示。

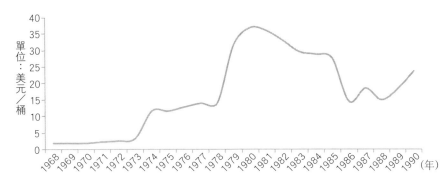

圖3-3　一九六八～一九九〇年原油價格

數據來源：Wind；恒大研究院。

四、國內適齡勞動力人口增速下降和產能過剩

　　二十世紀七〇年代，美國適齡勞動力人口增速下降，拖累經濟增長。一九七一年，美國 14 ～ 64 歲適齡勞動力人口增速為 1.9％，此後一路下滑，到一九八〇年下降至 0.7％。同時，面對國際競爭，國內的商品競爭力下降，耐久財製造業產能利用率大幅下滑，出現了產能相對過剩，如**圖 3-4** 所示。其中初級金屬、機械、汽車及零組件、航空航太及其他交通行業的產能利用率下降最為嚴重。

五、凱恩斯主義失靈，美國國內經濟陷入停滯性通貨膨脹，面臨雙赤字困境

　　第二次世界大戰後，美國政府不斷增加社會福利開支，並加強對經濟的管制以抑制壟斷、負外部性等各種市場失靈。美國政府認為採用凱恩斯主義所倡導的財政貨幣刺激政策能實現充份就業和經濟增長，從根本上防止二十世紀三〇年代大蕭條悲劇的重演。

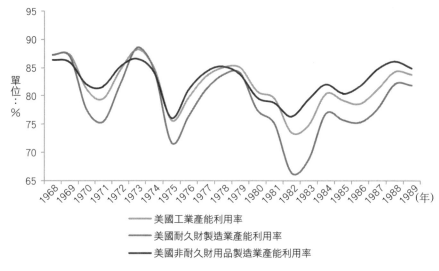

圖3-4 一九六八～一九八九年美國產能利用率

數據來源：Wind；恒大研究院。

在凱恩斯主義的指導下，美國政府過度依賴刺激政策，通貨膨脹率從二十世紀六〇年代中後期開始逐漸上升，七〇年代演變成停滯性通貨膨脹。一九八〇年，消費者物價指數（CPI）同比高達 13.5％，GDP 同比為 –0.3％，如**圖 3-5** 所示。過度擴張的財政政策使得政府債務規模快速上升，七〇年代末聯邦政府總支出佔 GDP 比重達到約 25％，相對第二次世界大戰結束時翻了一倍。同時，製造業競爭力下降使得美國大量依靠進口，貿易赤字規模不斷增大，雙赤字困境凸顯。一九八三年，美國財政盈餘和經常賬差額佔 GDP 比重分別為 –5.9％和 –1.1％，如**圖 3-6** 所示。

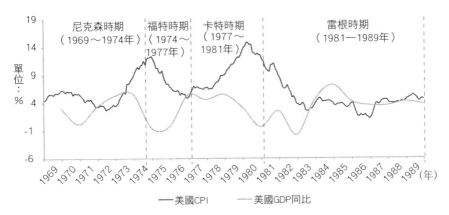

圖3-5　一九六九～一九八九年美國CPI和GDP同比變化

數據來源：Wind；恒大研究院。

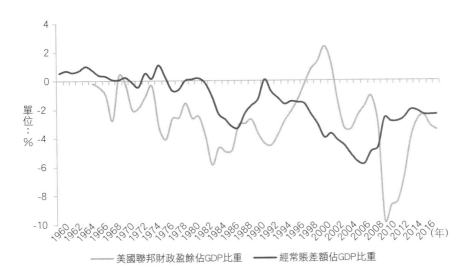

圖3-6　一九六〇～二〇一六年美國聯邦財政盈餘、經常賬差額佔GDP比重

數據來源：Wind；恒大研究院。

第二節　雷根經濟學：減稅、放鬆管制、利率市場化改革

一、雷根經濟學的精髓及理論基礎

　　雷根推動的供給側結構性改革的精髓是減稅、放鬆管制和緊縮貨幣。一九八〇年，共和黨候選人雷根以絕對的優勢當選為美國第 40 任總統。面對棘手的經濟形勢，雷根進行了大刀闊斧的改革，主要內容包括：減稅、降低社會福利、放鬆對部份行業的管制、推進利率市場化改革等。其中，減稅、放鬆管制和緊縮貨幣是雷根經濟學的精髓。

　　供給側結構性改革的理論基礎是供給經濟學，興起於二十世紀七八〇年代，屬於古典主義流派，主要思想是鼓勵市場競爭和減少行政干預及壟斷。供給學派認為生產的增長取決於勞動力和資本等生產要素的供給和有效利用。個人和企業提供生產要素和從事經營活動是為了謀取報酬，對報酬的刺激能夠影響人們的經濟行為。自由市場會自動調節生產要素的供給和需求，應當消除阻礙市場調節的因素。

　　拉弗曲線（Laffer curve）分析了稅率與稅收的關係。當稅率在臨界點以下時，提高稅率能增加政府稅收收入。但超過臨界點時，提高稅率反而導致政府稅收收入下降，因為較高的稅率將抑制經濟的增長，使稅基減小，稅收收入下降。此時減稅可以刺激經濟增長，擴大稅基，增加稅收收入。

　　弗里德曼貨幣理論（Monetarism）表明，名義上國民收入變化的主要原因是貨幣供給額的變化。貨幣供給額在短期主要影響產量，部份影響物價；但是在長期貨幣供給額只影響物價，不影響產出，產出完全是由非貨幣因素如勞動和資本的數量、資源和技術狀況等決定的。因此，經濟體系在長期來看是穩定的，只要讓市場機制充份發揮其調節作用，經濟將能在一個可以接受的失業水準條件下穩定發展。

二、兩次修訂稅收法案，大規模減稅

　　一九八一年八月雷根政府通過《一九八一年經濟復甦稅收法案》，主要內容有：第一，個人所得稅全面實行分期減稅，一九八一年十月稅率降低5％，一九八二年和一九八三年七月兩次削減10％，並從一九八五年起實施個人所得稅和通貨膨脹指數掛鉤；第二，下調企業所得稅稅率，17％檔下調至15％，20％檔下調至18％；第三，進一步為企業減負，將固定資產分為四類，分別縮短折舊期至3年、5年、10年和15年，並允許以超過原始成本的「重置成本」來計提折舊；第四，資本利得稅的最低稅率由28％降至20％；第五，提高遺產稅與贈與稅的免稅額。

　　一九八六年，雷根政府頒佈了《一九八六年稅制改革法案》。該法案旨在降低稅率、擴大稅基、堵塞稅收漏洞、實現稅收公平。主要內容有：第一，全面降低個人所得稅稅率。把納稅等級從14級簡化為3級，最高稅率從50％降至28％，使全部個人所得稅稅率降低約7％。第二，簡化和改革公司所得稅。企業所得稅稅率從46％降低至34％。第三，允許公司支付的一半股息免稅，取消對銀行壞賬的特別稅收減免，將資本利得稅最低稅率從20％減至17％。第四，限制或取消了過去給予部份個人和公司的稅收減免優惠政策。涉及60餘項特惠待遇，如取消銷售稅扣除、不動產稅扣除、慈善捐助扣除、資本收益免稅扣除、中老年特別免稅扣除等，如**表3–1**所示。

表3–1　雷根時期的兩次稅改

	《一九八一年經濟復甦稅收法案》	《一九八六年稅制改革法案》
個人所得稅	分階段降低個人所得稅稅率；最高邊際稅率由70％降至50％，最低邊際稅率由14％降至11％	進一步簡化個人所得稅，將最高50％、最低11％的14級累進稅率改為最高28％、最低15％的3級累進稅率
	與通貨膨脹指數掛鉤，對個人所得稅進行指數化調整；擴大員工持股計劃；增加雙職工家庭收入抵扣額	取消家庭第二收入者的稅收抵扣；實行更嚴格的替代性最低稅；取消耐利用消費品貸款利息扣除等稅收優惠，擴大稅基

（續）表3-1　雷根時期的兩次稅改

	《一九八一年經濟復甦稅收法案》	《一九八六年稅制改革法案》
企業 所得稅	對小型企業降低兩檔企業所得稅稅率，17%檔下調至15%，20%檔下調至18%	企業所得稅最高邊際稅率為46%、最低為15%的5級累進稅率改為最高34%、最低15%的4級累進稅率
	固定資產分類別實行加速折舊；增加企業所得稅的抵扣；慈善捐贈形式抵扣公司收入的比例由5%上調至10%	取消投資稅收抵免；延長固定資產折舊期限；降低海外收入免稅限額；降低研究和實驗開支的抵扣率
資本 利得稅	資本利得稅最高稅率由70%降至50%，最低稅率由28%降至20%	資本利得稅最低稅率由20%降至17%；長期資本利得稅原適用28%，改革後取消優惠，按照普通所得納稅

資料來源："Economic Recovery Tax Act of 1981"，見 https://www.govinfo.gov/content/pkg/STATUTE-95/pdf/STATUTE-95-Pg172.pdf，訪問時間：二〇一九年五月二十六日；于雯傑：〈美國三次減稅的比較研究〉，《公共財政研究》二〇一六年第五期。

三、放鬆市場管制，提高經濟效率

　　雷根政府放鬆了對航空、鐵路、汽車運輸、通信、有線電視、經紀業、天然氣等行業的干預和管制。通過引入競爭，產品和服務品質明顯提高，價格明顯降低，增進了社會福利，有效增強了經濟活力。一九八一年三月，雷根批准成立以副總統布希為主任的特別小組，負責指導和監督部份規章條例執行的具體工作，保障市場競爭程度的實質性提高。特別小組僅在一九八一年就審核了91項管制條例，其中撤銷和放寬了65項，包括《清潔空氣法》、《聯邦水污染控制法》、《礦工安全法》、《汽車交通安全法》、《反噪音法》等。

　　雷根政府主要在以下方面放鬆了市場管制：

　　第一，**減少對大企業的干預，重審並放鬆反托拉斯法案件的判決和調查，鼓勵企業合理地競爭。**政府頒佈新的公司合併指導文件，旨在促進有利於經濟效率的合併，阻止削弱競爭的合併。美國司法部對過去1200多宗判例重新審查，其中一些判例被改判或撤銷。例如，一九八二年，司法部反托拉斯處撤銷了對IBM的長期訴訟。同年，美國司法部結

束了對美國電話電報公司長達 10 年、耗資數億美元的訴訟，允許該公司跨行業經營，進入電腦製造和資訊處理領域。這一做法鼓勵了企業以新方式聯合，與之前的競爭者建立戰略性合作關係。

第二，**放鬆石油價格管制**。一九八一年，政府頒佈行政命令，取消了對石油和汽油價格的管制。取消管制後最初的兩個月油價上升了 3.17 美分／升，但隨後下降，降至低於取消管制前的水準。同年，美國本土新鑽油井的數量比一九八〇年增加了 33%。

第三，**放鬆對汽車行業的管制**。雷根政府開始對限制美國汽車工業的規章條例進行全面審查，環境保護署和運輸部宣佈對 34 項有關規章予以重新考慮。這些改革降低了汽車工業成本，使消費者每年節省約 15 億美元。

第四，**放鬆勞動力價格管制**。一九八二年，雷根政府修訂了《戴維斯—貝肯法》，減少了對勞動力市場價格的干預。變化主要有：重新定義「通行工資」，使之更符合市場價格的實際水準；允許企業雇傭非正式員工，不受最低工資限制。

第五，**加大對中小企業支持**。政府通過立法為中小企業發展消除制度障礙。例如，一九八二年、一九八三年分別制定《小企業創新發展法》和《小企業出口擴大法》。同時，為中小企業發展提供稅收、資金等支持。

第六，**鼓勵企業創新，成功促進了產業結構轉型**。雷根政府通過立法鼓勵企業創新並保障企業創新成果。《小企業創新發展法》（一九八二年）、《國家合作研究法》（一九八四年）、《聯邦技術轉讓法》（一九八六年）、《綜合貿易與競爭法》（一九八八年）等一系列法律文件的制定，促進了技術轉讓、推廣和應用。其中，一九八四年頒佈的《國家合作研究法》允許競爭企業合作開展研發，並從法律上明確合作研發豁免於反托拉斯法的三倍懲罰。《半導體晶片保護法》（一九八四年）、《計算機安全法》（一九八七年）等法律保護了剛出現的資訊技術，確保研發者的合法權利。

四、推進利率市場化改革

隨著金融市場的發展，以限制存款利率的《Q條例》為代表的一系列金融管制措施引發了金融脫媒、銀行業經營困難等問題，由此美國開始了利率市場化的步伐。美國利率市場化進程從二十世紀七〇年代開始，於一九八六年結束，從長期和大額存款推進至短期和小額存款種類。

一九七〇～一九八〇年，美國開始逐步放開對大額可轉讓存單和定期存款的利率管制，並開放貨幣市場基金、設立新型賬戶。一九七〇年，國會授權聯準會取消10萬美元以上，期限在90天內的可轉讓存單的利率上限；一九七八年十一月允許商業銀行設立自動轉賬服務賬戶，同月紐約州開設可轉讓支付命令賬戶。此外，美林證券等還開創了貨幣市場共同基金。

一九八〇～一九八六年，通過完善相關法令、創設新型金融產品，進一步加速利率市場化進程。一九八〇年三月，國會通過了《存款機構放鬆管制和貨幣控制法》，宣佈在六年內逐步取消《Q條例》中對定期存款和儲蓄存款的利率限制。為進一步落實金融自由化政策效果，一九八二年國會發佈《存款機構法》，明確了具體操作步驟，並繼續擴大存款機構的資金來源和使用範圍。此後，各類利率限制加速取消，同時新的金融產品不斷產生。一九八二年准許存款機構設立2500美元以上的貨幣市場存款賬戶；一九八三年引入超級可轉讓支付命令賬戶，取消31天以上定期存款和最小餘額為2500美元以上極短期存款的利率上限等，取消可轉讓支付命令賬戶的利率上限；一九八四年取消儲蓄賬戶和可轉讓支付命令賬戶之外的利率上限；一九八五年減少超級可轉讓支付命令賬戶和貨幣市場儲蓄賬戶的最小金額；一九八六年一月取消對所有存款形式最小額度的限制。最後，隨著一九八六年四月存摺儲蓄賬戶的利率上限被取消，利率市場化進程告一段落。

五、減少社會福利

減少社會福利，提高個人工作積極性。一九八一年十二月，美國社會保險改革委員會成立，並於一九八三年提出了改革方案，主要內容包括：提高社會保障稅；對領取較高保險年金收入的人徵收所得稅；延遲退休年齡等。

第三節　沃爾克控制通貨膨脹

一、通貨膨脹加劇，沃爾克兩面承壓

雷根在就任總統後的電視演說中提到，一九六〇年的 1 美元只相當於一九八一年的 0.36 美元，這導致個人儲蓄率大幅下降。儘管工資隨著通貨膨脹同步上漲，但是個人所得稅是對名義收入而非實際購買力徵稅，工資上漲使得適用的稅率上升到更高級次，通貨膨脹和邊際稅率的提高嚴重影響居民生活水準。社會分配嚴重不均，尤其是年輕人和靠固定收入為生的老人陷入困境。這種環境極大影響了市場預期，自我強化的通貨膨脹預期導致貨幣政策傳導扭曲。嚴重的通貨膨脹導致企業投資風險和經營成本增加，寬鬆信貸政策釋放的資金多轉為保值或投機，私人部門舉債擴大生產、投資和研發的動力不足，工人怠工，失業率上升。

持續通貨膨脹造成負面影響，但採取緊縮政策會進一步衝擊經濟，當局面臨艱難的決策。沃爾克在自傳中談道：「如果一九七九年以前有人告訴我，我會當上聯準會主席並且把利率提升至 20％，我肯定會鑿個洞鑽進去大哭一場。」持續通貨膨脹會影響居民生活水準和企業投資，降低社會福利。但採取緊縮的貨幣政策會衝擊房地產市場和加劇債務人的債務負擔。沃爾克回憶道：「房地產公司的老闆們每天都來拜訪我，

他們不停地詢問這一切何時才能結束。」「還不起貸款的農民們將卡車開進華盛頓，堵在聯準會總部的門口。」

二、推動緊縮貨幣、預期管理和金融自由化

沃爾克的政策一定程度上採用了理性預期學派的預期管理。第一，固定貨幣供給額增長，為聯準會自身和政府添加了枷鎖，讓其難以主動放鬆貨幣。第二，給投資者穩定預期。通過固定量的貨幣供給增長，在經濟動盪時期，給投資者建立物價錨。在緊縮貨幣的同時，政府推動金融自由化，提高資金的使用效率。一方面，緊縮貨幣可以堵住產能過剩行業的無效融資需求，利於產能出清；另一方面，加快金融自由化，有利於新興行業的融資。

沃爾克頂住各方壓力，以犧牲就業和經濟增長為代價，堅持提高利率。沃爾克上任時（一九七九年七月），聯邦基金利率為 10.5％，而一九八一年六月達到 19.1％，如**圖 3–7** 所示。在面臨一九八二年的嚴重

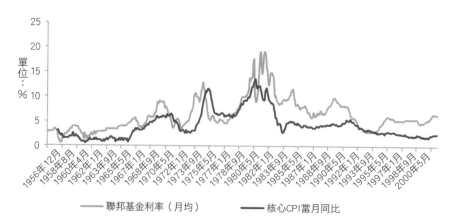

圖3–7　一九五六～二〇〇〇年美國聯邦基金利率與核心消費者物價指數

數據來源：Wind；恒大研究院。

衰退和一九八六年中期的通貨緊縮跡象時，沃爾克也只是微調利率水準，仍將其維持在 6% 以上的水準，堅決鞏固治理通貨膨脹成果。

三、貨幣中介目標轉為調節貨幣供給額

貨幣中介目標由聯邦基金利率轉為貨幣總量，有效控制通貨膨脹。一九七○年至一九七九年十月貨幣政策的中介目標為聯邦基金利率，然而政治壓力下的貨幣超發使得貨幣政策的實際控制效果並不盡如人意。在凱恩斯主義的思維模式下，政府以刺激經濟和就業為導向。由於一九六八年放棄了基礎貨幣的黃金準備金要求，基礎貨幣供給的約束大大弱化。財政部和白宮通常會對聯準會施壓，放鬆貨幣政策，將財政赤字貨幣化，這種現象在美國大選之年尤為明顯，如一九七二年、一九七六年，美國聯準會主席亞瑟 · 伯恩斯（Arthur Frank Burns）都受到了白宮的政治壓力。

為控制通貨膨脹，一九七九年十月至一九八二年十月貨幣政策轉為以非借入準備金數量為主要操作目標，以有效控制貨幣總量為中間目標，允許聯邦基金利率在較大範圍內波動。聯準會一九八一年規定的貨幣供給額 M1 增長指標為 3%～ 6%，而實際上只有 2.1%。在這期間，聯邦基準利率最高達 22%。

一九八三年至一九八七年十月，貨幣政策以借入準備金為美國聯準會判斷銀行體系資金緊張情況的主要指標及操作目標。隨著通貨膨脹的逐漸回落，美國聯準會不再強調控制 M1 的重要性，而是力圖「熨平」銀行體系準備金需求的短期波動，使聯邦基金利率更為穩定。當非借入準備金不足時，公開市場交易室則以貼現窗口（Discount Window）資金補足，進而實現以貼現窗口利率影響聯邦基金利率的目的。

四、美國國內通貨膨脹得到有效控制

沃爾克降低貨幣供給額的增長率，提高貼現率，使得利率保持較高水準從而降低通貨膨脹率。從一九八〇年開始，美國實際利率基本維持在 6%～8%的高水準，高利率對通貨膨脹率起到了抑制作用，消費者物價指數從一九八〇年的 13.5%降至一九八二年的 6.2%，其後基本維持在 5%以下，一九八六年為 1.9%。生產物價指數（PPI）從一九八〇年的14.1%降至一九八二年的 2%，之後基本維持在 6%以下。

第四節　美國贏得經濟爭霸，重新領導世界

美國依靠雷根政府的供給側結構性改革、沃爾克控制通貨膨脹，經濟復甦，新經濟崛起，股市走出長牛行情。與此同時，蘇聯受制於僵化的體制，過份擴大軍費開支，透支了經濟發展，最終被拖垮；日元在美國發起金融戰後大幅升值，出口下滑，日本過度依靠貨幣寬鬆政策刺激而不是結構性改革，股市、房市出現泡沫並相繼破裂，陷入「失去的二十年」。

一、重振經濟活力，經濟復甦

雷根政府通過降低稅率來增加儲蓄、投資和生產，但是較高利率抑制了投資，抵消了減稅對投資的刺激作用。因此，實施改革前期，除了通貨膨脹率有所下降以及美元指數上行外，美國仍然處於危機和衰退之中。美國工業生產指數從一九八一年十月起持續下跌至一九八二年第四季度，較最高點降低 10%；一九八二年年末失業率為 10.8%，較一九八一年年初提高 3.3 個百分點。

　　從一九八二年年末開始，美國經濟開始復甦。一九八三年 GDP 增速達到 4.6％，一直到雷根任期結束，GDP 增長率始終維持在 3.5％以上；失業率從一九八三年七月開始逐漸降低，至一九八九年年末一直維持在 6％以下；工業生產指數於一九八三年二月開始穩定上升，至一九八九年十二月達到 61.3，比一九八三年年初增長 28.3％，如圖 3–8 所示。

　　雷根政府採取的產業結構調整政策效果逐漸顯現，主要體現在製造業內部分工加強，傳統產業在改造中煥發生機；新興服務業發展迅速，高技術服務業成為新的經濟增長點；就業人口加速向服務部門轉移，反映出美國消費結構的變化和經濟重心的轉移。一九八〇～一九八四年工業年增長率為 2.9％，而高技術產業年均增長率卻高達 14％。高技術行業主要包括電子工業、生物技術工業、「自動化生產體系」工業、航空工業以及核能工業等。

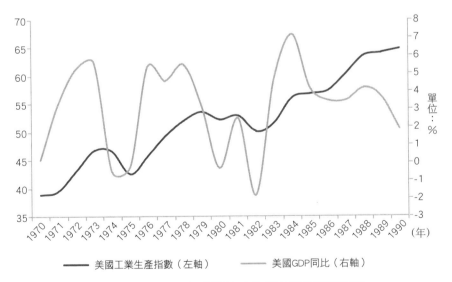

圖3–8　一九八一年雷根執政後美國經濟逐漸復甦

數據來源：Wind；恒大研究院。

二、催生了二十世紀九〇年代新經濟的崛起

雷根時期的經濟復甦及金融自由化為軍隊技術轉為民用奠定了基礎。一方面，經濟復甦為軍費開支提供了基礎，而軍事需求又帶動了技術研發。在冷戰期間，美國軍費開支佔國民生產毛額（GNP）比重為 7.4％，是第一次世界大戰前國家安全開支比例的九倍。對軍工產品的需求和軍隊的加速擴張成為推動經濟增長的新力量。美國的金融自由化為技術商業化早期的發展奠定了基礎。另一方面，在政府的支持下，美國的風險投資業（VC）迅猛發展。一九七九年風險投資額僅為 25 億美元，一九九七年已達 6000 億美元，18 年間增加了 239 倍。它們的資金主要投向資訊技術、生命科學等高科技產業，催生出一大批技術新興企業，如英特爾（Intel）、微軟（Micorsoft）、蘋果（Apple）、雅虎（Yahoo）等。一九九三年九月，柯林頓上台後迅速擬定了「全國資訊基礎設施」（即資訊高速公路）發展方案。強大的政策支持和資金投入下，美國資訊技術產業在之後的幾年以超出經濟兩倍的增長速度迅速崛起，一躍成為美國第一大支柱產業。在一九九七年，美國微軟公司的產值就達到了 90 億美元，超過了美國三大汽車公司產值的總和。到二〇〇〇年，美國資訊技術產業已佔 GDP 的 10％以上，對經濟增長的貢獻度遠超製造業。

三、雷根時期標普 500 指數漲 2.3 倍，經短暫調整後走出 13 年的大牛市

雷根時期，標普 500 指數從 105 點漲到 353 點。一九八七年十月，美國股市調整。隨後，美國股市走出 13 年的大牛市，納斯達克（NASDAQ）指數從一九八七年十月的 291 點漲到二〇〇〇年三月的 5048 點。

第五節　啟示：供給側改革是應對內外部衝擊的最重要經驗

　　美、日、蘇在二十世紀八〇年代前後面臨的挑戰與應對具有重大啟示和借鑑意義。美國真正贏得了美日貿易戰、美蘇全球爭霸，主要是靠雷根政府供給側改革和沃爾克控制通貨膨脹。

　　供給側結構性改革在國際上有很多成功的案例，最典型的是二十世紀八〇年代美國雷根、英國首相柴契爾（Margaret Thatcher）和德國總理科爾（Helmut Kohl）時期。面對內憂外患，雷根、柴契爾和科爾均通過成功實施供給側改革，實現了經濟轉型和再次騰飛，為經濟轉型創新驅動、激發企業活力、新經濟崛起、股票市場繁榮等奠定了堅實基礎。總結美國、英國、德國等供給側改革的成功經驗，可以得出的政策建議是：

　　1. 大規模減稅，降低企業成本。

　　2. 大規模放鬆行業管制和干預，打破壟斷，促進競爭，提升效率。

　　3. 推動國企產權改革，增強微觀主體的市場活力。

　　4. 嚴格控制貨幣供給、通貨膨脹和資產價格泡沫，避免寄希望於通過貨幣刺激解決長期性和結構性問題。

　　5. 增加勞動力市場工資價格彈性。

　　6. 加大對中小企業和創新企業的支持力度。

　　7. 削減社會福利開支和財政赤字，擴大公共產品市場化供給，精減財政負擔的冗餘人員，財政支出主要用於重大基礎創新、軍事技術創新。

　　8. 推動利率市場化、金融自由化和服務實體經濟的多層次資本市場發展。

第四章
美蘇貿易戰：冷戰和全球爭霸[*]

美蘇冷戰長達 40 餘年，資本主義和社會主義兩大陣營激烈對抗，構成了二十世紀下半葉世界歷史的主要脈絡。冷戰最終以東歐劇變、蘇聯解體結束。當前，中美關係發生重大變化，從長期看仍存在不確定性，中美是否會陷入修昔底德陷阱，是否會走向「新冷戰」？美蘇爭霸中蘇聯的失敗給中國帶來哪些啟示？本章回顧美蘇冷戰歷程，分析美蘇貿易戰，總結教訓和啟示。

＊本章作者：任澤平、羅志恆、馬圖南、趙寧、劉建涵。

第一節 美蘇冷戰歷程

在冷戰背景下，美蘇經濟關係深受兩國政治、軍事及意識形態的影響，美蘇貿易關係呈現出波動發展的態勢。冷戰體現為美蘇兩國政治和軍事力量的對抗，但根本上是經濟實力和體制的較量，貿易關係是美蘇關係的「晴雨表」。美蘇爭霸的歷程可劃分為三個階段：第一階段是第二次世界大戰結束後冷戰開始至一九六一年的古巴飛彈危機，為遏制與反遏制階段。其間，蘇聯試圖與美國共同主宰世界，但美國比較佔優勢，該階段的美蘇貿易較少，美國對蘇聯採取貿易歧視和禁運政策。第二階段是一九六二年至二十世紀七〇年代末，為美蘇關係緩和階段。蘇聯處於攻勢，美國戰略收縮，美蘇出於各自經濟需要，貿易活動增加。該階段中蘇關係惡化，中美關係逐步走向正常化。第三階段是二十世紀八〇年代至一九九一年年底，為美蘇再度對峙及和平演變階段。蘇聯全面收縮，軍備競賽最終拖垮了蘇聯經濟，過快過急的政治改革動搖了蘇聯政權，美蘇爭霸以蘇聯解體告終，世界進入一超多強格局。

一、遏制與反遏制階段

（一）冷戰的起源：鐵幕演說、凱南電報、杜魯門主義與馬歇爾計劃

第二次世界大戰結束前的雅爾達會議（Yalta Conference）名為美蘇合作，實際上是美蘇劃分勢力範圍，奠定了戰後兩國「分手」的基調。一九四五年第二次世界大戰結束後，美國、蘇聯實力迅速增強，蘇聯成為唯一能與美國抗衡的國家，伴隨戰時同盟關係的結束及兩國間利益、意識形態的衝突，美蘇政治、經濟、軍事、文化、外交和意識形態等全方位的對抗逐步形成。美國方面，其在第二次世界大戰之後主導建立國

際貨幣基金組織、世界銀行及關稅與貿易總協定三大國際經濟組織，同時通過布雷頓森林體系確立美元的國際貨幣地位，以經濟自由化為旗幟，建立了有利於美國的國際貨幣、金融和貿易秩序。蘇聯方面，其軍事實力大增，國民經濟恢復，國際威望空前提高。儘管蘇聯的國民經濟在戰爭中遭到嚴重破壞，約有 3.2 萬個工礦企業被戰爭摧毀，國民經濟損失達 5000 億美元。但是軍事力量的迅速發展，使蘇聯成為世界超一流的軍事大國。第二次世界大戰後蘇聯從德國獲取超過上百億美元的賠款和 200 多萬戰俘，為蘇聯經濟恢復創造了有利條件。一九四八年，蘇聯全國工業生產能力已恢復至戰前水準。第二次世界大戰結束後，與蘇聯建交的國家達到 52 個。[1]

　　一九四六年，美國駐蘇聯代辦喬治 • 凱南（George Kennan）向國務院發回 8000 字長電報，分析蘇聯對美政策背後的根源，成為美國政府制定對蘇遏制政策的重要理論基礎。凱南指出，蘇聯「由來已久的不安全感」和「共產主義意識形態」導致其存在不斷擴張的動機。對此，美國應當放棄短期的、急功近利的做法，而應當採取「長期、耐心而又堅定、警惕的政策」[2]。

　　一九四六年三月五日，丘吉爾（Winston Churchill）在美國富爾頓（Fulton）發表「鐵幕演說」，宣稱：「從波羅的海的斯德丁到亞得里亞海邊的里雅斯特，一幅橫貫歐洲大陸的鐵幕已經降落下來」，蘇聯對「鐵幕」以東的中歐、東歐國家進行日益增強的高壓控制。對蘇聯的擴張，不能採取「綏靖政策」。

　　一九四七年三月十二日，美國實行「杜魯門主義」（Truman Doctrine），標誌著冷戰開始。

---

[1]　牛軍：《冷戰時期的美國遏制戰略》，二〇〇九年六月二十八日，見：http://news.163.com/09/0628/23/5CUAJ Q6Q00013FLV.html。

[2]　沈志華主編：《冷戰國際史二十四講》，世界知識出版社二〇一八年版，第九～一〇頁。

　　杜魯門（Harry S. Truman）在國會發表國情咨文，強調美國必須對陷入危機的國家予以支援，幫助各國人民擺脫極權體制的控制，保障他們的自由制度和國家完整。不論什麼地方，不論直接侵略還是間接侵略威脅了和平，都與美國的安全有關，這便是著名的「杜魯門主義」。「杜魯門主義」進一步推動了美蘇的對立，是冷戰形成的重要原因。

　　一九四七年六月，為了進一步鞏固美國在歐洲的勢力，增強資本主義陣營的向心力，美國國務卿馬歇爾提出了大規模援助歐洲經濟的計劃，即「馬歇爾計劃」。該計劃一是通過經濟援助使美元深入歐洲，控制歐洲經濟發展；二是扶植西歐經濟，在推動西歐各國聯合的基礎上使之成為遏制蘇聯集團的力量。經過將近一年的辯論，一九四八年四月，美國國會通過《一九四八年對外援助法》，馬歇爾計劃正式實施。一九四八～一九五二年，美國向英國、法國、意大利等國家提供援助共計 131.5 億美元，其中 90％是贈與，10％是貸款。[3] 馬歇爾計劃幫助西歐各國走出了戰後經濟困難的困境，開啟了歐洲發展的「黃金二十年」。蘇聯的盟國大多擔心被蘇聯誤解而並未參加馬歇爾計劃，因此，馬歇爾計劃加劇了美蘇兩大陣營的分裂。至此，美國已經完全拋棄了戰時與蘇聯的結盟政策，對蘇的遏制政策基本成型。

　　為抵制和反擊馬歇爾計劃，蘇聯在東歐進行整肅運動，增強東歐國家對蘇聯的向心力，同時迅速與保加利亞、捷克斯洛伐克、匈牙利、波蘭等東歐國家簽訂貿易協定，這一系列協定被稱為「莫洛托夫計劃」（Molotov Plan）。

　　此計劃加強了蘇聯與東歐國家的經濟聯繫，削弱了東歐國家同西方國家的經濟往來。一九四九年，蘇聯聯合波蘭、匈牙利、羅馬尼亞、保加利亞、捷克斯洛伐克成立經濟互助委員會，簡稱「經互會」，強化成

---

[3] 沈志華主編：《冷戰國際史二十四講》，世界知識出版社二〇一八年版，第三〇頁。

員國在生產和交換領域的關係，強調國際分工和生產專業化，協調各國經濟，由雙邊貿易發展為多邊貿易。一九五二年，史達林在給《蘇聯社會主義經濟問題》的意見中，提出了「兩個平行市場」的理論，著力發展與社會主義國家的經貿關係，加強與社會主義國家合作，共同對抗西方國家。美蘇爭霸期間，蘇聯與經互會國家貿易額佔蘇聯外貿總額的比重保持在 50％ 左右，如**圖 4–1** 所示。

（二）柏林危機標誌著美蘇對立加深

　　一九四八年發生的柏林危機是第二次世界大戰後美蘇兩大陣營的第一次正面交鋒。雖然危機最終和平解決，但這次交鋒使得美蘇的對立加深。

　　第二次世界大戰結束後，美、英、法、蘇四國聯合發佈了《關於德國佔領區的聲明》和《關於德國管制機構的聲明》，確定了四國共管德國的制度框架。按照聲明約定，美、英、法、蘇各自劃定了佔領區，

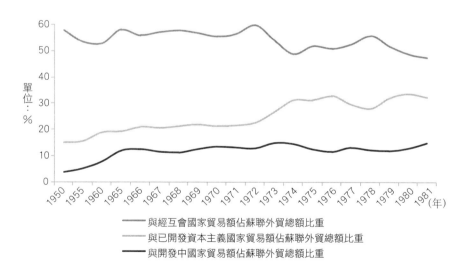

圖4–1　一九五〇～一九八一年經互會國家為蘇聯主要貿易夥伴

資料來源：周榮坤等編：《蘇聯基本數字手冊》，時事出版社一九八二年版，第三二三頁；
　　　　　恒大研究院。

其中大柏林地區被分為西方國家佔領的西柏林和蘇聯佔領的東柏林，但整個大柏林地區位於蘇佔區的範圍內。美、英、法三國將其佔領區進行了合併，並打算在佔領區內推行馬歇爾計劃。這一行動招致蘇聯的強烈不滿，認為這樣的「單獨行動」嚴重違反了兩個聲明的精神。但美國繼續推動計劃，並開始與英國、法國等商議建立聯邦德國的相關事宜。一九四八年六月三十日，為了抗議並施壓美國，蘇聯以「技術上的困難」為由封閉了柏林與西方佔領區之間的一切陸路交通。由於柏林當時面臨嚴重的物資短缺，蘇軍對柏林的封鎖瞬間使柏林陷入危機之中。

面對蘇聯發起的挑戰，美國決定通過空投的方式向柏林地區運送物資。長時間、高強度的運送計劃使得蘇聯的封鎖行動不僅沒能爭得外交上的主動，反而讓西柏林的德國人更加意識到美國援助的重要性，並在道義上感謝美國。更重要的是，由於蘇聯佔領的東柏林的經濟結構與蘇聯類似，存在重工業過重、輕工業過輕的問題，封鎖柏林的行動加劇了東柏林生活物資匱乏，東柏林人逃往西柏林的現象時有發生。因此，史達林不得不考慮和平解決柏林問題。一九四九年，經過磋商，蘇、美、英、法四國聯合發佈《關於德國及柏林問題的聯合公報》，宣佈解除柏林地區的交通管制，柏林危機和平解決。

柏林危機雖然以和平方式結束，但美蘇之間的深層次問題卻並未解決。相反，柏林危機加劇了美蘇的分歧和緊張局勢，使得雙方的遏制政策進一步升級。

（三）兩極格局形成，美蘇雙方總體呈現激烈對立狀態，但也有階段性局部緩和

一九四九年，北約組織成立，美國和西歐國家結成北大西洋聯盟。一九五五年，以蘇聯為首的華約組織成立，兩極格局確立。美蘇雙方總體呈現激烈對立狀態，但也有階段性局部緩和。

一九五〇年，韓戰爆發。美國、蘇聯分別是戰爭的直接發起方和間

接參與方，雙方對立加劇，國際形勢緊張。一九五三年史達林逝世，赫魯雪夫上台，蘇聯對外政策略有緩和。一九五六年二月赫魯雪夫在蘇共二十大上提出「三和路線」，即「與西方國家和平共處，在和平競賽中超過美國，已開發資本主義國家的工人階級可以通過議會道路和平取得政權」，強調緩和國際局勢的必要性與可能性，主張通過「緩和」來爭取與美國平起平坐的地位。一九五五年，美、蘇、英、法四國在日內瓦舉行最高級別會晤，蘇聯和聯邦德國正式建立外交關係，美蘇關係階段性緩和。但由於一九五六年蘇聯進軍匈牙利等一系列衝突，美蘇關係重新緊張。一九六一年蘇聯修築「柏林牆」，封鎖了東西柏林邊界，使美蘇關係進一步惡化。

（四）美蘇經濟冷戰格局的形成

隨著美蘇兩國對抗局勢的形成，經濟上的對立也逐步加深，美蘇經貿關係服從政治鬥爭的需要。美蘇之間最惠國待遇問題及高科技禁運問題，成為美國日後與蘇聯展開貿易談判的重要籌碼。

（1）貿易歧視。美國從嚴把控對蘇聯的進出口貨物貿易，取消最惠國待遇。一九五一年六月，美國通過了《一九五一年貿易協議的附加法令》，將一九三○年關稅條例第 350 條的適用範圍擴大到蘇聯以及被外國政府或世界共產主義運動組織所統治與控制的國家和地區，取消對這些國家的最惠國待遇；限制從蘇聯進口，並對自蘇聯進口商品加徵關稅；嚴格限制美國向蘇聯出口，也不提供向蘇聯出口的信貸擔保。

（2）禁運政策。美國對蘇聯實行戰略物資、高科技嚴格禁運政策，以遏制其軍事力量的迅速發展。一九四八年，由美國，英、法、意等 7 個國家聯合成立「巴黎統籌委員會」，隨後擴大到 17 個同盟國。一九五○年「巴黎統籌委員會」協商團體執行機構正式定名為「對共產黨國家出口管制統籌委員會」（CoCom），具體負責對蘇聯和東歐國家的禁運。「巴黎統籌委員會」作為美國推行冷戰戰略的新工具，旨在遏制與軍事

戰略有關的武器、技術和物資向東方出口，打擊東方陣營。美國聯合西歐等盟友對蘇聯及其他社會主義國家形成包圍圈。

冷戰初期美國將第 703 號公法（規定總統可禁止或削減軍事設備、軍品、機械等相關材料、技術等商品性出口）稍作修改並把管制對象設為蘇聯，並制定了出口管制清單。清單將管制物資分為兩類，第一類全面禁運，稱為「1A」物資，包括主要用於製造武器等的原料及設備、技術先進的樣機及高技術產品、蘇聯及東歐國家擴大戰爭潛力所必需和短缺的原料設備共 167 種；第二類限制出口數量，稱為「1B」物資，包括工業原料（鉛、銅、鋅等）和基礎設施（卡車、火車等）共 288 種。一九四九年二月，美國制定了《出口管制法》（*Export Control Act of 1949*），將除加拿大外的國家按出口嚴格程度分為 7 組，均實行出口許可制度。一系列措施的根本目的是防止有利於蘇聯軍事、經濟發展的資源流入蘇聯、東歐地區。

二、美蘇關係緩和階段

二十世紀六七〇年代美蘇國內環境均出現明顯變化，經濟形勢惡化，國內領導人更替，同時國際環境上資本主義陣營和社會主義陣營離心傾向增強，使得兩國都希望緩和雙邊關係。從國內看，經濟上，美國陷入「停滯性通貨膨脹」，蘇聯受制於畸形的經濟結構和僵化的經濟體制，日益力不從心；軍事上，美蘇核均勢局面形成，美國戰略優勢地位難以維繫。從國際看，資本主義陣營中日本、西歐國家經濟政治獨立性增強，對蘇貿易往來日益密切；社會主義陣營內中蘇關係急劇惡化，邊境劍拔弩張。二十世紀七〇年代，中美關係逐步走向正常化。在此背景下，美蘇貿易關係逐漸緩和，美國對蘇貿易管制放鬆，通過補償貿易實現雙方利益訴求，科學技術交流與合作加強，糧食和石油貿易日益頻繁。

（一）將世界拖入核戰爭邊緣的古巴飛彈危機

一九五九年，菲德爾・卡斯楚（Fidel Castro）領導的古巴革命軍推翻了獨裁軍政府的統治，建立了革命政權。在得知古巴日益高漲的反美情緒後，赫魯雪夫認為這是蘇聯遏制美國的重要機遇。不久，蘇聯開始向古巴輸送部份常規武器。一九六二年，赫魯雪夫提議在古巴建立飛彈基地，認為這既能對美國形成重要戰略威脅，也是對美國在土耳其建立飛彈基地威脅蘇聯安全的回應。一九六二年九月初，蘇聯開始向古巴運送中程飛彈、巡弋飛彈等進攻性武器。甘迺迪發表公開電視講話稱蘇聯的這一舉動是對美國國家安全和美洲和平的極大威脅，美國對此完全不能接受並下令對古巴實行軍事封鎖，大批美國艦隊集結在加勒比海域，美蘇走到了核戰爭的邊緣。

基於此時美蘇力量對比，美國的強硬態度及對核戰爭毀滅性後果的預計，蘇聯提出希望通過談判方式和平解決危機。蘇聯提出願意從古巴撤軍，但條件是美國不干涉古巴內政，不侵略古巴，同時拆除美國在土耳其的飛彈基地。甘迺迪認為在這一局面下，阻止一場核戰爭的重要性遠高於土耳其的飛彈基地，因此很快與蘇聯達成一致，古巴飛彈危機最終和平結束。

古巴飛彈危機讓美蘇都認識到核時代戰爭的高度危險性和維持雙邊關係穩定的必要性，為雙方在二十世紀六〇～七〇年代緩和雙邊關係提供了基礎。一九六三年，美、英、蘇三國簽訂了《部份禁止核試驗條約》，該條約成為美蘇關係階段緩和的重要象徵。

（二）美蘇國內問題加重，緩和意願增強

二十世紀七〇年代蘇聯國內經濟問題加重，七〇年代中後期蘇聯經濟增速下行，如**圖 4–2** 所示。蘇聯的經濟結構長期面臨重工業過重、輕工業過輕的局面。第二次世界大戰結束後，蘇聯經濟有了相當程度的

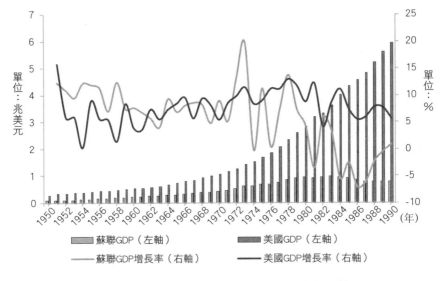

圖4-2　一九五○～一九九○年美蘇經濟實力對比

資料來源：Wind；俄羅斯統計署；蘇聯部長會議中央統計局編：《蘇聯國民經濟六十年：
　　　　紀念統計年鑑》，陸南泉等譯，生活·讀書·新知三聯書店一九七九年版，
　　　　第六～一○頁；恒大研究院。

發展，但受制於經濟結構和技術水準，仍面臨諸多困難。農業方面，蘇
聯「九五」期間，糧食連續四年減產，加上飼料用糧和戰略儲備需要，
蘇聯缺糧問題嚴重。技術方面，蘇聯在軍事和空間技術領域領先，應
用技術較為落後。蘇聯經濟孤立於全球經濟體系的做法越來越難以維
持，蘇聯急需外部資金及技術。據聯合國統計司和俄羅斯統計署數據，
一九七八年蘇聯經濟總量開始落後於日本，僅相當於美國的35.7%，人
均 GDP 更是與美國相差甚遠。

　　美國傳統經濟增長模式遭受挑戰，受越戰、石油危機的影響，美
國財政赤字高企，經濟陷入「停滯性通貨膨脹」。從外部看，二十世紀
五○～七○年代日德快速崛起，搶佔美國產品市場，美國貿易順差逐步
下降甚至出現逆差。一方面，戰後利用海外廉價能源高速發展的模式已

接近尾聲，鋼鐵業、汽車業增速放緩，產業經濟結構亟待變革；另一方面，新的科技創新推動力短期內無法轉換成生產力，微電子技術與生物工程尚在探索階段，計算機、電視機、民航業主導的新時代還未到來，經濟增速逐步放緩。一九七〇年美國實際 GDP 增速放緩至 0.2％，在傳統凱恩斯主義的指導下，尼克森（Richard Milhous Nixon）政府採用寬鬆的貨幣政策和財政政策，一九七一年年初聯準會連續五次降息，聯邦基金目標利率從 6％降至 4.75％，實際聯邦基金利率降至 3％～ 4％，如**圖4-3** 所示。同時，尼克森政府倡導的「新經濟政策」，實質為擴大財政赤字、刺激經濟。儘管存在工資和價格管制，但物價仍快速上漲。此外，一九七一年布雷頓森林體系崩潰，美元貶值疊加一九七三年年末爆發的第一次石油危機，致使能源價格迅速抬升，這進一步刺激物價飆升，經濟生產受創，消費者物價指數同比在一九七四年抬升至 12％。一九七四～一九七五年以及一九八〇～一九八二年，美國經濟陷入停滯性通貨膨脹。

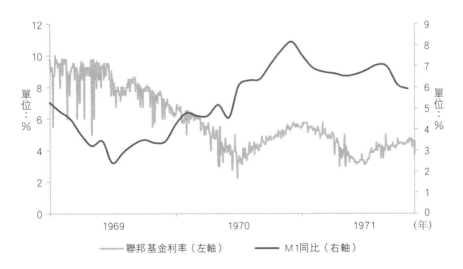

圖4-3　一九六九～一九七一年美國貨幣寬鬆

資料來源：Wind；恒大研究院。

在此背景下，發展對蘇貿易，可以緩和美國貿易赤字和財政赤字情況，拉動國內就業增長。

美蘇核均勢局面形成，美國戰略優勢地位難以維繫，長期軍備競賽加重兩國財政負擔。一九六二年美蘇洲際導彈之比為 294：75，古巴飛彈危機後，蘇聯核軍備建設力度持續加大，以尋求和美國實現核均勢。二十世紀六〇年代末七〇年代初，蘇聯完成部署了新一代的陸基洲際彈道導彈，並在核武器數量上實現了與美國的均勢。核均勢改變了美蘇軍事力量對比，美國優勢不再。雙方在核軍備領域達成一系列重要協議，一九六八年《防止核擴散條約》、一九七二年《美蘇第一階段限制戰略武器條約》，推動了雙方關係緩和，但後續核談判的失敗導致了雙方在二十世紀七〇年代末關係的急劇惡化。

（三）兩大陣營內部分化

日本在「經濟立國」、「貿易立國」等戰略的指導下，經濟迅速發展，至一九六八年成為西方國家中第二大經濟體。在馬歇爾計劃的推動下，西歐在經濟領域獲得長足發展，其國內生產總值從二十世紀五〇年代相當於美國的 57.2% 上升到一九六九年的 72.5%。政治上，西歐進一步推進聯合，試圖擺脫美國影響的傾向上升。在對蘇關係上，法德兩國積極推動與蘇聯的外交關係緩和。

中蘇曾一度保持了密切的關係，但在二十世紀六〇年代因為意識形態分歧而迅速惡化，從口頭論戰發展到公開的武裝對抗。一九六九年三月中蘇在珍寶島爆發武裝衝突，互有傷亡，中蘇同盟徹底破裂。中蘇關係破裂對社會主義陣營的發展產生了極為消極的影響，而且改變了國際社會一直盛行的以意識形態劃分界限的關係格局。此後，一九七二年尼克森訪華，中美關係正常化，一九七九年中美建交均和中蘇關係惡化具有內在聯繫。

（四）美蘇貿易有所增長，緩和態勢明顯

　　美蘇領導人將經濟、外交政策由絕對孤立轉向緩和，冷戰進入相對緩和期。尼克森時期，美國推行以發展美蘇經濟關係為主要內容的緩和方針，並對蘇聯實施「誘導式經濟外交」。一九六四年布里茲涅夫上台後，在處理西方關係時秉持「和平共處」的方針，在其執政後期尤其是二十世紀七〇年代中後期才轉向積極進攻。雙方貿易聯繫增強，主要表現為貿易管制緩和、補償貿易增加、科學合作與交流增強、糧食和石油貿易日益頻繁等。一九七三年美蘇進出口貿易額為 11.6 億盧布，比一九七二年增加 116%，二十世紀六〇年代美蘇貿易額合計為 9.3 億盧布，七〇年代上升為 128.2 億盧布，如圖 4–4 所示。

　　（1）貿易管制緩和。在緩和美蘇關係的方針下，一九六九年美國制定《出口管理法》（*Export Administration Act, EAA*）以高新技術轉讓限

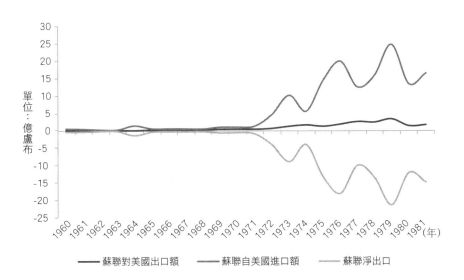

圖4–4　二十世紀七〇年代美蘇貿易往來快速增加

資料來源：周榮坤等編：《蘇聯基本數字手冊》，時事出版社一九八二年版，第三二九頁；
　　　　　恒大研究院。

制取代了全面戰略物資出口限制，放鬆了一般技術和商品的限制，並利用「巴黎統籌委員會」的例外條款擴大禁運物資和限運物資的出口。在此期間，美蘇糧食貿易與能源貿易也有所緩和。蘇聯希望通過從美國進口大量農產品以增加糧食戰略儲備，美國則希望藉由進口蘇聯石油來拓寬能源進口管道。

（2）補償貿易。蘇美之間的補償貿易主要集中在化工、汽車製造等生產領域，主要形式為以產品換設備，蘇聯利用美國先進的技術設備，美國利用蘇聯廉價資源進行生產。

（3）科學合作與交流。一九七二～一九七四年，美蘇四次元首會談期間，達成多項科技合作協定，包括和平利用原子能、宇宙航空、海洋考察、醫療保健等領域。除官方合作外，蘇聯與美國公司在一九七四～一九七五年間共簽署了約 40 項科技合作協定，涉及航空航太及電子計算機等諸多領域，極大地帶動了蘇聯經濟的發展。

三、美蘇再度對峙及和平演變階段

一九七九年蘇聯入侵阿富汗是轉折點，伴隨中美正式建交，美蘇再度對峙。二十世紀八〇年代中後期美國對蘇聯實行和平演變政策，同時蘇聯陷入阿富汗戰爭的泥潭，綜合國力大幅削弱，最終解體。

（一）蘇聯陷入阿富汗戰爭，美國提出「星戰計劃」

一九七八年，阿富汗人民民主黨發動政變。由於該黨歷史上與蘇聯國家安全委員會（KGB）存在密切聯繫，新政府受到蘇聯的歡迎，但是人民民主黨內部很快分裂為兩派，各地反政府武裝此起彼伏。為穩定阿富汗局勢，一九七九年蘇軍出兵阿富汗進行武裝干預，阿富汗的國內局勢變得更加複雜。從國內看，反政府武裝基於民族主義情緒，將蘇軍的進駐視為入侵，境內武裝叛亂更加活躍。從國際看，美國譴責蘇軍進駐

阿富汗是對阿富汗內政的粗暴干預，並制定了一系列措施制裁蘇聯。同時，美國還大量資助阿富汗的反政府武裝。阿富汗戰爭重新加劇了美蘇的對抗，極大地增加了蘇聯的軍費開支，給蘇聯脆弱的國內經濟帶來了更大的壓力，並最終成為蘇聯解體的重要原因。

　　二十世紀七〇年代末，蘇聯的核武器數量超過美國，如**圖 4–5** 所示。

　　為了繼續遏制蘇聯，美國總統雷根提出反彈道導彈防禦系統的戰略防衛計劃（Strategic Defense Initiative），即著名的「星戰計劃」。美國計劃耗資 8000 億～ 10000 億美元，在太空建立由偵察衛星、反導衛星、定向能武器等組成的導彈武器防禦系統，在太空攔截蘇聯的核導彈和航天器，從而對抗蘇聯的核優勢。如果蘇聯不加以防範，一旦美國真正完成計劃，蘇聯面臨的威脅將是致命的。在冷戰思維的驅使下，蘇聯領導人決定進一步加大軍事力量的投入，維護蘇聯的優勢地位。然而軍費的

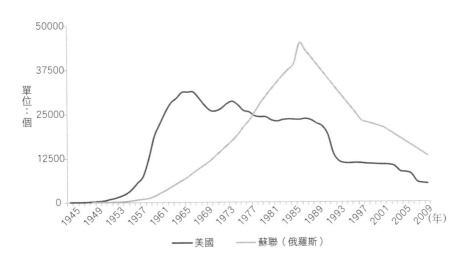

圖4–5　一九四五～二〇〇九年美蘇（俄）核武器數量對比

資料來源：Robert S. Norris, Hans M. Kristensen, "Global Nuclear Weapons Inventories, 1945–2010", *Bulletin of the Atomic Scientists*, Vol.66, No.4 (July/August 2010), pp.77–83.

進一步上漲，重工業投資持續增加，經濟結構持續惡化，加上對外貿易驟減給蘇聯經濟以嚴重打擊，並最終給東歐劇變、蘇聯解體埋下種子。

（二）美國對蘇聯實施「和平演變」，蘇聯迅速解體

二十世紀八〇年代美國經濟逐漸擺脫停滯性通貨膨脹，但蘇聯經濟持續低迷。雷根上台後，採用供給學派觀點，採取從緊的貨幣政策和積極的財政政策，擺脫經濟陷入停滯性通貨膨脹狀態。在經濟和軍事實力恢復後，美國傾向於與蘇聯領導人接觸以謀求在武器控制上取得突破。而戈巴契夫上台時，蘇聯經濟已經滑入「危機的邊緣」，經濟增速自七〇年代中期以來持續下滑，進入八〇年代下滑速度進一步加快，勞動生產率下降，財政赤字嚴峻，惡性通貨膨脹發生，盧布急劇貶值。在蘇聯逐漸失去與美國抗衡的實力的背景下，一九八五年雷根與戈巴契夫舉行會談，逐步結束雙方對抗狀態。

在美國輿論的攻勢下，蘇聯上下對自身體制的信心逐漸瓦解。政府錯誤決策，快速私有化，外資急速湧入。一九八八年五月《合營法》實施，第一次允許製造業、服務業與外貿部門中私營成份的出現。隨後，蘇聯基本取消了對外國資本的限制。一九九〇年八月，戈巴契夫提出將非國有化視作最重要的任務，意圖通過私有化，提高國有企業效率，提升科技水準。為推行非國有化，蘇聯政府將國企資產折算為有價證券分發給蘇聯人民，並組建交易市場，使有價證券自由流通，從而使蘇聯可以一舉過渡到市場化階段。

蘇聯的私有化改革為美國攫取蘇聯財產提供契機，美國通過獨資和合資的方式，讓著名的投資銀行、商業銀行、保險機構開始蜂擁而進入蘇聯，利用蘇聯人民對西方體制的盲目崇拜並通過灰色手段提高利息費用，從蘇聯居民、企業及金融機構大量借貸盧布，用於購買居民的有價證券，從而掌控了蘇聯大部份的國有資產。

盧布崩盤使美國以較小的成本獲取蘇聯 70 多年的發展成果。美國在

獲取蘇聯的資產後，仍面臨償還巨額本息的壓力。蘇聯本可通過嚴控匯率迫使美國償還巨額本息予以反制，但是一九八九年蘇聯國家銀行正式宣佈，蘇聯放棄固定匯率制度，轉為雙重匯率制，基本放棄對外匯市場的監管，導致民眾大量擠兌，恐慌情緒迅速蔓延，盧布急劇崩盤，迅速貶值。蘇聯人民出售有價證券獲得的盧布急劇貶值，而有價證券代表的國有資產此時已歸美國所有；蘇聯金融體制完全崩潰，貨幣主權既失，國力削減，社會動盪；美國的「銀行」借貸的巨額債務大幅貶值，僅需少量美元即可兌換。

（三）美蘇貿易收縮，美國對蘇貿易制裁加劇

美蘇貿易關係始終受雙方政治軍事關係的支配，美蘇發展貿易的先決條件便是政治上的合作與軍事上的收縮。該階段蘇聯在亞非拉地區的擴張對美國的霸權利益和國際戰略構成嚴峻挑戰，因而美國開始在貿易領域對蘇聯實行全方位出口管制，精準打擊糧食和石油領域，實行包圍式打擊。

（1）全方位出口管制。其一，美國對蘇聯進行糧食及天然氣管道設備禁運，並對蘇聯執行無例外政策，即美國不向蘇聯出口「巴黎統籌委員會」管制清單物品，該項政策直到一九八九年才被取消。其二，美國利用「巴黎統籌委員會」加強對蘇聯的戰略物資與高新技術管制。一九八二年，美國與「巴黎統籌委員會」成員國終止履行與蘇聯集團的各種貿易協定，並增加 58 個項目列入「巴黎統籌委員會」管制清單，包括宇航器、機器人、浮動船塢、海上油氣開採技術等物資和技術。

一九八四年，「巴黎統籌委員會」進一步強化對通信技術設備的管制，並重點限制與禁運物資相關的開發軟體。

（2）精準打擊重點領域。糧食作為蘇聯的稀缺物品和維繫社會穩定的重要物資，美蘇貿易關係惡化後，糧食領域首當其衝。石油作為蘇聯出口創匯的重要物品也成為美國的重點打擊對象。

（3）包圍式制裁。美國聯合西歐、日本及其他「巴黎統籌委員會」成員國、類「巴黎統籌委員會」成員國對蘇聯實行包圍式打擊，切斷蘇聯同多國的貿易往來。

第二節　美蘇貿易戰的重點領域

美蘇貿易戰的主要領域在糧食和能源，主要出於政治目的，服從於美蘇全球爭霸的需要。

一、糧食貿易

得天獨厚的自然環境、較為穩定的政治局勢、先進的科技研發以及完善的配套設施和農業設備成就了美國的農業奇蹟。而蘇聯相對惡劣的自然環境導致糧食產量不穩定，農業生產長期服從和服務於重工業發展，農業生產缺乏積極性，發展緩慢滯後。美國糧食產量常年大於蘇聯，一九六一年美國糧食產量是蘇聯的 1.4 倍，一九八一年達到 2.3 倍，如圖 4–6 所示。一九七二年以後，蘇聯基本上成為糧食淨進口國，如圖 4–7 所示。

美蘇的經濟結構決定了雙方具有糧食貿易的需求，同時糧食又在國民經濟體系中居於重要地位，因此是兩國貿易關係的關鍵領域，美國憑藉糧食的高產量居於較為主動的地位。兩國的糧食貿易發展水準不僅受經濟實力和外貿政策的影響，還受兩國政治形勢的制約。遏制時期，美國基本封鎖了對蘇聯的糧食出口；美國在緩和時期，逐漸打開兩國的貿易往來。美國希望利用糧食貿易挾制蘇聯在中東等問題上讓步，霸權相爭背景下，蘇聯拒絕輕易讓步，導致兩國一度中斷貿易往來。進入再度緊張時期，美國再度禁運，美蘇糧食貿易大門基本關閉。

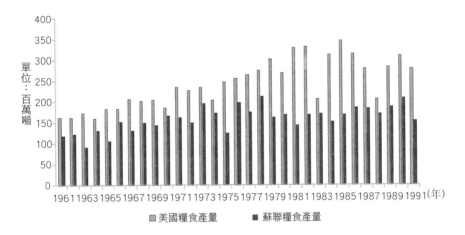

圖4-6　一九六一～一九九一年美蘇糧食產量對比

資料來源：聯合國糧農組織；恒大研究院。

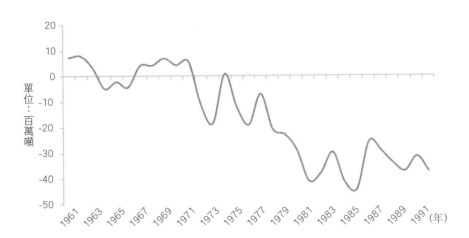

圖4-7　進入二十世紀七〇年代，蘇聯轉變為糧食淨進口國

資料來源：聯合國糧農組織；恒大研究院。

（一）冷戰初期美蘇基本沒有糧食貿易

第二次世界大戰後美國出現嚴重的糧食過剩，美國政府採取了一系列措施擴大農產品出口，成為戰後世界糧食的最大生產者和供應者。

糧食出口緩解了美國糧食過剩的問題，同時也是鞏固和擴展勢力範圍的重要方式。第二次世界大戰後蘇聯農業發展緩慢，但仍舊是糧食淨出口國，兩國基本沒有糧食貿易。

一九五一年，美國實行「共同安全法」，用糧食等農產品配合軍事「援助」。

一九五四年，美國國會通過第 480 號公法，對開發中國家實行糧食等援助，力圖使其在糧食上依賴美國，在國內外政策上受美國控制，並將其納入美國勢力範圍。

（二）二十世紀六〇～七〇年代美蘇糧食貿易有所緩和

在美蘇緩和的背景下，雙方糧食貿易出現好轉趨勢，但伴隨兩國關係的緊張，美國曾多次對蘇聯實行短暫性的禁運。美國利用糧食逼迫蘇聯在中東問題上讓步，蘇聯利用石油資源脅迫美國向蘇聯出口糧食，以加強本國的戰略儲備。

一九六三年十月，美國政府批准可以賣給蘇聯 400 萬噸小麥和麵粉，這是美國第一次向蘇聯打開糧食貿易的大門。

尼克森上台後，為緩和美蘇關係的同時銷售剩餘糧食，一九七一年開始採取措施發展對蘇聯的大宗商品出口。

一九七二年，蘇聯糧食歉收，產量下降 7％，蘇聯購買美國糧食1795 萬噸，幾乎佔美國當年糧食積存的三分之一。

一九七四年，美國通過《傑克遜─瓦尼克修正案》（*Jackson-Vanik Amendment*），要求蘇聯放寬猶太人從蘇聯出境的規定，作為提供貸款的條件。實際上是以削減糧食等供應威脅，要求蘇聯在中東問題上向美國讓步。

　　一九七五年，美蘇簽訂為期五年的糧食協定，允許蘇聯每年可購買600 萬～ 800 萬噸小麥。[4] 由於蘇聯拒絕以優惠價格向美國供應石油，福特政府於七月二十四日宣佈對蘇聯糧食禁運，蘇聯只得以高價從阿根廷、澳大利亞等國購入糧食，並不得已大量屠宰國內牲畜。經美蘇雙方妥協，上述協定於一九七六年開始生效。

　　卡特（Jimmy Carter）上台初期，採取促進向蘇聯出售糧食的政策，主動修改對蘇聯購買糧食的限額。一九七七～一九七九年，美國對蘇聯出口糧食限額不斷提高，從 800 萬噸提高到 2500 萬噸。[5]

（三）二十世紀八〇年代美蘇糧食貿易曲折發展

　　蘇聯的霸權行為引發美國的不滿，隨即美國對蘇聯實行糧食禁運。卡特總統宣佈不再向蘇聯出口糧食，任何國家想要向蘇聯出口糧食，首先要獲得美國批准。隨著雷根上台，「誘壓結合」政策的實行以及蘇聯日益喪失與美國對抗的實力，美蘇就糧食貿易達成新的協定。

　　一九七九年，蘇聯糧食再度歉收，較上年大幅減產 24％。同年年底，蘇聯武裝入侵阿富汗。美國總統卡特於一九八〇年一月初宣佈對蘇聯採取部份糧食禁運等一系列措施。

　　一九八一年三月二十四日，雷根政府部份取消長達 15 個月的對蘇糧食禁運。3 個月後，恢復對蘇聯大量出售糧食。

　　一九八三年七月，美蘇新糧食協定簽訂，為期五年，允許蘇聯最多可購買 1200 萬噸。

　　值得注意的是，糧食貿易雖主要服從於國家利益和霸權相爭，但仍受到利益團體在美國政治舞台上博弈的影響。一九七五年，美蘇難以就石油價格問題達成共識，美國再度以糧食禁運相要挾，但由於蘇聯以高

4　徐振偉、翟菁：〈一九七〇年代美蘇糧食貿易的雙層博弈分析〉，《俄羅斯中亞東歐研究》二〇一〇年第五期。

5　魏嵩壽：〈關於美蘇糧食貿易問題〉，《世界農業》一九八〇年第十一期。

價收購糧食，美國農場主大量獲利，禁運立即遭到本國利益集團的反對。因此，二十世紀七〇年代後美蘇糧食貿易總的趨勢是美國糧食出口量不斷增多，而蘇聯購買限額越提越高，一九七五年和一九八〇年兩次禁運未能改變這個趨勢，美國用糧食要挾蘇聯的戰略以失敗告終。

二、能源領域

　　能源領域的遏制在美國對蘇聯遏制體系中佔有重要地位。冷戰初期，美國對蘇聯禁運石油相關設備，以遏制其恢復經濟。二十世紀六〇年代末七〇年代初，蘇聯能源工業恢復發展，美國由於能源危機石油短缺，利用糧食貿易、最惠國待遇等換取蘇聯能源資源。一九七九年蘇聯入侵阿富汗後，雷根政府通過禁運天然氣管道和操縱國際石油價格，限制蘇聯出口，從外部擾亂蘇聯國民經濟秩序，蘇聯經濟從能源領域逐漸走向崩潰。

　　蘇聯豐富的油氣資源在冷戰時期成為其經濟、政治和軍事力量的重要物質基礎。受冷戰思維影響，美蘇在進行能源貿易時，主要考慮政治因素而非經濟利益。美國與蘇聯進行石油貿易時，一方面希望借此實現石油供應多元化，保障自身石油安全；另一方面也希望增強蘇聯對美國的貿易依賴性，通過貫徹「聯繫戰略」，迫使蘇聯在中東局勢、限制性戰略武器談判中做出讓步。蘇聯藉由與美國的石油貿易，賺取外匯，將資金投入經濟建設和軍事擴張中，同時通過補償貿易換取經濟建設所需技術。

　　美蘇能源領域貿易中美國佔主導地位，主要原因是美國掌握著尖端的技術和充足的資金，蘇聯雖然掌握著豐富的油氣資源，但是由於開採技術落後和資金匱乏，開採成本相比石油輸出國家組織（OPEC）國家偏高，需要借助美國及西歐國家的資金技術，因此雖然在能源市場擁有賣方優勢，但蘇聯並沒有獲得較多的主動權，而是更多地受制於美國。

（一）冷戰初期美國對蘇聯實行嚴格禁運

第二次世界大戰結束，由於蘇聯大部份油田及相關設備在戰爭中受損，原油產量極低，不得不依賴進口以支撐國內經濟、軍事建設。為防止蘇聯石油產業復甦，美國對蘇聯等社會主義國家實行嚴格的戰略物資禁運，其中就包括能源產業相關設備。同時，為防止盟國抵制禁運政策，美國國會於一九五一年通過了《共同防衛協助控制法》（*Mutual Defense Assistance Control Act*），授權「總統在發現任何國家允許並向社會主義國家出口戰略物資時，可以削減對該國的軍事、經濟和財政援助」。由於戰後初期西歐和日本高度依賴美國援助，這一法案迫使它們屈從美國。該法案於一九五二年開始生效，A、B 清單共計 285 種禁運物資，其中禁運清單 B 包括各種勘探、生產、精煉石油和天然氣的特殊設備。

蘇聯把能源工業放在優先發展的位置，經過第四個和第五個五年計劃（一九四六～一九五五年）的建設，蘇聯石油工業迅速恢復和發展，再次成為石油淨出口國。一九五五年蘇聯石油產量及石油產品出口量分別為 7079 萬噸和 800 萬噸，到一九六〇年分別達到 1.5 億噸和 3320 萬噸，如圖 4–8 所示。二十世紀五〇年代中期蘇聯建立天然氣工業部，赫魯雪夫推行「七年計劃」（一九五九～一九六五年），帶動了蘇聯天然氣工業發展。同期，西歐國家出於擺脫工業困境、開拓國際市場的需要，積極響應赫魯雪夫「和平共處」政策，密切同蘇聯的能源聯繫，在與美國的鬥爭與妥協中，分別於一九五四年和一九五八年兩次削減對蘇聯的禁運清單，並且利用「巴黎統籌委員會」例外程序，可以自行決定是否出口「巴黎統籌委員會」管制清單中戰略價值較小的物資。

為應對西歐國家與蘇聯能源貿易頻繁的情況，美國修改《出口管制法》和通過祕密決議予以阻攔。美國認為，西歐國家與蘇聯能源貿易的快速發展有助於西歐國家經濟和軍事的快速發展，但破壞了對蘇聯的遏制政策。一九六二年美國國會通過《一九四九年出口管制法》修正案，

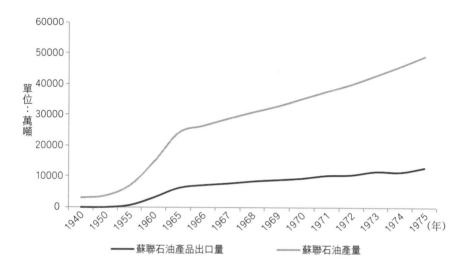

圖4-8　一九四〇～一九七五年蘇聯石油及石油產品產量和出口量

資料來源：周榮坤等編：《蘇聯基本數字手冊》，時事出版社一九八二年版，第三二一頁；
　　　　　恒大研究院。

對能夠提高蘇聯集團戰爭和經濟潛力的重要物資進行管控。一九六二年
十一月二十一日，北約組織通過祕密決議，要求成員國停止向蘇聯輸出
大口徑管道，同時禁止締結新的出口合同。

（二）二十世紀七〇年代美蘇能源貿易逐漸緩和

　　二十世紀六〇年代末七〇年代初，美國由石油淨出口國轉變為淨進
口國，亟須拓展能源進口管道。一九七三年石油危機時，石油輸出國家
組織石油禁運強化了美國與蘇聯進行能源貿易的意願。同時隨著多用途
技術的廣泛發展，美國的經濟遏制重點逐漸由戰略物資轉向高新技術，
能源領域的技術產品相對高新技術地位下降。

　　尼克森上台後，開始對蘇聯推行「聯繫戰略」，主要是通過經濟上
的讓步換取蘇聯政治上的讓步。美國試圖通過與蘇聯的能源貿易迫使其
改變國內外政策，將能源貿易與限制戰略性武器、越南問題、人權問題、

猶太移民和蘇聯國內持不同政見者等問題聯繫起來。

　　一九七二年十月十八日《美蘇貿易協定》簽署，美國政府承諾要求國會批准給予蘇聯最惠國待遇地位，並規定美國進出口銀行定期向蘇聯提供貸款。一九七三年六月，美蘇第二次高峰峰會上，尼克森與布里茲涅夫簽署聯合公報，支持進一步和更長久的經濟合作，將西伯利亞天然氣運輸到美國作為一項特殊的工程來推進。

　　但由於蘇聯對猶太移民的限制，一九七三年十二月，美國國會通過《傑克遜—瓦尼克修正案》，修正案規定「美國總統不能給予共產黨國家或非市場經濟國家最惠國待遇，除非共產黨國家允許自由移民」。美國給予蘇聯在天然氣領域的最惠國待遇由此廢除。一九七四年，美國國會又制定《史蒂文森修正案》，「禁止進出口銀行資助美國企業在蘇聯進行任何能源開發活動」。

　　《傑克遜—瓦尼克修正案》與《史蒂文森修正案》嚴重阻礙了美蘇能源貿易的進程，但為保證美國能源安全，美蘇先後在莫斯科進行兩次談判。美國喪失了最惠國待遇和貸款的籌碼，在糧食和高新技術領域讓步。一九七四年，美蘇雙方簽訂了《美蘇石油貿易協定意向書》，規定蘇聯每年向美國出售高達 100 億噸的石油及其提煉產品。一九七五年，美蘇雙方簽訂《美蘇石油貿易協定（一九七六～一九八〇年）》。

　　缺乏最惠國待遇和美國進出口銀行的信貸支持，蘇聯的油氣開發進度放緩，美蘇能源貿易逐漸降溫。一九七九年再次爆發石油危機，美蘇之間出現擴大能源貿易的可能，但伴隨一九七九年蘇聯入侵阿富汗，美蘇能源貿易迅速縮減。

（三）二十世紀八〇年代美國操縱石油價格打擊蘇聯

　　雷根上台後，對蘇聯採取強硬的立場，進入「新冷戰」時期，對蘇聯實施周密策劃的經濟戰，即通過經濟手段來削弱敵對國家的經濟實力以便最終削弱該國的軍事潛力。鑑於蘇聯經濟處於停滯狀態，嚴重依賴

能源出口換取外匯以進口現代化建設所需的技術與設備，雷根政府利用能源遏制蘇聯，動搖蘇聯經濟的穩定。

一方面，雷根政府公開地對西伯利亞天然氣管道進行禁運。二十世紀七〇年代末，蘇聯與西歐國家開始就鋪設新的天然氣輸送幹線進行談判，美國對此一直反對。一九八一年，雷根政府對蘇聯進行經濟制裁，同時宣佈對蘇聯建設天然氣管道所急需的設備和技術實行禁運。一九八二年，美國決定根據《出口管制法》擴大制裁的範圍，將禁運範圍擴大到美國在海外的子公司和持有美國公司許可證生產的外國公司。一九八二年，西方國家與美國就制裁蘇聯達成共識，雙方同意終止履行各種貿易協定，特別是有關天然氣、石油技術的協定；不向蘇聯提供能使其經濟軍事化的優惠援助；不向莫斯科簽署任何新的天然氣協定；加強「巴黎統籌委員會」管制。

另一方面，雷根政府操縱國際市場油價暴跌來打擊蘇聯的能源出口。二十世紀八〇年代，沙烏地阿拉伯是影響國際油價的重要產油國，其產量佔石油輸出國家組織總產油量的 40%。[6] 由於美國以保障沙烏地阿拉伯安全和向其出售尖端武器為條件，沙烏地阿拉伯同意增加產量以降低國際油價。一九八五年八月沙烏地阿拉伯開始增加石油產量，供給迅速增加，導致石油價格大跌，如**圖 4–9** 所示。同時，美國還主動縮減本國需求和戰略儲備，打擊國際油價。此外，美國還要求其盟友西歐及日本做好準備，一旦油價上漲，即拋售戰略儲備石油以平抑油價。由於中東廉價石油的替代效應，蘇聯的天然氣出口大幅減少，嚴重打擊了蘇聯依靠能源貿易出口創匯的能力，疊加美元貶值，蘇聯外匯大幅縮水，嚴重衝擊其經濟。

6　陳興廣：《試論冷戰時期美國在能源領域對蘇聯的遏制政策》，上海師範大學博士學位論文，二〇〇七年。

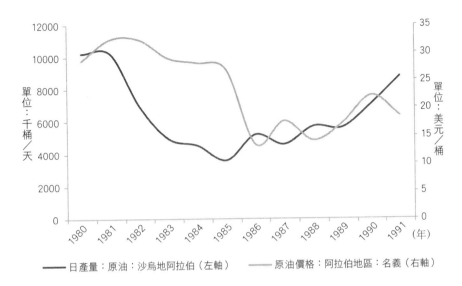

圖4-9　一九八○～一九九一年沙烏地阿拉伯原油日產量和原油價格

資料來源：Wind；恒大研究院。

第三節　啟示：蘇聯失敗的教訓，中美會走向「新冷戰」嗎？

一、蘇聯失敗的教訓對中國的啟示

1. 要有節奏、漸進地推進資本項下金融自由化等各項改革，而非毫無監管的一步到位，防止金融戰的打擊。美國在糧食、石油和高科技等領域聯合西歐、日本等盟友對蘇聯實行禁運等遏制政策，雖然抑制了蘇聯經濟發展，但是均不足以徹底打垮蘇聯經濟。蘇聯快速的市場化改革和美國發起的金融戰，才直接導致蘇聯經濟崩潰和蘇聯解體。金融開放是中國必須要走的道路，但是要有節奏、漸進地推動資本項下的開放，避免資本短期內大規模快進快出對經濟金融系統的衝擊。

2. 美蘇爭霸主要體現在軍事領域，但事實上是綜合國力的較量。蘇聯重工業過重的經濟結構和僵化的計劃經濟體制導致經濟下滑、民生凋敝。必須激發微觀主體活力，實現產業結構多樣化，確保農業糧食安全和石油等重要戰略物資安全。龐大的軍費開支需要強勁的經濟做後盾，蘇聯經濟總量不如美國，因此軍備競賽不斷削弱其綜合國力。蘇聯未能適時調整經濟結構，農業糧食安全依賴進口，豐富的石油資源本可以作為戰略武器，卻成為美國發起貿易戰攻擊的靶子。

3. 推進科技創新，掌握技術制高點，在貿易談判中掌握更多的主動權。美蘇貿易戰中基本都是美國掌握主動權，即使在蘇聯佔優勢的油氣能源貿易上，蘇聯也沒有獲得更多優勢。這是因為蘇聯油氣礦藏儲存位置較深，僅依靠蘇聯自身的技術設備開採難度大，開採成本高，需要借助美國的資金和技術援助。因此，中國要堅定不移推進科技創新，避免在技術上受制於人，從而可以利用自身優勢獲得更多談判籌碼。

4. 以國家利益而非意識形態處理國際關係。美蘇的經貿關係整體上服從於政治經濟形勢變化的需要，但是長期以意識形態劃分敵友，導致國際關係處理時的僵化和誤判。中國可與美國及其盟友日韓、歐盟構建自貿區。

二、中美短期內不會走向冷戰，但中美貿易摩擦具有長期性和日益嚴峻性

美蘇冷戰歷時 40 餘年，是第二次世界大戰後世界歷史發展的主要脈絡，雙方在政治、經濟、軍事等重要領域展開爭霸競賽，其間既有二十世紀七〇年代的緩和，也有古巴飛彈危機的劍拔弩張。由於雙方擁有「互相確保摧毀」（mutual assured destruction）的核能力，競爭始終沒有發展成直接對抗的熱戰，而是出現了幾次代理人戰爭（如越戰、阿富汗戰爭等）。此外，雙方的對抗採取了經濟制裁、軍備競賽、和平演變等方式。

最終，長期高強度的軍備競賽導致蘇聯工農業比例、輕重工業比例嚴重畸形，政府財政壓力巨大，高度集中的計劃經濟體制的低效和經濟結構的單一最終拖垮了蘇聯經濟。蘇聯解體後，俄羅斯經濟長期面臨困難局面，持續至今，二〇一八年俄羅斯 GDP 為 1.65 兆美元，佔全球 GDP 的比例僅 1.9%，只約相當於中國的廣東省。

　　冷戰是二十世紀美蘇兩個大國及其盟友之間的全面對抗。當下，中美的貿易摩擦到底會走向何方？是否會朝著冷戰的方向發展？中美短期內應該不會發生冷戰，但長期來看，美國仍有可能不斷升級對抗措施，從貿易到經濟金融等方面全面遏制中國崛起，對此中國應加以防範。中美短期內不會發生冷戰，主要原因如下：

　　一是中美經濟高度依賴和融合。冷戰開始時，美蘇的經貿合作水準很低，史達林提出「兩個平行市場」理論後，蘇聯和美國經濟分別在兩個不同的體系中獨立發展，二十世紀七〇年代美蘇貿易雖有增長，但絕對值仍然較低。美蘇較為獨立的經濟結構是其長期對抗的經濟基礎。然而，當前中美的經濟高度互相依賴，美國對中國的貿易保護主義行為必然會損害美國自身，也遭到國內部份利益集團的反對，中美兩國短期缺乏冷戰的經濟基礎。中國減少進口美國黃豆之後，美國農場主和農業公司首當其衝受到影響。

　　二是以美國為參照系，當前中國經濟的相對實力高於蘇聯。蘇聯長期實行計劃經濟體制，並且產業結構較為畸形，存在重工業過重、輕工業過輕、糧食長期匱乏的問題。人民生活水準長期較低。因此，美國得以利用蘇聯陷入阿富汗戰爭泥潭的契機，繼續對蘇聯實施制裁，打擊蘇聯經濟，並利用「星戰計劃」在軍事上對蘇聯持續威脅，最終拖垮蘇聯。中國當前的經濟與蘇聯明顯不同，一方面中國二〇一八年的 GDP 總量已相當於美國的 66%，中國在經濟總量與美國的相對實力優於蘇聯；另一方面中國建成了世界上規模最為龐大的製造業產業鏈，服務業在 GDP 中的比重逐年上升，新經濟和高科技產業的貢獻提高，中國擁有明顯優

於蘇聯的經濟結構。短期內，美國難以通過冷戰的方式拖垮中國經濟。

三是中美在意識形態領域的爭奪相對弱於美蘇。冷戰時期尖銳的意識形態對抗使得美蘇難以通過和平談判的方式解決爭端。冷戰時期，雙方除了不打核大戰的共識外，幾乎動員了全部國家力量進行對抗。二十世紀七〇年代的短暫緩和階段是因為美蘇尤其是美國面臨較為嚴峻的國內問題。近年來，儘管美國貿易談判代表萊特希澤、美國前首席戰略顧問班農等部份美國官員指責中國的發展模式，但整體而言，目前中美在意識形態上的鬥爭強度弱於美蘇冷戰時期。

與此同時，美國儘管短期內不會對中國發起冷戰，但新興崛起大國與守成大國之間的利益衝突是客觀存在的。中美的經濟競爭不會減弱，只會逐漸增強，歷史和文化的巨大差異可能會放大衝突，從而使得問題在長期更為複雜。

中美經濟競爭在長期可能進一步加劇。中國作為製造業大國，在當前世界經濟格局中，仍然和美國具有一定的互補性。然而，近年來中國在 5G、高端製造、新能源汽車等領域不斷發展，產業鏈逐步升級，在全球市場與美國公司的直接競爭也越來越激烈。同時，隨著中國勞動力成本的逐漸上升，部份製造業的產業鏈正逐步向東南亞、印度等地轉移。若這一趨勢持續，則中美經濟間合作成份將下降，而競爭成份將增加。美國有可能為保護其在高端產業鏈上的優勢地位而對中國採取更為強硬的制裁措施。

中美文化間的衝突與競爭可能會放大貿易摩擦。格雷厄姆・艾利森（Graham Allison）在《注定一戰：中美能避免修昔底德陷阱嗎？》（*Destined for War:Can America and China Escape Thucydides's Trap?*）中提到，近代以來新興大國與守成大國之間的對抗一共發生過 16 次，其中僅有 4 次免於戰爭，其餘 12 次都是以戰爭決出勝負。[7] 而這 4 次中，有

7　〔美〕格雷厄姆・艾利森：《注定一戰：中美能避免修昔底德陷阱嗎？》，陳定定、傅強譯，上海人民出版社二〇一九年版，第三二〇頁。

兩次並非全球領導權的爭奪，分別是十五世紀葡萄牙和西班牙為海上貿易主導權的爭奪，以及二十世紀九〇年代至今英法與德國對歐洲領導權的爭奪；另外兩次分別是二十世紀中期英國讓出世界領導權給美國，以及美蘇冷戰爭霸。其中，英美兩國的權力更迭較為平順，而美蘇則展開了曠日持久的鬥爭。英美對世界主導權平順更迭的原因之一，是英國和美國有相同的語言、文化，意識形態上較為相近。英國認為即使領導權更迭，英國也無須改變生活方式。但美蘇在文化和意識形態上存在明顯的對抗，一定程度上放大了政治和經濟間的分歧，使得美蘇冷戰的鬥爭意味較濃。因此，從歷史角度看，文化差異將對大國鬥爭的強度產生重要影響。

中美之間存在著較為明顯的文化差異。中美兩國由於歷史和現實條件的不同，在價值觀、對待政府的態度、對外政策等層面存在明顯差異。艾利森指出，長久以來的文化傳統表明，中國人認為國際秩序是自發形成的，中國並不尋求輸出自己的理念，而是堅信自身文化的優越性會使得其他人主動過來求之。在對待政府態度上，中國的歷史表明，當一個強大的中心（北京或南京）存在時，這個國家就是和平和繁榮的，反之，各省及下屬的縣市則容易陷入軍閥混戰。因此，中國將一個強有力的政府看作國內秩序的重要組成。[8]而對於美國而言，美國渴望一種國際法治，這種法治實質上是國內政治的放大版，同時美國認識到在國際政治的現實中，做「獅子」比做「羔羊」更好，因此美國試圖成為國際事務中的立法者、警察、法官來協調世界秩序。美國認為政府在最佳狀態下也僅是一種「必要的惡」（necessary evil），在最壞的情況下，更是一種無法忍受的惡。中美之間深刻的文化差異將導致中美處理結構性問題時面臨諸多不確定性，使得問題更加複雜。

8　〔美〕格雷厄姆・艾利森：《注定一戰：中美能避免修昔底德陷阱嗎？》，陳定定、傅強譯，上海人民出版社二〇一九年版，第二〇一頁。

　　整體來說，當前中美之間的分歧並不像美蘇冷戰時期不可調和。但要徹底解決，難度仍然很大。中美關係已經進入了新的階段，從合作為主轉向合作與競爭共存。因此，管控分歧，鬥而不破，同時加大力度推進改革開放，提高自身實力，才是中國最佳的戰略選擇。

第五章
美國兩黨及總統內閣成員
對華思想全景圖[*]

　　一九七九年中美正式建交至今，美國兩黨對華態度發生了重大變化：從對華友好的共識到產生分歧，再到對華戰略遏制的共識。美國兩黨及總統內閣成員對華態度是如何一步步走向強硬的？當前川普政府主要總統內閣成員的思想是什麼？本章旨在分析美國權力的主要架構，總結美國兩黨及總統內閣成員對華思想和立場，剖析美方態度轉變背後的關切點，洞悉美方的真正意圖。

＊本章作者：任澤平、羅志恆、賀晨、華炎雪。

第一節　美國權力的主要架構

一、總統、國會、最高法院：三權分立，相互制衡

美國《憲法》將權力一分為三，指出「所有立法權力皆由美國國會所有」、「行政權力由美國總統所有」、「司法權力由美國最高法院和一些可以由國會隨時下令設立的次級法院所有」，其實質為權力制衡，防止權力的集中與濫用。

美國國會作為國家最高立法機構，由參議院、眾議院構成，兩院相互制衡。美國《憲法》規定國會具有立法、代表選民發言、監督、公眾教育、調解衝突等職責，其中立法和代表權是最重要的兩個法定職責。在制定政策中國會擁有的權力主要體現在四個方面：徵稅與財政赤字、國防、建立法院系統以及規範聯邦政府。出於權力制衡的考慮，美國參議院、眾議院的職能不同。其中，眾議院主要享有提出並發起法案的權力，而參議院則可單獨行使「建議與同意權」，即批准或否決眾議院發起的各項提議。

美國總統除擔任國家元首和三軍統帥外，還享有行政決策權，負責執行國會通過的法案，任命包括總統內閣（President's Cabinet）在內的聯邦機構負責人等，總統內閣及相關部門輔助總統行使行政決策權。此外，總統可以否決任何獲國會通過的法案，如果被否決法案再次獲國會兩院三分之二票數通過，總統的否決權將會被推翻。

最高法院享有審判案件與裁定司法爭論的司法權，法官的政治思想信仰將影響其司法裁定。一七八九年，美國《憲法》第 3 條規定，最高法院是在其管轄範圍內對聯邦法律的最終解釋者。最高法院通常由一位首席大法官和八位大法官組成，法官均是由美國總統提名，並須在參議院投票通過後方可任命。一旦獲參議院確認任命，法官享有終身任期，他們的職位

將被保留直到去世、辭職或遭彈劾。由於每位法官在司法裁決時均享有一票投票權，因此法官本身政治思想信仰將影響其投票裁定。[1]

　　雖然美國長期奉行三權分立，但實際上各部門互相影響、滲透與制衡，如**圖 5–1** 所示，且在國會、總統及總統內閣、最高法院之間黨派政治鬥爭明顯。例如，美國最高法院大法官須由總統提名，經國會參議院通過任命，提名程序具有強烈的政治色彩。一般而言被提名人選主要符合總統黨派理念，一旦提名成功將影響美國未來幾十年內的司法裁定，因此國會參議院投票一般呈現共和黨、民主黨投票涇渭分明的情況。如二〇一八年十月川普提名大法官卡瓦諾（Brett Kavanaugh），因其為保守派法官，一旦通過參議院投票，將對未來幾十年美國司法在墮胎、同性戀、雙性戀和變性者權利、總統權力範圍以及宗教在社會中的作用等最

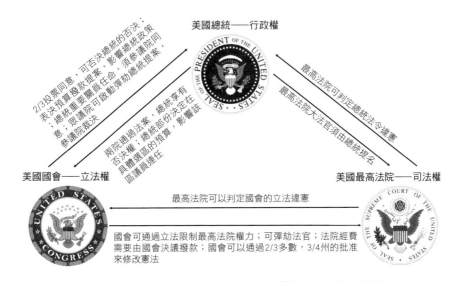

圖5–1　美國的立法、行政與司法三權分立，相互制衡

資料來源：恒大研究院。

---

[1] 美國白宮官網，見 https://www.whitehouse.gov/about-the-white-house/our-government/，訪問時間：二〇一九年四月二十三日。

具爭議的問題產生影響。因此最終投票結果為 50 對 48，其中參議院 51
名共和黨議員幾乎都投了贊成票，其中 1 人棄權（女性），1 人未參加投
票（因故未能參加投票）；49 名民主黨議員中幾乎都投了反對票，只有
1 人投贊成票（為尋求連任做出的政治妥協）。

二、美國行政部門組織架構

美國行政決策權主要集中於總統，國會對總統有一定限制權力，總
統內閣及同等級機構作為代表人執行總統指令或相關政策。當前直屬於
美國總統的重要行政機構主要分為三類：其一為內總統內閣，主要由美
國副總統和 15 個行政部門組成；其二為總統行政辦公室，獨立於機構，
是對美國總統貼身幕僚人員、直接向總統負責的各級助理人員及機關的
總稱；其三為特定職能獨立部門，直接受美國總統的指揮、管理與控制，
包括中央情報局（CIA）等。其中，總統內閣級別核心成員達 24 名，如
圖 5–2 所示。

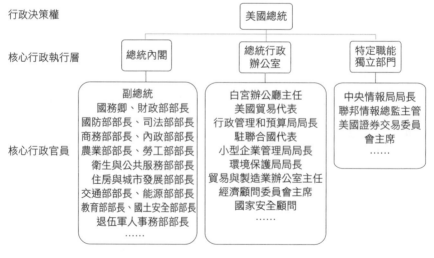

圖5–2　美國行政部門組織架構

資料來源：恒大研究院。

（一）總統內閣（President's Cabinet）

美國總統是美國聯邦政府行政分支的領導人和負責人，而總統內閣是總統的下屬輔助機構，沒有《憲法》上的獨立地位。總統內閣成員主要包括副總統、國務卿、財政部部長、國防部部長、司法部部長、商務部部長、國土安全部部長等。除副總統外，其餘 15 名總統內閣層級成員由總統提名，並須由國會參議院通過。值得注意的是，總統可隨意解除除副總統以外其他閣員的職務。

美國副總統由選舉產生，不擁有行政決策權，是美國總統的第一繼任人選。目前美國聯邦政府行政機關中，只有總統及副總統兩個職位由選舉產生，任期四年。與美國總統一樣，美國《憲法》對副總統任職要求有三：一是須年滿 35 歲；二是在美國居住 14 年以上；三是「出生時為合眾國公民」。儘管美國副總統行政職位僅次於總統，但其不擁有行政決策權，僅作為總統的代表人來行使相關權力。與「當選擔任總統職務不得超過兩次」的規定不同的是，美國《憲法》第 22 條修正案沒有限制副總統的連任次數。同時，根據美國《憲法》的第 1 條第 3 款第 4 節，副總統兼任「美國參議院議長」。此外，作為總統第一繼任人，當在任的美國總統出缺（於任內死亡、辭職或者遭到彈劾）時，副總統繼任，成為新一任的美國總統，歷史上共有九位副總統在任期繼任成為美國總統。如安德魯 · 詹森（Andrew Johnson）在林肯（Abraham Lincoln）總統遇刺後接任總統職務（一八六五年），杜魯門在羅斯福總統逝世後接任總統職務（一九四五年），福特（Gerald Rudolph Ford, Jr.）在尼克森總統辭職後接任總統職務（一九七四年）。

由於部門的重要性，國務卿、財政部部長、國防部部長和司法部部長通常被認為是總統內閣最重要的四位成員，對總統影響力、政策執行力產生重要影響。

其中，國務卿由總統提名，其政治權力及影響力僅次於總統。美國國務卿作為美國國務院的首長，主管美國外交事務，職能上對應中國外

交部部長，但在美國聯邦政府權力體系中，國務卿的政治權力和影響力大於副總統，僅次於總統。此外，國務卿排在副總統、眾議院議長、參議院臨時議長（副總統因故缺席時，由多數黨最資深議員擔任臨時議長）之後，作為總統第四繼任人選。

財政部部長是美國總統的主要經濟顧問，也是政府經濟和財政政策的關鍵制定者，主要負責編製聯邦收入預算，制定國內和國際金融、經濟和財政政策，管理公共債務，監督貨幣生產，徵收稅收以及管理聯邦政府所需的資金，監督財政部執法機關的執法行為等事務，並擔任美國政府的財務代理人，為總統第五繼任人選。

國防部部長主要負責軍事相關事務，是美國總統的主要國防政策顧問，並負責規劃與執行一般國防政策和與國防部相關的其他政策，為總統第六繼任人選。根據《一九四七年國家安全法案》（*National Security Act of 1947*），國防部部長必須是至少在七年內未加入任何現役武裝部隊的平民，但美國國會對此有豁免權，如二〇一七年吉姆・馬蒂斯（Jim Mattis）在獲川普提名後，獲得了參議院的豁免，使其成為第二位獲得該豁免，以退役未滿七年的身份出任美國國防部部長的退役將軍。

司法部部長被認為是美國總統的首席法律顧問，其職責是替美國總統處理法律事務及監督美國行政部門，為總統第七繼任人選。白宮官網列出司法部的主要職責為「依法執法，維護美國利益；確保公共安全免受國內外威脅；對有非法行為的人施加公正的懲罰」。

（二）總統行政辦公室（Executive Office of the President）

總統行政辦公室作為對總統負責的行政機構，是對美國總統貼身幕僚人員、直接向總統負責的各級助理人員及機關的總稱，主要包括白宮辦公廳、貿易代表辦公室、經濟顧問委員會、美國行政管理和預算局等部門，除部份總統內閣部長級職位（如美國行政管理和預算局局長、美國貿易代表），白宮辦公廳主任及核心工作人員的任命無須參議院同意，

由總統直接任命。目前總統行政辦公室統一由白宮辦公廳主任領導。

當前在對外事務方面對美國總統影響較大的辦公室行政人員主要包括白宮辦公廳主任、美國貿易代表、貿易與製造業辦公室主任，而在對內財政政策預算上為行政管理和預算局局長。

白宮辦公廳主任作為美國總統辦事機構的最高級別官員，屬於總統內閣級別官員，負責監督管理其下所有白宮幕僚的工作，安排總統的日程，安排總統會見活動，對總統的政策提供參謀意見，召集白宮辦公廳會議等。白宮辦公廳為服務總統個人的行政部門，一般由美國總統的競選班底組成，即為總統的密友和親信，對總統影響力較大。該機構任職人員由總統任命，無須參議院批准，因此不受國會的監督和約束。[2]

貿易與製造業辦公室主任是美國第 45 任總統唐納德・川普新成立機構的負責人，儘管其不作為總統內閣部長級官員，但對當前總統的影響相對較大，其主要職責是向總統提供貿易談判的策略和建議。貿易與製造業辦公室將協調其他美國政府部門，評估國防工業和製造業的能力，為失業的製造業工人提供就業機會。[3]

美國行政管理和預算局局長作為總統內閣部長級官員，協助總統協調、制定和管理財政預算，是美國總統維持對政府財政計劃控制的重要執行人。過去行政管理和預算局隸屬於財政部，但由於部門人員的擴張，一九三九年起其歸屬於總統成為直屬機關。當前除協助總統管理財政預算外，行政管理和預算局局長還須同政府各部和國會各委員會主席打交道並施加影響，推動財政預算的通過。值得注意的是，行政管理和預算

2　"The Executive Branch"，見 https://www.whitehouse.gov/about-the-white-house/the-executivebranch/，訪問時間：二〇一九年四月二十三日。

3　"Presidential Executive Order on Establishment of Office of Trade and Manufacturing Policy"，見 https://www.whitehouse.gov/presidential-actions/presidential-executive-order-establishmentoffice-trade-manufacturing-policy/，訪問時間：二〇一九年四月二十三日。

局與財政部的區別在於，前者負責編製聯邦支出預算，而後者負責編製
聯邦收入預算和執行工作。

第二節　美國貿易決策體制

　　美國《憲法》將制定貿易政策的權力在總統和國會之間分配，體現
權力分立的原則。一般而言，國會議員代表所在地區、部份利益集團的
利益，受選區選民壓力，且不負責具體執行，不直接承擔後果，傾向於
局部利益和保護主義。總統由於對外代表美利堅合眾國，面臨全國選民，
需要從政治、經濟和安全全局角度考慮國家利益，傾向於自由貿易及整
體福利的提高。但最終表現出的貿易政策傾向還與時代背景、領導者個
人性格及理念有關。

一、美國貿易決策體制的演變

　　根據國會和行政機構主導作用的變化可將美國貿易決策體制的演變
劃分為三個階段。
　　（1）第一階段為一七八九～一九三三年，國會主導對外經濟政策長
達 100 多年，長期的貿易保護主義政策意在通過徵收關稅保護國內的「幼
稚產業」。
　　（2）第二階段為一九三四年至二十世紀六七〇年代，美國進入以總
統為主導的「一九三四年體制」。貿易保護主義帶來經濟衰退的教訓使
美國貿易政策向自由主義轉變。《一九三四年互惠貿易法案》通過，國
會授權總統負責對外談判並且就調整關稅稅率簽訂貿易協議，可以自行
決定將關稅最大程度降低 50％而無須國會批准。
　　（3）第三階段為二十世紀七〇年代至今，美國恢復國會的主導地

位。歐洲和日本的崛起導致美國在七〇年代出現貿易逆差，且逆差規模
不斷擴大，衝擊美國農產品、紡織、鋼鐵、家電、汽車、半導體等行業，
美國開始利用關稅、進口限額、進口許可、匯率等多維手段打壓歐洲與
日本。同時，國會對白宮長期以來輕視產業利益感到不滿，貿易保護主
義抬頭。此時美國深陷越戰，尼克森總統因違憲遭到彈劾，國會重新確
立了自己在對外貿易政策中的地位。

　　當前美國對外貿易仍處於二十世紀七〇年代以來國會主導貿易決策
的階段，但是總統仍具有較大的決策權，二者相互制約（總統可否決國
會法案，國會可再否決，最終形成兩者的均衡）。

二、總統擁有的權力

　　（1）締結條約（所有條約必須經過參議院出席議員三分之二多數票
同意才能生效，但總統可以通過遊說利益集團獲得議員的支持）；
　　（2）締結行政協定（無須參議院批准直接生效）；
　　（3）立法否決權（國會超過三分之二多數表決能推翻總統的否決）；
　　（4）國會授予的貿易談判權等，如關稅談判權和貿易促進權。
　　關稅談判權授權總統在一定數量範圍內提高或降低關稅稅率，無須
國會批准。如美國貿易代表可認定貿易「不合理、不公平」，單方面發
起「301 調查」，建議總統加徵關稅等。
　　貿易促進權主要側重非關稅壁壘（政府採購、補貼、技術標準），
協議須經國會批准，但為制約國會無休止地辯論和修改協議，國會只能
在是否之間做選擇。需要說明的是，貿易促進權必須定期得到國會批准，
國會還有權取消這種權力。總統在貿易政策上有較大的權力，但更多來
自於授權和立法獲得。
　　當前，反全球化、民粹主義盛行，美國總統川普本身奉行貿易保護
主義，與國會及其背後的利益集團訴求相符，加劇貿易保護主義。但川

普在政治表現上的不確定性極度增加了國會的擔憂，比如川普不僅針對中國加徵關稅，而且計劃對 G7 傳統盟友的鋼鋁開徵關稅。

二〇一八年六月六日，多名參議員提出議案認為川普在濫用「232 調查」，要求總統獲國會批准後才能以國家安全為由對進口產品徵收關稅，意圖削弱川普的貿易政策權力。

三、國會擁有的權力

（1）貿易立法權，通過貿易立法調整總統與國會的權力分佈；

（2）批准國際條約的獨享權，總統簽訂的雙邊和多邊條約必須經過三分之二以上的參議員批准通過；

（3）人事任命的否決權，可以否決總統的人事任命；

（4）調查權和監督權；

（5）徵收關稅權；

（6）授權關稅談判等。

四、美國貿易代表署

美國貿易代表署將分散的貿易決策權集中，連接總統與國會，在貿易政策制定和執行上發揮重要的作用。美國貿易代表署地位特殊，一方面隸屬於總統，屬於行政機構，是總統的貿易顧問、談判代表和相關領域發言人，它在談判的過程中努力使財政部等行政部門參與；另一方面由國會設立並由國會通過聽證會的方式監督，向國會動態匯報談判進程，與主要利益機構打交道，同國會議員溝通。美國貿易代表署主要負責制定美國貿易政策、執行美國貿易出口政策，解決貿易爭端以及協調聯邦政府其他部門的貿易活動。[4]

---

[4] "Mission of the USTR"，見 https://ustr.gov/about-us/about-ustr，訪問時間：二〇一九年四月二十三日。

五、其他重要的部門

（1）美國國際貿易委員會（USITC），是介於行政和立法部門之間、進行獨立調查和監督的準司法機構，主要負責執行進口政策以及協同商務部處理反傾銷、反補貼案件。

（2）總統內閣：財政部主要考慮貿易政策對國內經濟的影響，掌握匯率等重要工具，對貿易政策制定有很大影響力。商務部在美國只是政策的具體執行部門，負責處理反傾銷、反補貼案件，管理進口配額，同外國政府協商自願出口限制和實行出口管制。農業部（USDA）、能源部（DOE）、勞工部等分別代表對應的產業和群體在貿易問題上爭取相關利益。美國商會、全國製造商協會、勞工聯合會—產業工會聯合會等利益集團通過廣泛的網絡和豐富的資源對國會和行政系統施加壓力，力圖影響貿易政策為自己謀利。

第三節　川普總統內閣主要成員及其思想

客觀瞭解美方訴求和政治主張，最好的辦法是研究當前川普總統內閣高層官員及與川普關係親密人士的主要政見，為未來的中美談判未雨綢繆。

一、川普頻繁調整總統內閣成員，逐步集聚鷹派官員

川普就任美國總統以來，頻繁更換閣員及白宮高級官員，提名並任命符合其主要政見的人員，試圖加強其對白宮及各部門的絕對領導。在近兩年時間內，與川普有重大政策分歧或不聽命於他的幕僚或部長，大部份都辭職或被替換。據統計，自二〇一七年一月川普就任總統至二〇

一九年一月，閣員、白宮高層離職人員已達 42 人，[5] 二○一七年以及二○一八年白宮高級官員變動率分別高達 34％和 31％，顯著高於歷任總統同期比例，其中奧巴馬、小布希、柯林頓任期第一年變動率分別為 9％、6％和 11％，如**圖 5-3** 所示。當前川普政府離職高級官員包括美國前國防部部長吉姆・馬蒂斯、前內政部部長賴安・津克（Ryan Keith Zinke）、前司法部部長傑夫・塞申斯（Jeff Sessions）、前國務卿雷克斯・蒂勒森（Rex W. Tillerson）、前駐聯合國代表妮基・黑莉（Nikki Haley）等，如**表 5-1** 所示。

具體來看，美國前國防部部長馬蒂斯因與川普政見不同而主動辭職。馬蒂斯強調國際合作、與盟友保持必要接觸，以穩健著稱，他試圖改善

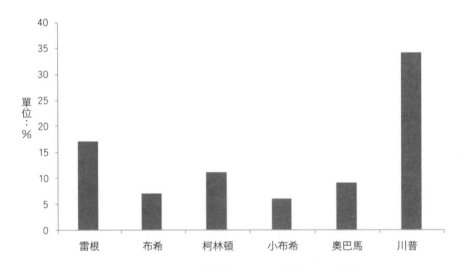

圖5-3　歷任總統就職第一年白宮高級官員變動率

資料來源：布魯金斯學會："Tracking turnover in the Trump administration"，見 https://www.brookings.edu/research/tracking-turnover-in-the-trump-administration/，訪問時間：二○一九年四月二十三日。

---

[5] Denise Lu, Karen Yourish, "The Turnover at the Top of the Trump Administration", *New York Times*, April 29, 2019.

表5-1　川普上任以來部份離職白宮高級官員（截至二○一九年三月）

職位	離職官員	現任官員	離職時間及原因
代理司法部部長	莎莉・耶茨	馬修・惠特克	二○一七年一月，因拒絕捍衛旅行禁令後被川普解僱
國家安全事務助理	邁克爾・弗林	約翰・波頓	二○一七年二月，弗林因被指在與俄國駐美國大使通話事件上誤導政府而被迫辭職
白宮辦公廳副主任	凱蒂・沃爾什	扎克里・富恩特斯	二○一七年三月，因派系內部爭鬥請辭
聯邦調查局局長	詹姆斯・科米	克里斯托弗・雷	二○一七年五月，因堅持調查「通俄門」案件被川普解僱
白宮辦公廳主任	賴因斯・普里伯斯	約翰・凱利（二○一八年年底離職）	二○一七年七月，因政見不同以及被排擠到川普內閣邊緣無法正常履職被迫辭職
白宮發言人	肖恩・斯派塞	莎拉・哈克比・桑德斯	二○一七年七月，因不滿新任白宮通訊聯絡主任而辭職
副國家戰略顧問	迪娜・鮑威爾		二○一七年十二月，因個人原因主動辭職
國務卿	雷克斯・蒂勒森	邁克・蓬佩奧	二○一八年三月，因政見不合被開除
聯邦調查局副局長	安德魯・麥凱布	大衛・鮑迪奇	二○一八年三月，因主張推進對川普的「通俄門」案件的調查，在即將退休前兩天被開除
副國務卿	史蒂夫・戈德斯坦	希瑟・諾爾特	二○一八年三月，因反駁白宮關於蒂勒森的解釋而被開除
退伍軍人事務部部長	大衛・舒爾金	羅伯特・威爾基	二○一八年三月，被川普開除
首席經濟顧問	加里・科恩	拉里・庫德洛	二○一八年七月，因反對川普政府關稅政策主動離職
司法部部長	傑夫・塞申斯	馬修・惠特克（代理）	二○一八年十一月，因主動迴避「通俄門」案件調查被迫辭職
白宮辦公廳主任	約翰・凱利	米克・馬爾瓦尼（代理）	二○一八年十二月，因與川普政見分歧而被辭退
內政部部長	賴安・津克	戴維・伯恩哈特（代理）	二○一八年十二月，因負面新聞纏身主動辭職
國防部部長	吉姆・馬蒂斯	帕特里克・沙納漢（代理）	二○一八年十二月，因與川普政見分歧主動辭職

資料來源：Denise Lu, Karen Yourish, "The Turnover at the Top of the Trump Administration", *New York Times*, Updated April 29，2019.

美與中、俄的關係，是川普政府內部「菁英派」主張的代言者。馬蒂斯與川普在多項政策問題上發生意見衝突，包括反對川普將美軍從敘利亞撤出，以及對待美國盟友的方式等，因此，他主動辭去國防部部長職位。

美國前司法部部長塞申斯因在「通俄門」案件調查中放任調查推進被辭退。塞申斯主動迴避了對二○一六年大選「通俄門」案件的監督，引發川普強烈不滿，多次抱怨前者沒有做好本職工作，並決定撤換塞申斯，任命塞申斯原來的辦公室主任馬修 · 惠特克（Matthew Whitaker）為代理司法部部長，而惠特克則在早期表示須對穆勒的「通俄門」案件調查加以限制，否則調查將變成「為了政治目的收集資訊」。穆勒（Robert Mueller）為特別調查官，曾在二○○一年至二○一三年擔任美國聯邦調查局（FBI）局長一職，被兩黨都視為美國最可靠的執法官員之一。

二、當前總統內閣成員主要觀點

經過川普頻繁更換白宮高級官員，當前與對外貿易及經濟直接相關的主要高層，如貿易代表、貿易與製造業辦公室主任、商務部部長以及首席經濟顧問等，均為鷹派，符合川普政治主張；而與內政、外交等相關的核心高層，如副總統、國務卿、國防部部長、司法部部長、白宮辦公廳主任等，也逐步轉化為強硬鷹派或聽命於川普。白宮內部理性主義和國際主義的聲音日益消退，代之以民粹主義，對華全面採取強硬態度。

（一）經貿領域核心官員主要觀點：全面鷹派

1. 羅伯特 · 萊特希澤（Robert Lighthizer）：美國貿易代表

萊特希澤是對華鷹派人物，主張在貿易上保持對中國的強硬姿態，認為中國是全球貿易體系最大的破壞者。他曾表示，中國政府利用大量補貼，向世界輸出過剩產能，搶佔全球市場份額，破壞全球貿易體系。他還認為，中國竊取美國技術機密，從而獲取不正當比較優勢，因此，

應當利用關稅等手段限制中國產品和投資進入美國市場。

萊特希澤在美國法律界和貿易界深耕多年，熟悉美國和國際貿易法律，憑藉對貿易史的深入理解和豐富實踐在川普團隊中有著較高的話語權。許多具體的貿易政策制定都與他有直接的關係，因此，應對其動向保持高度關注。

2. 彼得 ‧ 納瓦羅（Peter Navarro）：貿易與製造業辦公室主任（原國家貿易委員會主任）

納瓦羅是川普團隊中最強硬的鷹派人物之一，其強烈呼籲美國降低貿易赤字。他在匯率問題上持強硬立場，認為中國和德國均為匯率操縱國。他支持貿易保護主義，認為為了保護美國的製造業，應該設立高關稅，反對美國加入《北美自由貿易協定》（NAFTA）和《跨太平洋夥伴關係協定》（TPP）。

一直以來，納瓦羅在經濟上抱有較為強烈的反華立場。在其 2011 年出版的《致命中國》一書中，納瓦羅認為中國利用貿易補貼和匯率操縱，將產品傾銷到美國，中國製造業的低成本來自於盜取美國的知識產權、對環境的破壞以及對勞動者缺乏必要的保護等。

納瓦羅對中國的強硬立場迎合了川普的貿易保護主義思想，但他強硬的做派即使在川普團隊內部也時常引發爭議。納瓦羅和財政部部長姆努欽在許多政策問題上存在明顯分歧，一些分歧已經達到公開化的程度，這也使美國國內對納瓦羅在川普團隊中的作用產生懷疑。

3. 拉里 ‧ 庫德洛（Larry Kudlow）：白宮首席經濟顧問

庫德洛在對華態度上已由「鴿」轉「鷹」，在二〇一六年選舉期間，他曾批評川普的貿易政策，而在二〇一八年成為首席經濟顧問後態度轉「鷹」，儘管他支持自由貿易，但仍主張不應對華豁免鋼鋁關稅，同時認為「301 調查」的核心是科技問題，不能讓中國扼殺美國的未來。

同時，庫德洛在公開講話中指責中方存在不公平貿易行為，認為中方沒有誠意回覆美方談判要求，他表示「他們（中國）是不公平交易者，

是非法商人，盜取了我們的知識產權」，還暗示川普總統不會放棄關稅手段，美國與中方的爭端不僅僅在於貿易平衡，希望通過關稅來降低對華巨額貿易逆差，並迫使中國改變其不公平貿易行為，這包括盜竊知識產權、非關稅壁壘、普遍存在的非市場機制，以及大量政府補貼等。

4. 威爾伯 ‧ 羅斯（Wilbur Ross）：商務部部長

羅斯在貿易上也持保守主義的觀點，在接受消費者新聞與商業頻道（CNBC）的採訪時，他認為商務部部長的首要任務是降低美國的貿易逆差，對實行不公平貿易政策的國家予以反擊。但他也表示，自己並非反對全球貿易，他支持貿易，但只支持合理的貿易。

美國商務部在貿易決策體系中歷來只是政策執行部門，但羅斯治下的商務部在總統內閣中話語權有所加強。正是在商務部的建議下，川普政府決定於二〇一八年三月二十三日起對進口鋼鐵和鋁產品分別加徵25％、10％的關稅，成為本次中美貿易摩擦的導火線。

（二）內政及外交領域核心官員主要觀點：基本鷹派

1. 邁克 ‧ 彭斯（Mike Pence）：美國副總統

彭斯是當前美國總統內閣鷹派中的鷹派，他對華的批評不僅僅侷限於中美貿易層面，還進一步上升到了意識形態問題，其批評前幾屆美國政府忽視了中國的行動甚至「助長」了中國的行動，並明確表示「這樣的日子結束了」。

二〇一八年十一月十三日，在出席於新加坡舉辦的東盟峰會及接受外媒採訪時，彭斯表示中國要徹底改變自身行為。他主張中國除對兩國貿易逆差做出讓步外，還必須在包括保護知識產權、禁止技術轉移、取消限制進入中國市場、尊重國際規則及規範，以及保障在國際水域航行自由多項議題上做出實質性讓步。

2. 邁克 ‧ 蓬佩奧（Mike Pompeo）：國務卿

作為總統內閣中的二號人物，同樣是對華鷹派人物。在二〇一八年

三月接替蒂勒森成為國務卿之前，蓬佩奧曾多次在公開場合表示中國才是美國的真正威脅。與被解職的蒂勒森相比，蓬佩奧在觀點和風格上與川普更加相似。

蓬佩奧對華的批評態度不僅涵蓋貿易領域，其同樣將批評上升至軍事和政治領域。在二〇一八年年初接受英國廣播公司（BBC）的公開採訪時，蓬佩奧明確指出中國在對美國的滲透上遠大於俄羅斯，並且「中國經常嘗試盜取美國機構的商業機密」、「中長期看，中國有能力成為美國最大的對手，中國不斷加強的軍事實力旨在全球抵抗美國」。蓬佩奧對華的鷹派態度導致前期多次中美外交會晤分歧不斷，難以達成共識。

3. 史蒂芬 ‧ 姆努欽（Steven Mnuchin）：財政部部長

姆努欽是川普政府高層中少數偏鴿派官員之一，強調貿易互惠，希望同中國在內的世界各國保持良好的貿易關係。姆努欽曾公開表示，目前和中國並非貿易戰，而是貿易摩擦，美國採取措施的目的是為了讓美國獲得公平的貿易環境。

姆努欽在川普政府中扮演著重要的角色，他強調對話和磋商，希望能和各方在管控分歧的條件下，尋求美國利益的最大化。他是川普政府中的調和者，並努力推動中美會晤，每當川普做出令人驚訝的舉措時，姆努欽就會站出來緩和局勢，使事態不至於向著過度戲劇化的方向發展。

4. 帕特里克 ‧ 沙納漢（Patrick Shanahan）：代理國防部部長

馬蒂斯的代理接任者沙納漢並未繼承前任國防部部長理性淡化中美緊張關係、強調通過對話解決紛爭的主張。沙納漢是美國軍方對中國採取更強硬立場背後的推動力量之一，其參與了川普政府二〇一八年版《國防戰略報告》的編寫，突出渲染中國、俄羅斯等「大國」對美國的挑戰，並將這種挑戰置於恐怖主義之前。其上任後曾公開表示，要將重點放在國防戰略上，並將中國和俄羅斯視為戰略競爭對手。

5. 馬修 ‧ 惠特克（Matthew Whitaker）：代理司法部部長

惠特克在對外問題上暫未表現明顯傾向，但作為代理司法部部長，

其曾公開批評穆勒領導的涉俄調查，並已明確表示將不會迴避監督特別
檢察官穆勒對「通俄門」案件的調查。

惠特克干擾「通俄門」案件的調查手段主要包括拒絕配合穆勒提供相
關資料，妨礙穆勒對關鍵部門人物進行調查諮詢採訪，指派司法部負責職
業道德的官員對穆勒進行反向調查，削減穆勒的預算使其停止調查等。

6. 約翰 ‧ 波頓（John Bolton）：國家安全事務助理

波頓在外交問題上是鷹派中的鷹派，其在奧巴馬上任時期經常撰文
批判奧巴馬政府在外交上的「軟弱」，批判伊朗核協議，恢復與古巴邦
交以及在外交上對中國太過柔性。

第四節　美國政府及兩黨對華態度的轉變

研究美國兩黨對華態度轉變的重要文獻為兩黨總統候選人每四年在
競選總統時對外發佈的政綱，一般來講，這些政綱其綜合反映了兩黨主
流政治主張。

自一九七九年中美正式建交至今，中美關係可以二〇〇〇年、二
〇〇八年兩個時間點為界劃分為三個階段：合作共贏階段（一九七九～
二〇〇〇年）、競爭合作階段（二〇〇一～二〇〇八年）、全面遏制階
段（二〇〇八年至今），兩黨對華態度從對華友好的共識到分歧，再到
形成遏制中國的共識。其中，第一階段又可以一九八九年為界劃分為前
半段和後半段。本節以三階段劃分進行分析。

從兩黨對華態度看，有以下特點：（1）國家利益高於黨派利益和分
歧，兩黨對華態度整體上取決於中美關係和世界格局的變化。當國家戰
略需要對華友好，如一九七九～二〇〇〇年，兩黨可放下意識形態的衝
突。（2）兩黨對華態度從對華友好的共識走向分化，即共和黨對華強硬，
民主黨對華繼續保持接觸態度，再到二〇〇八年後兩黨重新達成遏制中

國的共識。但總體而言，共和黨對華更為強硬，民主黨相對溫和。（3）共和黨關注實際利益，屬於務實主義；民主黨關注意識形態，強調人權等。

一、互利互惠的合作共贏階段（一九七九～二〇〇〇年）：中美關係在波折中前進，兩黨對華接觸達成共識

　　二十世紀八〇年代是中美關係的「蜜月」期，由於八〇年代美蘇爭霸繼續，美國有動力與中國緩和關係，認為中國在遏制蘇聯擴張方面具有重要作用，民主黨與共和黨在中美合作發展方面達成共識。一九七九年一月一日，中美兩國正式建交。鄧小平訪美簽署了領事、貿易、科技和文化交流協議，兩國政府簽訂了為期三年的《中美貿易關係協定》，相互給予最惠國關稅待遇，中美貿易實現了正常化。

　　從兩黨態度來看，共和黨相對保守，希望審慎地與中國在互相尊重、互惠基礎上建立貿易合作，但對中國在哲學、政策、人權方面的主張並不認同，對中國民主改革的態度更為強硬。一九八〇年，共和黨政綱中強調「我們將努力創造條件，促進中美關係和平。我們將對我們自己的重大利益採取適當的謹慎和審慎態度，特別是在擴大貿易領域，包括轉讓具有潛在進攻性軍事用途的尖端技術。兩國之間的關係必須建立在相互尊重和互惠的基礎上，同時適當考慮到維護亞洲和平與穩定的必要性」。一九九二年後，共和黨更加重視中國開放自由市場，要求中國進行民主、自由化改革，並開始警惕美國激增的貿易逆差。此外，共和黨人從一九九六年開始關注美國貿易逆差，在政綱中提到：「一九九五年，我國的商品貿易逆差激增至 1750 億美元，並有可能在一九九六年創下歷史新高……僅在中國，赤字在過去三年半中翻了一倍多。」

　　民主黨相對開放和包容，他們認為與中國建立正常的外交和經濟關係是一項歷史性的外交政策成果。一九八〇年民主黨政綱中提出對中美關係未來發展的看法：「民主黨致力於擴大和深化與中國的關係，使我

們的人民和世界的和平與安全受益。我們將繼續尋求美國和中國可以合作的新領域，以支持共同利益。我們沒有也不會玩『中國牌』或其他危險遊戲；我們也不會允許我們與任何其他國家的關係阻礙我們繼續推進與中國關係正常化的努力。」

儘管二十世紀八〇年代末的政治風波給中美關係帶來危機，兩國雙邊貿易發展受到一定影響，但整體來看共和黨、民主黨均認為中國基於民主自由改革條件下的貿易開放將使雙方受益，他們認為中國在向市場經濟和國際貿易融合的過程中，將逐步走向西方的自由經濟和民主政治。柯林頓政府及當時美國主流的認知是：（1）中國加入WTO後，美國可獲得廣闊的中國市場，從而為美國公司和勞動者創造新的機會；（2）鼓勵中國建立更為透明的法律制度並遵守法律規則；（3）美國實際上並不需要為此做出讓步。美國決策者認為中國加入WTO後必須履行義務，因此中國將走向西方式的自由民主和市場經濟道路。典型代表如弗朗西斯・福山（Francis Fukuyama）就寫了一篇流傳甚廣的文章，題為《歷史的終結》。「西方自由主義可行的系統性替代品徹底告吹」，以及「歷史如此終結：那是人類意識形態進化的終點，是西方自由的全球化成為人類政府的最終形式」。比如，二〇〇一年十二月，湯姆・迪萊（Tom Delay，共和黨前眾議院議員）宣稱：「美國民主和資本主義的持續勝利有賴國際貿易的擴張，直至這一行動的好處惠及公民個人。」因此，兩黨對華態度與國家利益高度一致：對華全面接觸，拉攏中國對抗蘇聯以及期待中國走向自由民主的西方模式。

在這一階段，中美貿易額持續擴大，中國於二〇〇〇年上升為美國第四大進口貿易夥伴，中美雙邊貿易額達到1215億美元，中國對美貿易順差達到838億美元，首次超過日本成為美國貿易逆差第一大來源國。

二、競爭與合作並存的過渡階段（二〇〇一～二〇〇八年）：貿易合作領域更趨廣泛但摩擦增多，兩黨對華定位分化

　　二〇〇一～二〇〇八年，中美關係走向競爭與合作的時期，美國實施「接觸」與「遏制」並存的戰略，共和、民主兩黨對中國的定位出現分歧，分別表現出強硬與溫和的姿態。二〇〇一年「9‧11事件」發生後，美國政府謀求與中國的合作共同「反恐」。二〇〇一年十二月十一日，中國正式加入WTO，中美貿易關係納入到WTO多邊貿易體制框架之內。該階段，小布希政府一方面以「接觸」手段拉攏中國，允許中國入世初期在過渡期內逐步開放市場；另一方面要求中國履行入世承諾。兩國貿易合作領域更趨廣泛。二〇〇八年，中美雙邊貿易額達到4075億美元，美國對華貿易逆差達到2680億美元，佔美國全部貨物貿易逆差的32.2%。但是，伴隨中國的崛起，中美貿易摩擦與日俱增，美國對華反傾銷、反補貼案件明顯增加，不斷施壓人民幣匯率升值，並以此為契機推動中國金融業對外開放。

　　共和黨對華定位發生變化，對華態度為強硬與拉攏交織。共和黨肯定了中美在反恐戰爭和促進朝鮮半島穩定方面的合作，但認為中國是美國的戰略競爭對手。共和黨在二〇〇〇年的政綱中指出：「中國是美國的戰略競爭對手，而非戰略合作夥伴。我們將毫無惡意地與中國打交道，一個新的共和黨政府將理解中國的重要性，但不會將中國置於其亞洲政策的中心。」但二〇〇四年的政綱提出：「美國與中國的關係是我們促進亞太地區穩定、和平、繁榮戰略的重要組成部份。」

　　民主黨主張繼續與中國接觸，認為中美關係惡化會損害美國國家安全利益，更關注中國在履行入世承諾、匯率及市場准入方面的進展。

　　如二〇〇四年民主黨政綱中提到：「執政後將立即調查中國濫用勞工權利問題以及操控人民幣問題」並「打開一些重要出口市場的貿易壁壘，如中國的高科技產品市場」。二〇〇八年民主黨政綱提到：「我

們將鼓勵中國擔負起作為一個不斷增長的大國的責任，幫助領導解決二十一世紀的共同問題。」

三、漸行漸近的戰略遏制階段（二〇〇八年至今）：中美關係重新定義，美國兩黨對遏制中國重新達成共識

二〇〇八年，美國經濟遭受經濟危機沉重打擊，二〇〇八～二〇〇九年經濟均呈負增長，失業率居高不下，經濟形勢惡化、貧富分化導致反全球化、民粹主義和貿易保護主義抬頭。與此同時，中國在二〇一〇年超越日本成為世界第二大經濟體，如**圖5–4**所示。中美貿易順差不斷擴大，美對華貿易逆差佔美國全部貨物貿易逆差的比重超過日本在二十世紀八〇年代的比重，對美國經濟霸主地位構成衝擊。在此背景下，美國於二〇一〇年、二〇一二年先後提出「重返亞太」、「亞太再平衡」戰略，主導建立《跨太平洋夥伴關係協定》以孤立中國等，二〇一二年，

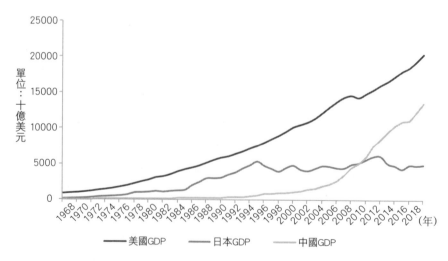

圖5–4　一九六八～二〇一八年中、美、日GDP規模

資料來源：Wind；恒大研究院。

南海問題衝突加劇，中國設立三沙市，二〇一三年中國提出「一帶一路」倡議。二〇一八年美國《國防戰略報告》首次將中國定位為「戰略性競爭對手」。美國朝野及兩黨對華態度從分歧再次走向共識，即遏制中國。

伴隨中國實力的提升，二〇〇八年至今，共和黨對中國態度更加強硬，尤其表現在中美貿易方面，對中國提出加強開放、提高法治及知識產權保護、取消補貼和廢除進口限制等要求，同時指責中國通過操縱匯率獲取不公平貿易收益，並在二〇一六年上升到了意識形態方面。二〇〇八年，共和黨政綱提出：「我們必須確保中國履行其 WTO 義務，特別是與保護知識產權、取消補貼和廢除進口限制有關的義務。中國完全融入全球經濟要求它採取靈活的貨幣匯率，允許資本自由流動。中國的經濟增長帶來了改善環境的責任，無論是為了自己的人民還是為了國際社會。」二〇一二年，其再次提出：「中國通過操縱其貨幣，將美國產品排除在政府採購之外，補貼中國公司，從而促進經濟。」「如果中國不修改其貨幣政策，共和黨將堅持與中國的貿易完全平等，並隨時準備徵收反補貼稅，假冒商品將被積極地排除在國外，並鼓勵受害的私營公司在美國法院和 WTO 提出索賠。對侵佔美國技術和知識產權的外國公司採取懲罰措施。在中國遵守 WTO 政府採購協議之前，美國政府將停止採購中國的商品和服務。」到二〇一六年，共和黨對中國的態度更加負面，共和黨政綱中大篇幅描述中國網路偷竊等問題，提出對華要更加強硬、將中國認定為匯率操縱國。根據皮尤研究中心（Pew Research Center）的調查，共和黨相較民主黨在對華經貿問題上表現出更大擔憂；且整體上共和黨對中國的負面評價高於民主黨，尤其在二〇一一年後共和黨對中國的負面評價迅速攀升，二〇一六年負面評價在黨內佔比達到 63％，如圖 5–5 和圖 5–6 所示。

民主黨經歷了由溫和向強硬轉變的過程。奧巴馬執政初期（二〇〇九～二〇一二年），民主黨逐漸注意到貿易公平問題，但對中國態度仍然溫和，更希望與中國在全球問題上有效合作。但是到奧巴馬執政後期，

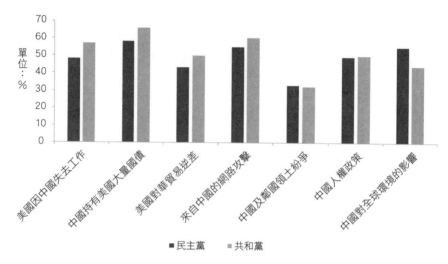

圖5-5　二〇一六年美國兩黨對華關注問題

資料來源：Richard Wike, Kat Devlin, "As Trade Tensions Rise, Fewer Americans See China Favorably"，二〇一八年八月二十八日，見 https://www.pewglobal. org/2018/08/28/as-tradetensions-rise-fewer-americans-see-china-favorably/，訪問時間：二〇一九年四月二十三日。

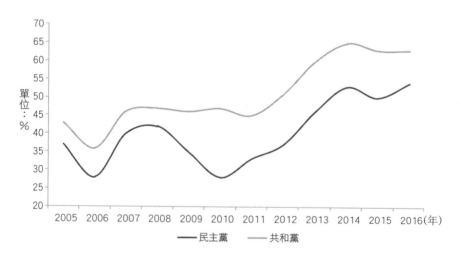

圖5-6　二〇〇五～二〇一六年美國兩黨對中國的負面評價在黨內佔比

資料來源：Richard Wike, Kat Devlin, "As Trade Tensions Rise, Fewer Americans See China Favorably"，二〇一八年八月二十八日，見 https://www.pewglobal. org/2018/08/28/as-tradetensions-rise-fewer-americans-see-china-favorably/，訪問時間：二〇一九年四月二十三日。

民主黨對中國的態度逐漸發生了變化，除去此前關注中國民主問題外，他們提出追究中國匯率操縱、不公平貿易行為的責任，並強硬表示將對中國不公平貿易做法採取措施。二〇〇八年民主黨政綱中寫道：「我們將鼓勵中國擔負作為一個不斷增長的大國的責任，幫助領導解決二十一世紀的共同問題。」然而到二〇一二年，政綱對中國態度已開始微妙轉變，「總統已向中國政府明確表示，需要採取措施升值其貨幣，以便美國在公平的環境中競爭。總統致力於繼續打擊不利於美國生產者和工人的不公平貿易行為，包括非法補貼以及濫用環境標準」。但其同時也提到，將繼續尋求同中國合作的機會。然而在二〇一六年民主黨政綱中，其對華態度已整體偏鷹派，指出：「中國扭曲的競爭環境使美國工人和企業處於不利地位。當他們進入我們的市場傾銷廉價產品，補貼國有企業，貶值貨幣，並歧視美國公司時，我們的中產階層付出了代價，這必須停止」，「敦促中國遵守規則。我們將在不公平貿易做法、匯率操縱、盜版和網路攻擊方面站出來與北京作鬥爭」。整體上自中美關係正常化以來，歷屆美國總統對華貿易政策如**表 5–2** 所示。

表5–2　中美關係正常化以來美國歷屆總統對華貿易政策

美國歷屆總統	對華態度及貿易政策
理查德・尼克森 （1969～1974年）	促進美中兩國外交關係正常化，緩和對華貿易管制政策，簽訂《中美上海聯合公報》，美中直接貿易關係開始確立
傑拉爾德・福特 （1974～1977年）	促進美中兩國外交關係正常化，緩和對華貿易管制政策，簽訂《中美上海聯合公報》，美中直接貿易關係開始確立
吉米・卡特 （1977～1981年）	將美中關係正常化作為主要目標，並最終推動美中正式建交
羅納德・雷根 （1981～1989年）	新保守主義，務實態度主導對華政策，簽訂了紡織品貿易協定、海運協定以及關於衛星發射的備忘錄，促進美中貿易關係發展
喬治・H・W・布希 （1989～1993年）	貿易保護主義，對中國採取全面制裁措施，轉向限制、制裁，甚至報復

（續）表5–2　中美關係正常化以來美國歷屆總統對華貿易政策

美國歷屆總統	對華態度及貿易政策
比爾・柯林頓 （1993～2001年）	上台初期，提出以促進貿易為名、行貿易保護主義之實的「公平貿易」對華政策，呈現出強烈的意識形態色彩，雙邊貿易關係迅速惡化。一九九四年後，對華態度逐漸緩和，「全面接觸政策」貫徹實施，堅持同中國保持正常貿易關係
喬治・W・布希 （2001～2009年）	「接觸」與「遏制」並存，「9·11事件」之後，開始以「接觸」為主要手段拉攏中國，積極支持中國加入WTO，並在中國入世初期允許中國在過渡期內逐步開放國內市場。對華貿易政策重心發生了轉移，將對中國的要求從敦促中國遵守貿易規則轉變為監督中國履行入世承諾，並要求中國進一步擴大市場
貝拉克・奧巴馬 （2009～2017年）	初期非常重視美中貿易關係，其貿易政策和意識形態都具有自由貿易和實用主義兼容的特點，以「穩健、理性和務實」為主。全球金融危機的爆發迫使奧巴馬政府在對華貿易方面採取進一步的保護主義措施
唐納德・川普 （2017年至今）	美國優先，對華強硬，扭轉對華貿易逆差，挑起貿易摩擦，遏制中國崛起

資料來源：恒大研究院。

第五節　美國對華態度轉變背後的關切點

　　萊特希澤、納瓦羅、班農的講話材料，美國貿易代表署的文件以及《川普自傳》等大量一手材料表明，美國國內對中美貿易問題的關注由來已久。萊特希澤二〇一〇年的國會證詞和納瓦羅在二〇一一年出版的《致命中國》（*Death by China: Confronting the Dragon – A Global Call to Action*）都表達了對中美貿易現狀的不滿（作者註：下文引用的相關觀點和數據均來自美方文件，不代表本書觀點）。美方的主要關切有：

　　（1）美國對華貿易逆差過大，認為這衝擊美國國內就業和金融穩定。

　　（2）美方認為中國未能履行加入 WTO 時的承諾，長期侵犯美國企業知識產權。

（3）美方認為中國實施多項產業政策對美國經濟產生了致命影響。例如對部份戰略性行業的政府補貼、部份資源品（稀土）的出口限制等扭曲國際貿易環境。

（4）中國並沒有按照美國設想的那樣走向西方式的民主道路。隨著中國經濟及高科技產業的不斷發展，美方認為中國對美國已經構成威脅，因此必須加以遏制。

一、美國認為對華貿易逆差巨大，衝擊美國就業和製造業

美國貿易談判代表萊特希澤於二〇一〇年向國會作證時曾表示，美國與中國建立永久性正常貿易關係時最主要的原因之一是認為與中國正常的貿易關係將會使中國市場向美國開放，從而增大美國商品和服務的市場，為美國創造更多就業機會。然而，隨著中美貿易順差的不斷增長，美國逐漸認為，中美貿易沒能帶來互惠關係，而是中國單方面受益，美國的利益受到了損害。

美國認為中國加入 WTO 後，美國對華的貿易赤字不斷增長。美國相關行業的就業數量大幅減少，中部地區形成了製造業衰落、失業率上升、地方財政崩潰的「鏽帶」，美國社會產生失落感。

從就業的角度看，美國認為美對華貿易赤字導致其製造業受到了嚴重的衝擊，就業大幅下滑，如圖 5–7 所示。美國經濟政策研究所（Economic Policy Institute）的數據顯示，二〇〇一年至二〇一五年，美國對中國的貿易赤字導致美國失去了 340 萬份工作，其中 75％ 屬於製造業。電腦和其他電子產品製造受到的衝擊最為明顯，二〇〇一年至二〇一五年，美國共失去了 123.8 萬份相關產業的工作，遍及美國西部、中西部和北部的多個州。

同時，美國認為由於中國的勞動力成本相對較低，因此美國在與中國等開發中國家競爭時，不得不降低勞動者的薪資水準，使得美國勞動

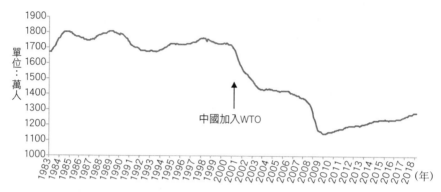

圖5-7　一九八三～二〇一八年美國製造業就業人數

資料來源：Wind；恒大研究院。

者的福利受到損害。據美國估計，上述問題的影響範圍大約達到 1 億名
生產工人——大約佔私營部門勞動力的 70％。[6]

　　白宮貿易與製造業辦公室主任納瓦羅在失業問題上觀點更為激進。
納瓦羅認為中美貿易使美國的製造業工作大量流失，削弱美國的國家競爭
力。他認為，之所以會形成這種局面，是因為中國採取了出口補貼、匯率
操縱、侵犯知識產權、降低勞動者必要的生產保護等一系列違反公平貿易
等 WTO 貿易規則的行為，這對美國的製造業造成了非常嚴重的損害。

　　從金融的角度看，美國認為貿易赤字是導致二〇〇八年金融危機的
重要原因之一。由於美國對華的巨額貿易赤字使中國的外匯儲備大幅增
加，中國購買美國國債使其價格上漲，從而導致美國國債收益率低於應
有水準。長期利率降低使得美國家庭消費水準提升，並拉大了儲蓄和投
資之間的差距。而且，因為外國儲蓄主要通過政府（或央行）流向國債
等安全資產，私人投資者為了尋求高回報便轉向別處。這刺激了金融工

6　Robert E. Scott, Zane Mokhiber, "The China Toll Deepens", Washington: Economic
　Policy Institute, 2018.

程師開發新的金融產品，比如抵押債務，從而增加了整個金融體系的風險水準。

　　因此，美國在二〇一八年五月三～四日談判的要價清單中，將削減貿易逆差作為首要談判目標，希望中方在兩年內降低貿易逆差 2000 億美元。

二、美國指責中國侵犯美國企業知識產權

（一）美國認為中國通過不正當方式獲取美國公司的技術轉讓

　　美國認為，中國加入 WTO 之後，未能履行在知識產權保護和執法方面的承諾。目前在相關領域的一些做法導致美國企業的技術被強制轉讓給中國，傷害了美國企業的知識產權。

　　（1）美國認為中國政府通過外資持股比例限制，包括正式或非正式的合資要求，以及其他形式的外資投資限制，迫使美國企業向中國進行技術轉讓。

　　（2）美國認為中國政府利用其審批程序迫使美國企業對中國企業進行技術轉讓。美國企業抱怨來華拓展業務需要經歷多項審批程序，而其中部份規則賦予執行部門自由裁量權，使他們可以通過控制審批達到強迫美國企業進行技術轉讓的目的。

　　美國政府表示，除企業的成立申請之外，中國的部份其他程序如安全評估、環境評估、節能評估等，也會損害美國企業知識產權利益。

　　例如環境評估中要求美國企業公佈預計成本和收入、預計產量和產品設備、能源消耗等資訊，披露它們可能導致商業祕密洩露。

（二）美國認為中國的其他侵犯知識產權的行為

　　包括惡意商標註冊、網路盜版、仿冒品、竊取商業機密。

（三）美國認為中國對知識產權法律的執法不力

萊特希澤曾表示，在與中國的貿易接觸中，美國和中國就知識產權保護達成過一些協議。他認為中國對保護知識產權相關協議和法律的執行存在很大問題，導致對知識產權的侵犯問題沒能得到遏制。

三、美國認為中國實施大量產業政策，侵犯美國相關領域的利益

（一）「中國製造2025」

美國政府表示中國在多個領域實施產業政策，對中國企業提供政府引導、資源和監管支持，限制國外製造商和外國服務供應商的市場准入。其中最引人關注的是中國政府提出的「中國製造2025」計劃。

「雖然『中國製造2025』表面上只是為了通過更先進和靈活的製造技術來提高工業生產力，但它象徵著中國對『自主創新』採取不斷發展和日漸成熟的做法，這一點在許多配套和相關的產業規劃中得到了體現。他們一致且壓倒一切的目標是，通過一切可能的手段，在中國市場上用中國的技術、產品和服務取代外國的技術、產品和服務，以便為中國公司主導國際市場做好準備。」

美國表示，中國採取多種違反 WTO 貿易規則的手段支持「中國製造2025」的相關行業，包括：（1）國有企業和國有銀行對相關的國內技術研發、海外併購的大力支持和快速推進。（2）中國成立大量相關產業基金支持相關行業的發展，例如國家新興產業創業投資引導基金、先進製造產業投資基金、「中國製造2025」戰略合作協議等。（3）中國政府通過在資金和政策方面的支持，幫助部份與政府有密切聯繫的民營企業發展相關產業。

美國認為，「中國製造2025」是中國在高科技領域超越美國的一個

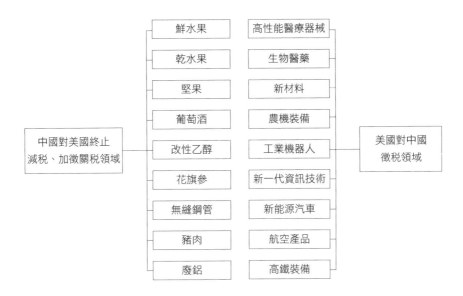

圖5-8　二〇一八年四月中國和美國加徵關稅涉及的相關領域

資料來源：恒大研究院。

十分具體而大膽的行動計劃，對美國的核心優勢形成了重大挑戰，因而對此非常顧慮和忌憚。美國二〇一八年四月四日公佈的對華加徵關稅的目錄主要針對「中國製造 2025」領域，如**圖 5-8** 所示。

（二）出口補貼與出口限制

美國認為，中國對一些出口商品實施補貼，使大量商品以較低的價格進入美國，其中部份補貼被 WTO 禁止，這些補貼對美國的製造業造成了傷害，使得美國製造業的工作被轉移到中國。二〇一七年四月，中國向 WTO 提交首份地方政府補貼通報。但美國向 WTO 提出質疑，指責中國提交的地方政府補貼通報不完整，遺漏如鋼鐵、鋁和漁業等地方補貼內容。

（三）過剩產能

美國表示，中國的國有經濟主導模式導致近年來中國多個行業均出現了明顯的產能過剩情況。

四、貿易問題是中國系統性問題的一部份

（一）中國的貿易政策體系與美國的設想差異巨大

中國在加入 WTO 時，美國曾認為將中國納入由美國主導的世界貿易體系將使得中國變得日益西方化。但美國逐漸意識到，中國並沒有按照美國設想的那樣走向西方式的市場經濟和民主道路，反而沿著自己的道路越走越遠，這與美國的設想差異巨大。美國始終不承認中國市場經濟地位，認為中國是國家主導經濟，要求中國改變現有體制的呼聲從未停止。美國認為，中美貿易之間的摩擦並不僅僅是經濟上的原因，而是有著深層次的體制性和文化層面的原因。

萊特希澤在分析這一問題時表示，中國的歷史環境與政治傳統與美國大不相同，中國的管理，尤其在地方層面，一直是以政府為主體。政府和行政機構享有極高的權威，而個人和社會不具有知悉政府決策並質疑這些決策的權利。因此，讓中國在這種體制下與美國主導的 WTO 的規則體系完全對接，勢必困難重重。本質上講，認為中國加入 WTO 之後會遵守所有規定其實是將中國想像成了另一個加拿大，而這是非常錯誤的。

萊特希澤認為，中國在多年的發展中，形成了一套獨特的模式，這套模式可以被稱為「國家資本主義」，並進一步演化成為貿易上的重商主義。例如，在汽車、化工、建築、資訊、設備製造、鋼鐵、有色金屬等領域，特殊的大型國有企業擁有大量現金，也可以輕易從國有銀行獲得借款，來執行海外併購及「走向全球」的政府指令。

（二）美國認為中國崛起對美國構成威脅，美國必須加以遏制

美國越來越傾向於認為，中國的崛起是對美國世界霸權地位的挑戰，必須加以遏制。二〇一七年十二月十七日，美國前首席戰略顧問班農在日本的演講中清晰地傳達了川普政府的理念以及對中國的態度。他表示，近年來全球民粹主義的興起發生在一個獨特的全球階段，就是中國的崛起。英國脫歐和川普當選都是這個背景下的產物。美國的菁英們長期錯誤地期望中國會成為自由市場經濟，而今看到的卻是儒家重商主義模式。

班農認為，過去十年，中國出口過剩使得英國中部和美國中西部的工業地區被掏空。美國的勞動階層和底層人民的生活在過去幾十年出現倒退。

班農表示，川普政府的中心目標是重振美國，其中的重要策略是對中國的匯率操縱、貿易不公平加以反制。因此美國實施「301調查」，就是研究中國政府是如何強制要求以技術換市場，美國應當如何糾正這一行為；運用232條款，在鋼鐵和其他可能領域限制中國公司進入美國市場。

第六章
中美歷次貿易摩擦及
貿易失衡的根源[*]

　　改革開放 40 年來，時代變遷，滄海桑田，中美經貿關係風起雲湧，經歷了從破冰到合作再到遏制、從貿易自由化到貿易保護主義的歷史巨變。美國多次對華主動挑起貿易摩擦，發起知識產權爭端、市場准入爭端、反傾銷反補貼調查，利用中國市場經濟地位問題牽制中國，對華出口管制，指責人民幣匯率被低估，中國化壓力為動力，走向更加開放。

　　當前，民粹主義、貿易保護主義、重商主義沉渣泛起，事關兩國乃至全球人民福祉。中美貿易摩擦的直接原因是中美巨額貿易順差，川普政府試圖通過升級貿易摩擦、加徵關稅的方式打開中國市場、減少中國出口、「讓美國再強大」，但造成中美貿易失衡的七大深層次原因具有長期性和根本性。不改變根本原因，即使單方面減少對華貿易逆差，美國的對外貿易逆差仍會持續，只不過逆差從中國轉移至印度或越南等。就像二十世紀八〇年代美日貿易戰，雖然美國對日貿易逆差減少，但美國貿易失衡問題卻沒有解決，而是轉移到了中國和德國。

　　從全球歷次貿易戰看，英荷、英德、美歐、美日之間均存在長期的貿易失衡問題，中美貿易失衡並非特有現象。從歷史看，貿易戰不僅未能解決問題，如果管理不當，反而存在升級到金融戰、經濟戰、地緣戰、

＊本章作者：任澤平、羅志恆、趙寧。

軍事戰的風險。要深刻認識到當前中美貿易摩擦不同於以往，具有長期性和嚴峻性。對此，中國最好的應對是以更大決心更大勇氣推動新一輪改革開放，堅定不移。讓我們點亮燭光，以更加開放開明的態度造福兩國人民，造福全球。

　　本章回顧中美歷次貿易摩擦的背景、原因及應對措施，分析中美貿易摩擦背後貿易失衡的根源，探尋根本解決之道。

第一節　中美歷次貿易摩擦回顧與總結

一、中美歷次貿易摩擦回顧

中美歷次貿易摩擦主要是美國主動挑起，如**圖 6-1** 所示，集中在五個方面：

（1）美國利用國內法單邊對華發動貿易制裁，主要有「201 條款」、「301 條款」、「特殊 301 條款」、「232 條款」及「337 條款」，主要涉及知識產權、市場准入、清潔能源補貼等問題，受美國單邊制裁的國家可以向 WTO 提起申訴和磋商；

（2）二〇〇三年以來就匯率問題施壓人民幣升值，威脅將中國認定為匯率操縱國，目的在於打開中國金融市場；

（3）對中國實施嚴格的高科技出口管制；

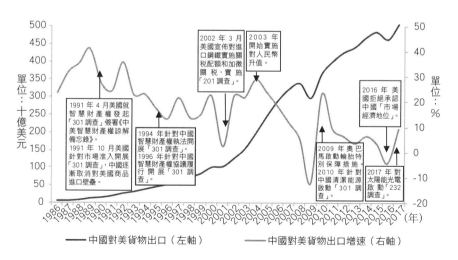

圖6-1　中美歷史上部份大型貿易摩擦

資料來源：Wind；恒大研究院。

（4）通過 WTO 的三大救濟措施，對華發起反傾銷、反補貼和特別保障措施的調查，主要涉及紡織服裝、鋼鐵、玩具和汽車等領域；

（5）反覆利用中國入世協議中「非市場經濟地位」和「特別保障」問題牽制中國。

其中，「201 條款」是指根據美國《一九七四年貿易法》201 ～ 204 節，美國國際貿易委員會有權對進口產品是否衝擊到國內產業做出裁定。「301 條款」是指根據美國《一九七四年貿易法》第 301 條以及《一九八八年綜合貿易與競爭法》第 301 條，美國貿易代表可對他國的「不合理或不公正貿易做法」發起調查，並可在調查結束後，建議美國總統實施單邊制裁，包括撤銷貿易優惠、徵收報復性關稅等，其中，「301 條款」包含「一般 301 條款」、「超級 301 條款」（*Super 301*）和「特殊 301 條款」（*Special 301*），「特殊 301 條款」主要應用在知識產權領域。「232 條款」是指根據《一九六二年貿易擴展法》（*Trade Expansion Act of 1962*）針對特定產品進口是否威脅美國國家安全進行調查的條款，美國商務部立案 270 天內向總統提交報告，總統在 90 天內做出是否對相關產品進口採取最終措施的決定。「337 條款」是指美國國際貿易委員會有權對貨物進口過程中可能存在的不公平行為進行調查，如果調查成立，對相關產品採取措施，以減輕對美國相關產業的損害。

（一）以知識產權問題為核心的「301調查」、「337調查」、「201調查」和「232調查」

知識產權行業是美國的優勢行業，相較於貨物貿易巨大逆差，知識產權貿易是其外貿盈餘的主要來源，直接影響美國的經濟利益，所以美國對知識產權的保護尤其重視。二〇一七年美國知識產權出口 1284 億美元（對華 88 億美元，佔比僅 6.9％），進口 513 億美元，順差 771 億美元，其中對華知識產權順差為 78 億美元，佔比 10.1％。中國改革開放初期知識產權法律體系不健全，執法力度不足，導致中美知識產權領域貿易摩擦不斷。

美國對華知識產權紛爭主要動用兩個條款，即「特殊 301 條款」和「337 條款」。「特殊 301 條款」和「337 條款」的區別如**表 6–1** 所示。

1. 首次交鋒：一九八八年十一月，中美就《中美科技合作協定》（*Agreement between the Government of the United States of America and the Government of the People's Republic of China on Cooperation in Science and Technology*）知識產權附件進行談判。

一九八八年十一月，雙方進行第一輪談判，中美對於國民待遇原則和最低保護原則標準不同導致談判破裂。中國認為知識產權標準應該從各國經濟發展水準的實際出發，不能將別國標準強加於人。美方代表認為 GATT 的知識產權協議規定了締約成員國知識產權保護的最低標準，中國申請「復關」，應當要滿足最低標準。

一九八九年一月，雙方進行第二輪談判，由於美方要價超出中國所能接受的極限，談判以失敗告終。美國貿易助理約瑟夫・梅西指責中方沒有版權法，對電腦軟體、藥品、化學物質產品的專利保護不力。中方

表6–1　「特殊301條款」和「337條款」區別

	「特殊301條款」	「337條款」
實施主體	美國貿易代表署（USTR）	美國國際貿易委員會（USITC）
作用對象	保護進入其他國家市場的美國產品。以美國市場和經濟制裁為武器，迫使其他國家接受美國知識產權標準，並以此標準保護進入其他國家市場的美國產品	阻止進入美國市場的其他國家產品。其他國家產品進入美國市場採用不公平競爭的方法和行為，對美國國內產業造成摧毀或者實質性損害
啟動方式	美國貿易代表署主動發起調查或者利害關係人發起訴訟提起調查	主要是美國或外國受害人申訴而啟動
制裁形式	終止雙邊貿易互惠條件，施加進口限制及徵收關稅	頒佈一般進口排除令、限制性進口排除令或者禁止令

資料來源：美國國會，"TRADE ACT OF 1974", http:/legcounsel. house. gov/Comps/93-618.pdf；USITC，"About Section 337"，https://www. usitc. gov/intellectual property/about section 337. htm，訪問時間：二〇一九年六月二十三日；恒大研究院。

認為知識產權的立法需要一個過程。一九八九年五月，美國根據「特殊301條款」，將中國納入「重點觀察國家名單」。

一九九一年三月，雙方進行第三輪談判，雙方同意將科技合作中產生的知識產權，按照雙方貢獻大小在協議中做出安排。但尚未解決「對等條款」的分歧，中方不同意「對等條款」，而希望通過在國內採取行政措施保護產權，美方拒絕接受。

一九九一年四月，雙方在華盛頓進行第四輪談判，中國對「對等條款」方案進行部份修改。雙方於五月簽訂《中美科技合作協定》，為中美第一次貿易爭端畫下句號。

2. 一九九〇年，美國再次將中國納入「重點觀察國家名單」，一九九一年四月針對中國知識產權立法問題開展「特殊301調查」。

一九九一年六月至十一月，中美雙方進行四輪談判均未能達成協議。十二月三日，美國公佈價值15億美元的預備性報復清單，擬針對中國出口到美國的成衣、運動鞋、玩具和電子產品等徵收高達100％的懲罰性關稅，並以一九九二年一月十六日為談判截止日。一九九一年十二月三日，中國公佈12億美元報復清單。[1]

一九九二年一月，中美兩國政府在《與貿易有關的知識產權協定》（*Agreement on Trade-Related Aspects of Intellectual Property Rights, TRIPS*）的基礎上，簽訂了《中美知識產權諒解備忘錄》（*Memorandum of Understanding between the Government of the People's Republic of China and the Government of the United States of America on the Protection of Intellectual Property*），雙方承諾在境內外採取有效措施防止對知識產權的侵犯，中國政府承諾修改《專利法》，將專利保護範圍擴大到化學藥品，並將專利保護期延長為20年等，同時承諾加入《伯恩公約》（*Berne Convention*）。

---

[1] 盧鋒：《中美新一輪經貿博弈前景推測》，二〇一八年四月八日，見 http://dy.163.com/v2/article/detail/DESC7DNB0519DDOA.html。

3. 一九九一年十月，美國針對其商品進入中國市場的不公平壁壘問題，開展「一般 301 調查」。

一九九二年八月，美國貿易代表署公佈對中國懲罰性關稅報復的商品清單，涉及鞋類、絲綢服裝、工業設備和電子產品等，總價值約 39 億美元。

一九九二年十月，最後一輪市場准入談判中，中美達成協議簽署《中美關於市場准入的諒解備忘錄》（*Memorandum of Understanding between the Government of the United States of America and the Government of the People's Republic of China Concerning Market Access*）。中國承諾自一九九二年年底至一九九七年年底，逐漸取消對美國商品的進口壁壘。

一九九九年中美雙方達成關於中國加入世界貿易組織的協議，對具體產品明確關稅稅率和管理措施，對主要的服務行業規定開放市場的條件和過渡期。

4. 一九九四年六月，美國針對中國知識產權的執法問題，將中國列為「特殊 301 調查」的唯一「重點觀察國家」。

第一回合：一九九四年六月至十二月，中美共進行七輪磋商，談判均以破裂告終。一九九四年年末，美國針對中國開出價值 28 億美元的貿易制裁清單，涉及電子、玩具、塑料等，制裁一旦生效，將對上述商品徵收高達 100％的懲罰性關稅。[2] 中國政府迅速反擊，對美國遊戲卡、錄音帶等進口產品加徵 100％關稅，暫停美國影音產品進口、暫停受理美國公司在華設立投資公司申請等。

第二回合：一九九五年一月十八日，雙方進行磋商談判，就專利、商標、產權問題進行探討，二月四日談判以破裂告終。二月四日，美國宣佈對中國電子、傢俱、自行車等出口產品加徵價值 10.8 億美元關稅。

---

[2] 楊麗媼：《中美知識產權交鋒：誰主沉浮》，二〇〇六年六月六日，見 http://info.ceo.hc360.com/2006/06/06100125309.shtml。

同日，中國立即公佈對美反報復措施，提高進口產品關稅，暫停影視產品進口等。

礎商：在宣佈制裁的同一天，美國貿易代表署致函時任中國對外貿易經濟合作部部長吳儀，建議二月十三日在華盛頓恢復礎商，吳儀覆函要求在北京礎商。此後美國能源部部長率團訪華。一九九五年二月二十三日至二十六日中美礎商達成《中美知識產權礎商協定》，並以《有效保護及實施知識產權的行動計劃》作為附件。中國同意進一步加強對侵權行為的打擊力度，從一九九五年三月起的六個月內集中打擊侵權活動；中方確認中國司法制度對知識產權權利人提供足夠的保護；允許美國企業開辦合資的影音生產和複製企業；建立影音製品的進口無限額和許可證制度，中國可以對內容施行標準公開的非歧視性檢查制度。

5. 一九九六年四月，針對知識產權協議的履行問題，中國被列為「301調查」的唯一「重點觀察國家」。

儘管在上一輪知識產權紛爭中達成初步礎商協議，但爭端並未解決。一九九六年四月，美國認為中國政府未能認真執行協議，宣佈重啟調查。五月十五日美國宣佈對中國紡織品、電子產品等徵收約 30 億美元的懲罰性關稅，並對中國紡織品實行臨時進口限制措施。同日，中國政府提出對美國出口的農牧產品、植物油、車輛、通信設備等加徵 100％關稅，暫停進口美國影音製品，暫停受理和審批美國在華設立商業旅遊貿易企業申請等反制措施。雖然中方涉及金額不足 20 億美元，但反制措施擊中了美方要進入中國文化市場的要害。

經過多輪談判，一九九六年六月十七日中美達成第三個知識產權協議，內容主要圍繞侵權治理、加強執法、採取邊境措施和市場准入等方面，並於一九九九年三月正式簽署《中美知識產權協議》。這意味著中美知識產權的重大談判和爭端至此告一段落。由於爭端涉及意識形態和宣傳領域，中方拒絕了美國在華發行和出版影音文化產品。伴隨著中美知識產權領域的貿易摩擦，中國知識產權的保護不斷向前推進。

6. 二〇一〇年，針對清潔能源補貼，美國對中國發動「一般 301 調查」。

二〇一〇年十月十五日，美國貿易代表署針對清潔能源補貼問題，對中國開展「一般 301 調查」。調查涵蓋中國風能、太陽能、高效電池和新能源汽車行業的 154 家企業，並決定最晚不超過 90 天將通過 WTO 對中國政府提出磋商要求。十一月十五日，中國政府、中國機電產品進出口商會等分別向美國貿易代表署提交評論意見，駁斥不實指控。

二〇一〇年十二月二十二日，美方宣佈調查結果，認為中國《風力發電設備產業化專項資金管理暫行辦法》涉嫌違反 WTO《補貼與反補貼措施協議》（*Agreement on Subsidies and Countervailing Measures*）規定，並向 WTO 提出磋商請求，在 WTO 爭端解決機制調解下雙方達成協議，中國同意修改《風力發電設備產業化專項資金管理暫行辦法》中涉及禁止性補貼的內容。

7.「337 調查」日益頻繁。

二十世紀九〇年代初期到中期，美國主要動用「特殊 301 條款」對中國加以貿易制裁，隨著中美貿易不斷發展，尤其是中國加入 WTO 後，中國知識產權保護日益完善並與國際接軌，知識產權摩擦形式也發生變化，美國越來越多地動用時效迅速、制裁效果明顯、申訴門檻低的「337 調查」向中國相關產品和企業施壓，如**圖 6–2** 所示。通過頒佈一般進口排除令、限制性進口排除令或者禁止令，限制、阻止中國產品進入美國市場。

對華企業「337 調查」涉及領域較多，主要涉及 12 個行業，其中電子行業佔比高達 49％，輕工、機械、醫藥行業佔比分別為 22％、16％和5％，其他行業佔比相對較小。根據美國科文頓・柏靈律師事務所發佈的《二〇一七年度中國企業應訴美國 337 調查綜述》，二〇一七年共有73 家企業被起訴至美國國際貿易委員會，32 家企業選擇應訴，應訴企業佔比較前兩年提升，但勝訴率僅在 20％左右。

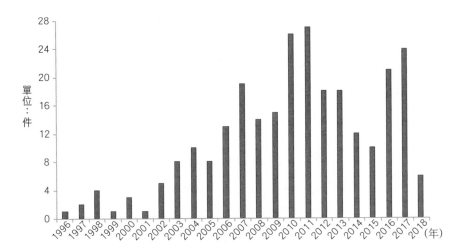

圖6–2　一九九六～二〇一八年美國根據「337條款」對華調查立案數量

資料來源：中國貿易救濟信息網，見 http://www.cacs.mofcom.gov.cn/cacscms/view/notice/ssqdc#，訪問時間：二〇一九年六月二十七日；恒大研究院。

　　8.「201調查」和「232調查」因具有強烈的單邊性，被國際社會強烈譴責，美使用較少。

　　「201調查」從創立起就是單邊主義的產物，成為美國產業保護的「利器」。在 WTO 制定《保障措施協定》（*The Agreement on Safeguards*）後，美國仍沿用國內法進行「201調查」，這種衝突一直被 WTO 成員詬病。二〇〇二年三月二十日，美國宣佈對損害美國鋼鐵業的鋼材等實施為期三年的關稅配額限制和徵收 8％～ 30％的關稅。中方對從美國進口的廢紙、豆油、壓縮機三項產品實行報復性懲罰關稅，總額計 9400 萬美元。WTO 專家小組於二〇〇三年初步裁定美國單方面採取保護主義措施違反了世界貿易組織的有關規則，責令其立即停止。

　　時隔 15 年，二〇一七年四月美國國際貿易委員會對進口太陽能光電產品發起「201調查」，並於九月裁定進口太陽能光電產品對美國國內產業造成了嚴重損害。根據這一結果，二〇一八年一月起美國對進口太陽

能電池和組件徵收特別關稅，其中主要針對中國太陽能光電產品。二〇一九年六月，美國減免了部份太陽能光電產品的關稅，但對中國太陽能光電產品的限制仍未解除。

自一九八〇年以來，美國商務部只開展過 14 項「232 調查」，且最終採取限制措施的非常少，主要是因為該措施針對產品而非國別調查，具有全球性，影響範圍非常廣。如此罕見使用的調查在近年也被川普政府使用，二〇一七年四月二十日，川普政府對所有國家（地區）的進口鋼鋁啟動「232 調查」，二〇一八年三月八日，川普簽署公告，對進口鋼材徵收 25％的關稅，對進口鋁徵收 10％的關稅。

（二）以人民幣匯率為工具施壓中國開放金融市場

二〇〇三年以來，人民幣匯率問題逐漸成為美國國會關注的重點，這源於中美貿易失衡加劇。美國長期指責中國壓低人民幣匯率，令出口產品獲得不正當的競爭優勢。歷史上美國對日本發起過匯率金融戰，也對中國重施故技。

1. 二〇〇三年起，美國傳統行業部門推動關注人民幣匯率，積極敦促人民幣升值。

美國貿易逆差背景下，大量傳統行業工人失業，製造業等傳統行業利益集團希望通過人民幣升值挽救本土行業。由美國製造業協會等 80 多個貿易協會組成的「健全美元聯盟」（Coalition for a Sound Dollar）要求美國政府向中國施壓，並要求人民幣大幅升值。二〇〇三年九月，舒默（Charles Ellis Schumer）等 7 位參議員向國會提出「舒默議案」，認為人民幣被低估 15％～ 40％，若中國在 6 個月內不調整人民幣匯率，則對自中國進口的商品加徵 27.5％的關稅。

二〇〇四年一月，由美國製造業、農業和勞工團體等約 40 個團體組成的「公平貨幣聯盟」向美國貿易代表署提出發起「301 調查」，認為中國操縱匯率，導致人民幣被低估 40％。二〇〇五年二月，由 50 多個美國

企業、農業和勞工團體組成的「中國貨幣聯盟」，要求布希政府督促人民幣升值。上述貨幣聯盟均代表傳統貿易和勞工團體的利益集團，選區利益是議員關注並反覆推進人民幣匯率問題的最直接原因。

為緩解國會壓力，布希政府不得不加大對華施壓力度，二〇〇五年五月十七日美國財政部在人民幣匯率問題的報告中嚴詞譴責中國匯率政策，雖未提及制裁最後期限，但認為中國拒絕人民幣升值扭曲了世界貿易，傷害了美國經濟。中國政府隨即強硬回應不會因為國際壓力改變中國的匯率政策。中美兩國匯率衝突升級，人民幣自二〇〇五年七月開始匯率改革，改變錨定美元的固定匯率制度，開啟升值之路。

2. 金融業集團全面主導，訴求從人民幣升值轉向中國金融市場開放。

二〇〇五年七月至二〇〇六年七月，人民幣快速升值。七月，參議院財政委員會壓倒多數通過了《格拉斯利—鮑卡斯法案》，要求更溫和地處理人民幣匯率問題。為解決分歧，自二〇〇六年十二月開始，中美共進行五輪戰略經濟對話，如**表 6–2** 所示。第一輪在北京舉行，中國同意放寬美國農產品、牛肉、木材進口條件，並提出加強知識產權保護的 14 條措施；自第二輪開始，討論議題由人民幣匯率問題變為中美金融合作和中國向美國開放金融服務領域；在第四輪對話中美方提出盡快承認中國市場經濟地位。人民幣匯率問題變為美國金融業集團要求中國開放資本市場的工具。

3. 金融危機後人民幣匯率問題重新升溫。

二〇〇九年五月，眾議員瑞安和墨菲提交《為公平貿易改革貨幣法法案》，同時參議員斯塔比諾、邦寧提交《二〇〇九年為公平貿易改革貨幣法法案》。六月，舒默和格拉漢姆提交《二〇〇九年匯率監管改革法案》。二〇一〇年三月，奧巴馬要求人民幣改革向市場機制過渡，又意圖把中國歸類為「匯率操縱國」。二〇一一年部份議員提出《貨幣匯率監督改革法案》，此法案以國內立法的形式，賦權美國裁定其主要貿易國匯率水準是否合理，並可運用增加關稅、限制進口等措施懲罰其認

表6-2　二〇〇六～二〇〇八年中美五輪戰略經濟對話涉及金融領域的主要成果

輪次	時間	地點	成果
第一輪	2006年12月14～15日	北京	匯率問題是此次會談的核心議題之一，美國財政部部長保爾森非常明晰地向中國表達希望進一步提高人民幣匯率靈活性的願望；啟動雙邊投資對話，開展探索性討論以考慮雙邊投資協定的可能性
第二輪	2007年5月22～23日	華盛頓	在金融服務業領域，中國將逐步擴大符合條件的合資證券公司的業務範圍，把合格境外機構投資者（QFII）的投資總額度提高至300億美元（原為100億美元）；允許外資法人銀行發行人民幣銀行卡。美方確認中資銀行在美開設分行的任何申請都將根據國民待遇原則進行審批；並承諾與中國開展金融監管人員的交流
第三輪	2007年12月12～13日	北京	雙方在金融服務業開放問題上取得突破，中方允許符合條件的外商投資公司包括銀行發行人民幣計價的股票，允許符合條件的上市公司發行人民幣計價的公司債券
第四輪	2008年6月17～18日	安納波利斯	中方在二〇〇八年十二月三十一日之前，完成對外資參股中國證券、期貨和基金管理公司的評估，並根據評估結果提出有關調整外資參股中國證券市場的政策建議；中方同意開展試點，允許非存款類外國金融機構向試點地區零售消費者提供消費金融服務，同意境外保險機構、政府和貨幣管理當局、共同基金、養老基金、慈善基金和捐贈基金等QFII，以及QFII發起設立的開放式中國基金的投資本金鎖定期降為3個月；允許符合條件的境外公司通過發行股票或存托憑證形式在中國證券交易所上市；同時允許符合條件的外資法人銀行發行人民幣次級債券
第五輪	2008年12月4～5日	北京	中方允許在華外資法人銀行基於同中資銀行相同的待遇，為其客戶或自身在銀行間市場交易債券。儘管中國對外資銀行實行短期外債餘額指標管理，但在特殊情況下允許符合條件的外資銀行臨時性通過海外關聯機構擔保或貸款方式增加其流動性。美國重申歡迎外來投資，包括對其金融部門和通過中國外匯儲備和主權財富基金所做的以商業為導向的投資

資料來源：《中美首輪戰略與經濟對話》，見 http://business.sohu.com/s2009/zmdh6/；《中美第二輪戰略與經濟對話》，見 http://business.sohu.com/s2010/zhongmeijingjiduihua2010/；《盤點歷次中美戰略經濟對話成果》，見 http://news.cctv.com/financial/20081203/109175.shtml；《第四輪中美戰略與經濟對話》，見 http://finance.sina.com.cn/focus/zmjjdh_2012/；《第五次中美戰略經濟對話在五個領域達成系列成果》，見 http://www.gov.cn/gzdt/2008-12/05/content_1169312.htm，訪問時間：二〇一九年六月二十七日；恒大研究院。

定為「匯率操縱」的國家。對此中國商務部表示強烈反對,認為此舉違背WTO貿易規則,干擾中美貿易關係。二〇一六年四月,中國被列入「匯率操縱國重點觀察名單」,至二〇一九年五月,美國財政部半年度《匯率政策評估報告》中中國雖未被列入「匯率操縱國」,但仍處於「觀察名單」中。

在人民幣升值過程中,除受金融危機影響中國對美順差回落外,中美之間貿易失衡持續擴大,如圖 6–3 所示。可見人民幣匯率升值並沒有改善中美貿易失衡情況,而應從美國低儲蓄高消費的模式、對華高科技出口限制、美元國際儲備貨幣地位等方面解決問題。僅靠匯率而不解決深層次問題無法扭轉中美貿易順差的格局。

(三)出口管制

出口管制源於第二次世界大戰期間,美國出於國防利益需要禁止或削減軍事設備出口的行為,後成為冷戰時期遏制蘇聯的政策組成部份,

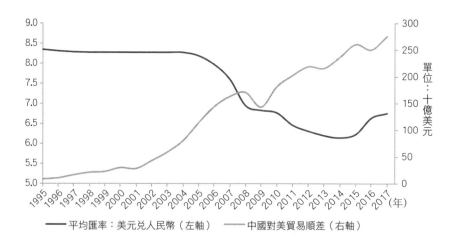

圖6–3　一九九五～二〇一七年人民幣匯率及中美貿易順差變化情況

資料來源:Wind;恒大研究院。

冷戰結束後美國雖放鬆出口管制，但是仍把出口管制作為其推行對外政策目標的工具。

美國《出口管制條例》（*Export Administration Regulations*）出於國家安全、對外政策和短缺控制的需要，將除加拿大之外的所有國家分為七個組，從嚴到寬依次為：Z（全面禁運）、S（除醫療藥品、農產品食品外全面禁運）、Y（禁止軍事設備出口）、W（同 Y，但管制範圍更鬆）、Q（同 W，管制更少）、V（不存在管制，組內國家有差別待遇）和 T（同 V，但對刑偵和軍用設備實施許可證管理）。一九七九年中美正式建交，中國被劃入專門的「P 組」，原則上可獲得美國的軍民用技術和產品，但要經過嚴格審核。一九八三年，雷根政府將中國提升為「友好的非盟國」，將中國劃入同西方國家、中立國、印度和埃及等開發中國家同組的「V 組」，強調「向中國出售技術和產品應同向其他友好國家出售一樣自然」。同年發表「對華指導原則」並修改《出口管制條例》，但「V 組」內部不同國家有差別待遇，中國享受的技術轉讓仍然受限。一九八五年至一九八九年六月，美國先後六次放鬆對中國技術轉讓的限制，是其聯合中國對抗蘇聯的戰略和減少國際收支逆差的經濟利益需要，也是中國對外開放極力爭取的結果。

但是，受東歐劇變、蘇聯解體、中國二十世紀八〇年代末政治風波的影響，美國把對華技術管制作為制裁中國的主要手段，暫停兩國幾項軍事技術轉讓合同，禁止治安類技術和產品出口，終止長征火箭發射修斯衛星的合同等，至少 300 項對華出口的許可。

由於長期對華實行嚴格管制政策，美國在高技術領域的比較優勢沒有在中美雙邊貿易中體現。

（四）通過WTO向中國發起貿易爭端，二〇〇一年後美國對華反傾銷總體增加

二〇〇一年十二月，中國正式成為 WTO 第 143 個成員國，WTO 的

貿易爭端解決機制（DSM）成為中美貿易爭端的重要解決機制。WTO 的三大救濟措施為反傾銷、反補貼及特別保障措施，因此兩國在知識產權、反傾銷和國內產業政策領域的衝突多次訴諸貿易爭端解決機制解決，二〇〇一年後美國對華反傾銷總體增加，如**圖 6–4** 所示。但是通過貿易爭端解決機制解決中美貿易摩擦存在諸多問題：程序持續時間長、效率低，無法掌握非關稅壁壘的有關資訊導致中美雙方不合作機率提高，貿易爭端解決機制的調查取證力度不足可能導致誤判等。

　　根據中國貿易救濟信息網案件數據庫，自二〇〇一年中國入世至二〇一七年已中止調查的反傾銷案件共 27 件。其中，3 件申訴方撤訴或者延期立案，4 件是因為國際貿易委員會認為不構成損害未提交商務部終裁，3 件由美國商務部做出認定中國企業未構成傾銷終裁，10 件由中國商務部做出認定中國企業傾銷終裁，6 件由美國國際貿易委員會否決商務

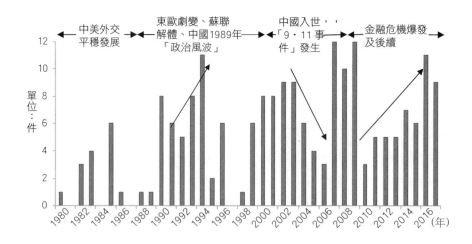

圖6–4　二十世紀八〇年代以來美國對華反傾銷調查立案數量

資料來源：中國貿易救濟信息網案件數據庫，見 http://www.cacs.mofcom.gov.cn/cacscms/view/statistics/ckajtj，訪問時間：二〇一九年六月二十七日；恒大研究院。

部做出的認定中國傾銷終裁，1 件由中國向 WTO 上訴，WTO 認定美國反傾銷違規。

（五）美國在中國入世時設置牽制條件：市場經濟地位、特定產品過渡性保障機制

中國入世經歷了長達 15 年的艱苦談判，主要是與美國談判，美方最終支持中國加入 WTO 是有條件的。這體現在《中國入世議定書》（*Protocol on the Accession of the People's Republic of China*）中的第 15 條、第 16 條規定，它涉及中國的市場經濟地位問題和特定產品過渡性保障機制。這成為美國及其盟國牽制中國的工具，也被稱作咬住中國的「兩顆毒牙」。

1. 中國的市場經濟地位問題。

二〇〇一年中國加入 WTO 時所締約的條款並未承認中國的市場經濟地位，但約定其他締約國 15 年後不能再借口中國不具備「市場經濟地位」而以替代國產品價格為參照來對中國進行「反傾銷」，但這也不意味著中國到期就能夠自動取得市場經濟地位。二〇一六年年底，美國宣佈不承認中國市場經濟地位。在中國不被承認市場經濟地位期間，中國企業必須舉證自身處於公平的交易環境中，才能在反傾銷的過程中不被適用替代國。否則，反傾銷的國家盡可能選擇成本高於中國的替代國，導致中國企業在反傾銷訴訟中處於十分不利地位。發起訴訟的進口國通常有利可圖，進一步刺激美對華發動反傾銷立案調查。實際上，根據世界銀行數據，中國內地經商環境在 190 個國家和地區中排名第 46 位，高於第 77 位的印度，如**圖 6–5** 所示，但印度卻被承認為市場經濟國家，美國牽制中國的意圖明顯。

以二〇〇三年美國對華彩電反傾銷案為例。二〇〇三年五月二日，美國五河（Five Rivers）電子公司會同美國通信工人工會（CWA）和國際電子工人兄弟會（IBEW）兩個工會組織向美國國際貿易委員會、美國

圖6-5　二〇一九年世界各國家和地區經商環境便利度分數對比

資料來源：世界銀行：《二〇一九年經商環境便利度分數》，見 http://chinese.
doingbusiness.org/zh/data/exploreeconomies/china。

商務部提起對包括長虹在內的 10 多家中國彩電企業和馬來西亞企業的反
傾銷申訴。

二〇〇三年五月七日、二十三日，美國國際貿易委員會和商務部
對此申訴進行立案，做出肯定性初步裁決，並表示有跡象表明中國和馬
來西亞的彩電對美國產業造成實質性傷害。長虹、康佳等中國企業被列
為強制性應訴人，應訴人就市場導向產業、替代國、替代國價值等向美
國商務部提供資訊和看法，但遭美國商務部否定，最終以中國非市場
經濟地位為由，選取生產成本更高的印度為替代國計算中國彩電生產成
本，並於十一月裁定對中國電視機企業徵收反傾銷稅。二〇〇四年五月
二十一日，美國商務部簽署反傾銷徵稅令，總價值 16 億美元，造成中國
彩電業大量產能閒置。

2. 特定產品過渡性保障機制。

《中國入世議定書》第 16 條規定了「特定產品過渡性保障機制」，
在中國加入 WTO 後 12 年內，如果中國產品出口至 WTO 成員時，造成
進口國「市場擾亂」，WTO 成員可請求與中國進行磋商尋求雙方滿意的
解決辦法。對中國的不利影響在於一旦 WTO 成員認定自中國進口產品對
國內生產者造成惡劣影響時，即可採取措施限制來自中國的進口，並且
採取臨時性保障措施，甚至可以不經中國同意。

　　以二〇〇九年中美輪胎特保案為例，它是美國針對中國最大規模特保案，涉及金額達 17 億美元、企業 20 多家。金融危機背景下，貿易保護主義抬頭，美國意圖轉嫁金融危機，中國製造成為主要靶子。特保案起訴方是美國鋼鐵工人聯合會（United Steelworkers），它是奧巴馬政府的鐵桿支持者，而失業率攀升使奧巴馬政府壓力巨大。奧巴馬政府於二〇〇九年九月十二日決定對從中國進口的所有小轎車和輕型卡車輪胎實施為期三年的懲罰性關稅，第一年加徵 35％，第二年加徵 30％，第三年加徵 25％。中國商務部次日反擊，對美國部份進口汽車和肉雞產品啟動反傾銷和反補貼立案審查程序，並向 WTO 提出申訴，要求仲裁。

　　二〇一〇年十二月，WTO 宣佈美國對從中國進口的輪胎採取的過渡性特別保障措施並未違反 WTO 規則。

二、中美歷次貿易摩擦總結

（一）中美貿易摩擦服從於世界政治經濟局勢、社會意識形態演化以及中美關係

　　貿易摩擦不僅是經濟實力的較量，也是全方位綜合實力較量。與以往貿易摩擦不同的是：當前中國經濟總量與美國之比、美對華逆差佔美國逆差總額比重均超過歷史上任何一個國家，包括二十世紀八〇年代的日本，這引發美國警覺與恐慌，美國曾經打壓歐洲和日本的行動一定會運用到中國；隨著中國製造從中低端走向中高端，中美貿易從互補走向競爭；美國決策層和社會的思想基礎發生變化，不同於二十世紀八〇年代因遏制蘇聯的對華友好及九〇年代希望打開中國巨大市場的對華整體溫和，美國部份政客認為美國製造業的衰落由中國造成，認為中國不再可能走上西方的自由民主式政治與市場經濟，是對其制度和霸權的挑戰；美國貧富差距拉大、製造業衰落等國內矛盾需要出口。

（二）歷次貿易摩擦均由美國主動挑起，總體上中國化壓力為動力，走向更加開放

美國挑起貿易摩擦，利用其霸權地位維護其政治經濟地位和迫使對方開放市場是慣用方式。在知識產權爭端、市場准入爭端等方面，中國最終都頂住壓力，未拿核心利益進行交換。在壓力面前，中國選擇按照自身發展需要，穩步推進改革，加強知識產權保護的立法和執法，改革人民幣匯率制度，改善經商環境等。

面對當前中美貿易摩擦，中國應頂住壓力，維護核心利益，資本項下的開放要循序漸進，決不能重蹈日本覆轍。更重要的是中國應在外部爭取戰略機遇期，在內部勤練內功，推動供給側結構性改革，防範化解重大風險，推動國企、社會保障、財政等基礎性革新，發展基礎科技等大國重器。

（三）美國對華貿易摩擦多發於經濟、金融危機和政治選舉期間

反傾銷、反補貼調查、特保案多發生在國會期中選舉和總統選舉期間。互聯網泡沫破滅及二〇〇八年金融危機後，貿易摩擦明顯頻繁。

中美貿易摩擦雖伴隨雙方相互反擊但最終多以磋商和簽署協議告終，美國更多的是以施壓作為談判的籌碼，爭取更大的主動權，最大化滿足本國需求。

第二節　中美貿易失衡的根源與對策

一、中美貿易失衡的基本情況

　　中國對美貿易總體為順差，但主要體現在貨物貿易，在服務貿易方面則是逆差，尤其在教育、旅遊、金融保險等領域，如**圖6–6**所示。據美方統計，二〇一八年美國對華貿易逆差為 3808 億美元，佔美國逆差總額的 60.9％。其中，美國對華貨物貿易逆差為 4195 億美元，佔美國貨物貿易逆差的 48％，超過後九個經濟體之和（45.9％）；二〇一八年美國對華服務貿易順差為 387 億美元，佔美國服務貿易順差的 15.5％，排名第一位。

　　中國的貿易統計數與美國存在明顯差異，如**圖6–7**所示。據中方統

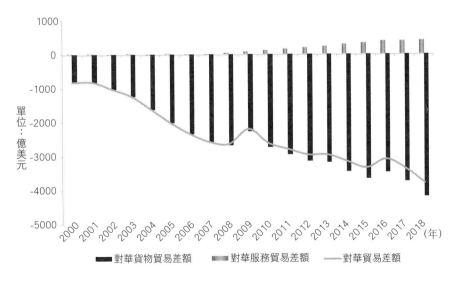

圖6–6　二〇〇〇～二〇一八年美對華貨物貿易逆差、服務貿易順差

資料來源：Wind；恒大研究院。

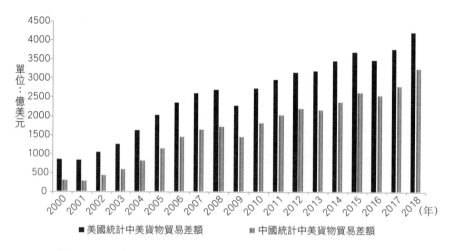

圖6-7　二○○○～二○一八年中美雙方統計貨物貿易差額

資料來源：Wind；美國經濟分析局；恒大研究院。

計，二○一八年中國對美貨物貿易順差為 3244 億美元，佔中國貨物貿易
順差的 92.5％，與美方統計值相差近 1000 億美元。統計差異的主要原因
在於：一是美國籠統地將中國香港轉口貿易部份計入中國內地，但實際
上其中還包括其他經濟體的轉口貿易；二是美國對出口金額按離岸價格
計算，進口金額按到岸價格計算，從而將裝卸、運輸和保險等費用計入
美國對華貿易逆差；三是統計範圍差異，美國使用通用的貿易體系以國
界為界，包括儲存在保稅倉庫和自由貿易區域範圍的一般貿易體系，中
國實行特殊的貿易體制，以中國關境為界，只計入進入中國海關的商品，
在保稅倉庫的貨物未統計在內。根據中國和美國統計工作組測算，美國
官方統計的對華貿易逆差每年都被高估了 20％左右。

　　從結構看，中國主要對美出口機電、影音設備（包括家電、手機等）、
紡織服裝、傢俱燈具、玩具、鞋帽等，中國從美國主要進口中間產品和
零組件，以黃豆、飛機、汽車、光學及醫療儀器為主。中國貨物貿易順
差較大的行業主要是機電、影音設備（包括家電、手機等）、雜項製品（包

括傢俱、玩具、運動用品等）、紡織鞋帽，逆差較大的行業主要是礦產品、包括黃豆等農產品在內的植物產品、汽車飛機及運輸設備等，如**表 6-3**所示。

表6-3　二〇一八年中美貿易差額在各行業中的體現　　　　（單位：億美元）

中國對美貿易差額部分行業分佈	貿易差額
機電、影音設備及其零件、附件	1841.59
雜項製品	556.61
紡織原料及紡織製品	439.22
賤金屬及其製品	190.45
鞋帽傘等；已加工的羽毛及其製品；人造花；人髮製品	165.05
塑料及其製品；橡膠及其製品	137.41
礦物材料製品；陶瓷品；玻璃及製品	72.98
皮革、毛皮及製品；箱包；腸線製品	61.53
食品；飲料、酒及醋；煙草及製品	20.53
木及木製品；木炭；軟木；編結品	12.04
特殊交易品及未分類商品	10.28
化學工業及其相關工業的產品	2.47
武器、彈藥及其零件、附件	0.96
藝術品、收藏品及古物	0.44
動、植物油、脂、蠟；精製食用油脂	−0.18
活動物；動物產品	−1.92
木漿等；廢紙；紙、紙板及其製品	−2.31
珠寶、貴金屬及製品；仿首飾；硬幣	−12.83
光學、醫療等儀器；鐘錶；樂器	−16.89
車輛、航空器、船舶及運輸設備	−62.26
植物產品	−79.64
礦產品	−102.85

資料來源：Wind；恒大研究院。

二、中美貿易失衡的根源：加徵關稅解決不了

中美貿易摩擦的直接原因是中美巨額貿易順差，川普政府試圖通過施加關稅的方式打開中國市場、減少中國出口，但造成中美貿易失衡的深層次原因具有長期性和根本性，加徵關稅解決不了：中美經濟結構和全球價值鏈分工地位差異、美元國際儲備貨幣地位、美元的特權、美國低儲蓄高消費、限制對華高科技出口、美國大量跨國企業在中國投資等。

（一）全球價值鏈分工：出口順差在中國，附加值在美國

出口減進口的傳統核算方式並不能反映全球價值鏈時代下的貿易失衡與價值分配問題。根據大衛・李嘉圖（David Ricardo）等人提出的傳統貿易理論，全球貿易是基於各國的比較優勢各國僅生產具備比較優勢的最終產品。但是隨著資訊通信技術和運輸的進步，產品的生產過程已經被切割為不同生產環節，而這些環節一般被跨境外包到能最有效完成的地點進行，全球價值鏈由此而生。

中國在全球分工中發揮勞動力的比較優勢，加工貿易佔中國出口比重較大，如**圖6–8**所示，中國從拉丁美洲、中東地區、澳大利亞等大量進口資源，從美、日、韓、德等國大量進口半成品，在中國進行組裝和加工，然後出口至歐美，實際的增加值僅是加工組裝的部份，但是傳統的出口核算方法以出廠售價計算，中美貿易順差被嚴重高估。中國科學院根據全球價值鏈（GVC）的測算方法計算，發現中美貿易順差只是傳統方式核算值的48%～56%。[3]

由此，美國進口從日、韓轉移至中國，日、韓等國對美國的貿易順差呈下降態勢，中國對美國順差連年攀升，中美的貿易順差包括了其他

---

[3] 中國科學院數學與系統科學研究院全球價值鏈課題組：《中美貿易順差／美中貿易逆差的實質》，二〇一八年三月。

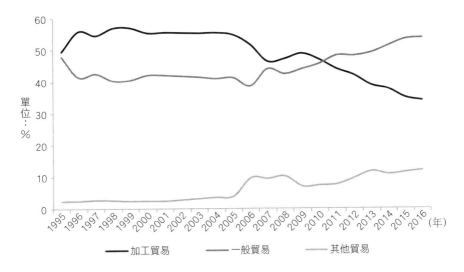

圖6-8　一九九五～二〇一六年中國出口結構金額佔比

資料來源：Wind；恒大研究院。

國家對美國的順差。美對華（大陸）貨物貿易逆差佔美逆差總額的比重從一九九〇年的 9.4％升至二〇一八年的 48％，同期美對日本、韓國、香港和台灣貨物貿易逆差合計佔比從 53.3％降至 7.8％。

　　由於在全球價值鏈中的地位不同，導致中美貨物貿易順差、服務貿易逆差的格局，但美國卻得到了大部份利益。中國得到就業、稅收和經濟增長，企業和勞動力獲得微弱的利潤和收入，但環境破壞、資源浪費的問題由中國承擔。中國在鏈條中承擔附加值較低的加工、組裝部份，前端的研發設計、核心零組件的生產與後端的銷售服務卻在國外，大量利潤流向在華的跨國企業，如**圖 6-9** 所示。但是，在出口核算時卻將全部出廠價值計入中國出口，中國貿易順差被嚴重高估。

　　以 iPhone 手機為例，蘋果公司在整個過程中獲得的價值遠超任何製造領域參與者所獲得的價值，而中國獲得的附加值最低。二〇一〇年，時任亞洲開發銀行研究所（ADBI）研究員邢予青和尼爾・德特爾特

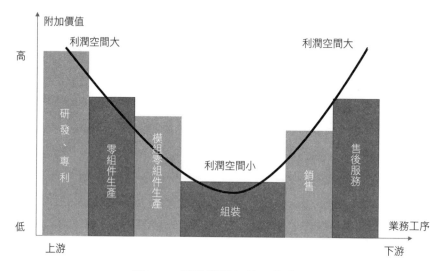

圖6-9　製造業附加值分佈曲線

資料來源：Wind；恒大研究院。

（Neal Detert）測算，從增值角度看，由於日本和德國是 iPhone 手機零組件的核心供應商，美國的貿易赤字也可以分解為美國對日本和德國等國的貿易赤字，美國對中國在 iPhone 手機上的貿易赤字就從 19 億美元減少到 7300 萬美元。[4]

　　二〇〇七年七月，美國加州大學的三位學者格雷格 • 林登（Greg Linden）、肯尼斯 • 克拉默（Kenneth L. Kraemer）和傑森 • 戴德里克（Jason Dedrick）發表論文指出，第三代 30GB iPod 零售價 299 美元，出廠成本為 144.4 美元，約 155 美元的價差價值中有 75 美元分配給了零售和分銷，80 美元則作為蘋果公司利潤。從相關各方獲得的附加值看，成本中最大的一塊是硬碟驅動器，由日本東芝提供，預計出廠價 73.39 美元，佔 iPod 所有零組件成本的 51％，日本從中得到的價值約為 20 美元；第

---

[4] Xing Yuqing, Neal Detert, "How the iPhone Widens the UnitedStates Trade Deficit withthe People's Republic of China", ADBI Working Paper Series, No. 257 (2010).

二大部份是顯示器，預計出廠價 20.39 美元，佔 iPod 所有零組件成本的14％，提供商是日本東芝、松下公司，日本從中獲得 5.85 美元的價值；第三大重要零組件是美國博通（Broadcom）和 PortalPlayer 製造的微晶片，美國從中獲得 6.6 美元的價值；此外，還有德國和韓國提供的零組件；中國負責 iPod 的組裝，幾乎處於工廠生產過程的最低端，組裝成本僅為 3.7美元，不到 iPod 出廠總成本的 3％，中國從中獲得的價值僅有 0.11 美元，如圖 6–10 所示。綜上，美國對華貿易逆差大量來自電子產品，但實際上包括日、韓、德對其的順差，由於中國出口終端產品，順差體現在中國；但中國獲得的附加值卻最低，美國跨國公司獲得的利潤最大。

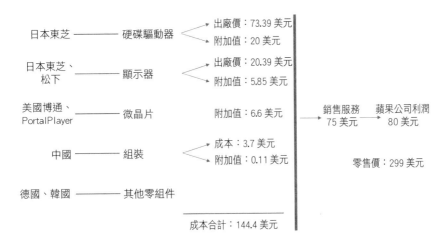

圖6–10　第三代30GB iPod生產銷售價值鏈

資料來源：Jason Dedrick, et al., "Who Profits from Innovation in Global Value Chains? A Study of the iPod and Notebook PCs", 2008 Industry Studies Conference Paper；恒大研究院。

（二）特里芬難題：美元作為國際儲備貨幣，美國必須保持貿易逆差對外輸出美元提供國際清償能力，通過資本市場回收美元

二十世紀五〇年代，美國經濟學家羅伯特・特里芬（Robert Triffin）指出，如果沒有別的儲備貨幣來補充或取代美元，以美元為中心的體系必將崩潰，因為在這一體系中，美元同時承擔了相互矛盾的雙重職能，即：（1）為世界經濟增長和國際貿易發展提供清償能力；（2）維持美元的幣值，保持美元同黃金的匯兌比例。為了滿足各國對美元儲備的需要，美國只能通過對外負債形式提供美元，即國際收支持續逆差，而長期的國際收支逆差將導致國際清償力過剩、美元貶值（「美元災」），無法維繫對黃金的官價。如果要保證美元幣值穩定，美國就必須保持國際收支順差，這又將導致美元供應不足、國際清償手段匱乏（「美元荒」），這就是特里芬難題。

第二次世界大戰後確立了以美元為中心的布雷頓森林體系，即美元與黃金掛鉤，各國貨幣與美元掛鉤。此時，美國經常賬失衡具有自我糾正機制，即逆差導致美元發行收縮，降低國內總需求和物價，增加出口減少進口。

一九七一年布雷頓森林體系崩潰後，美元與黃金脫鉤，形成了「其他國家向美國提供資源和商品，美國對外提供美元，其他國家通過購買美債和美股讓美元回流美國」模式，美國不必擔心這種模式導致黃金外流，但必然導致貿易逆差且持續擴大。只有逆差才能不斷輸出美元，提供國際清償能力。同時，美元要維持國際儲備貨幣職責，要維持相對強勢地位，難以持續貶值，不利於出口。當貿易逆差大到一定程度時，美國政府又通過他國貨幣升值、美元貶值改變局面，如二十世紀八〇年代迫使日元升值，中國加入 WTO 後不斷指責人民幣被低估，將中國等國列入「匯率操縱國」重點觀察名單等。「強美元」還是「弱美元」始終是兩難。

（三）美元的特權，導致了美國無節制地印美元、發美債來獲取
　　　其他國家的商品和資源，導致貿易項下巨額逆差和資本金
　　　融項下巨額順差

　　美元的超級特權相當於向世界各國徵收鑄幣稅，以維持其霸權體系。

　　對此，巴里・埃肯格林（Barry J. Eichengreen）在《囂張的特權：
美元的興衰和貨幣的未來》（*Exorbitant Privilege: The Rise and Fall of the
Dollar and the Future of the International Monetary System*）一書中做了精
闢的論述：

　　對於美元的國際貨幣地位，一個更具爭議的好處就是其他國家為獲
取美元而為美國提供的實際資源。美國鑄印局「生產」一張百元美鈔的
成本只不過區區幾美分，但其他國家為獲得一張百元美鈔則必須提供價
值相當於 100 美元的實實在在的商品和服務。美國印製美元與外國人獲
得美元的成本差異即是所謂的「鑄幣稅」，其源於中世紀的領主或封建
主，他們鑄造貨幣，並從鑄造的貨幣中拿走一部份貴金屬，據為己有。
在美國之外，大約有 5000 億美元的美國貨幣在流通。為此，外國人必須
要為美國提供價值 5000 億美元的實際商品和服務。

　　更為重要的是，外國公司和銀行所持有的並不僅僅是美國的貨幣，
而且還有美國的票據和債券。這些票據和債券一方面可以為其在國際交
易中提供便利，另一方面又可以讓它們獲得利息收入。外國央行持有近 5
兆美元的美國財政部和準政府機構發行的債券如房利美（Fannie Mae）和
房地美（Freddie Mac）的債券。不論是外國公司還是銀行，它們所持的
數額都在逐年增加。

　　由於外國銀行和公司都很重視美元證券的便利性，所以它們願意為
此支付更多的成本，它們並不要求有多高的利率。這一影響是非常大的：
美國為其外債所需支付的利率要比其國外投資回報率低二個至三個百分
點。如此一來，美國即可保持如此差額的對外赤字。它可以年復一年地

讓進口多於出口，讓消費多於生產，而對其他國家的債務卻不會增加一絲一毫。或者，它也可以利用這一差額來投資國外公司，而原因就在於美元獨一無二的世界貨幣地位。

對外國人來說，這是一個長久的傷痛。他們認為，在這個非對稱的金融體系中，是他們在維持美國的生活水準，是他們在資助美國的跨國公司。在二十世紀六〇年代一系列的總統招待會中，戴高樂（Charles de Gaulle）使得該問題成為全球關注的焦點。而戴高樂執政期間的財政部部長德斯坦（Valery Giscard d'Estaing）則將該金融體系稱為美國的「超級特權」。

這些高調的言辭絲毫沒有改變現存的體系。如同政治，在國際金融中，「在位」是一種優勢。由於其他國家在交易中都大量使用美元，所以任何單一國家都不可能與這一貨幣斷絕聯繫，即便是批評美國享有「超級特權」的法國也不例外。

但今天，在發生了 80 年來最嚴重的金融危機——從美國開始並蔓延至其他國家——之後，批評美國享有「超級特權」的聲音再次在世界響起。在此次危機爆發之前，美國的經常賬赤字已經佔到了其 GDP 的近 6%。要不要讓美國保持如此高的赤字成為各國質問的重點。而新興市場則抱怨由於經濟擴張和央行所持美元儲備的增加，它們不得不為美國對外赤字提供低成本融資，不管它們願意與否。基於低成本的國外融資，美國得以保持低利率，美國家庭可以過入不敷出的生活，開發中國家的家庭最終為美國的富裕家庭提供資助。在現行體系下，面對不斷擴張的國際交易總量，其他國家為獲取所需美元而向美國提供大量低成本融資，而這最終導致了危機的爆發。美國玩火，但在該體系的反常結構下，其他國家卻不得不為它提供燃料。

如果說這還不足夠不公平的話，那麼還有一個事實：在這次危機中，美國的國際金融地位進一步加強。二〇〇七年，美元在外匯市場持續走弱，貶值約 8%。但由於美國的債務是以本國貨幣為單位進行結算的，所

以對它們的美元價值並沒有任何影響。相反地，美國的國外投資，不管是債券投資還是工廠投資，都因為美元的走弱而升值。若轉換為美元，它們抵消掉的利息和股息會更多。

美元的貶值使得美國的對外頭寸增加了近 4500 億美元。這在很大程度上抵消了美國外債的增長額度，美國有 6600 億美元的經常賬赤字。此外，這基本上也可以確保美國對其他國家的債務穩定，儘管美國人的消費超出產出 6％。然後，在二〇〇八年，亦即此次 80 年來最嚴重的金融危機的劇痛期，聯邦政府能夠以較低的利率借得數額龐大的款項，因為在外國人看來，在大動盪時期，美元是最安全的貨幣。再後來，在二〇一〇年春，亦即金融泡沫破裂時，投資者蜂擁進入流動性最好的市場，紛紛購買美國國債，使得美國政府借款的成本進一步降低，而除此之外，美國家庭的抵押貸款利率也隨之降低。這就是「超級特權」的全部意義所在。

但現在，由於金融管理失當而導致的此次危機以及世界各國對國際貨幣體系運營的日益不滿，已經讓美元獨一無二的地位受到質疑。批評人士抱怨說，美國政府已不再是一個值得信賴的國際貨幣管理者。對於私營部門導致的這次「金融危機之母」，它視而不見。它背負著巨額預算赤字和異常龐大的債務。外國人對萬能的美元已經失去了信心。他們正一步步遠離這個用於貿易報價和結算、商品計價、國際金融交易的貨幣單位。美元面臨失去「超級特權」的危險，取而代之的將會是歐元、人民幣或由國際貨幣基金組織（IMF）發行的記賬單位——特別提款權（SDR）。

美國在經濟和金融管理方面的嚴重失當將會導致其他國家逃離美元。而從最近的系列事件來看，嚴重的管理失當還是有可能會發生的。

未來，美國或許會遭遇美元崩潰，但這完全是由美國人自己造成的，與中國人無關。美國大部份時間均處於貨幣超發狀態，如**圖 6–11** 所示。

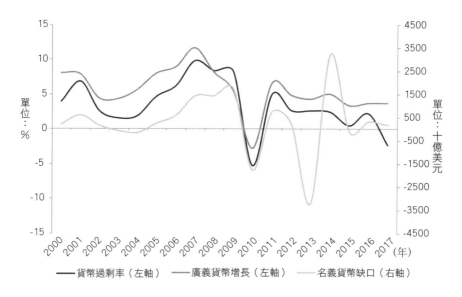

圖6-11　二〇〇〇～二〇一七年美國貨幣超發指標

資料來源：Wind；恒大研究院。

（四）美國低儲蓄高消費必然導致巨額貿易逆差，背後原因則是 高福利體制、低利率環境、美元霸權地位

　　根據國民經濟恆等式 Y = C ＋ I ＋ G ＋ NX，Y－C－G＝S＝I ＋ NX，儲蓄 S 下降（或消費過高），淨出口 NX 也將下降。儲蓄率越低，意味著消費率高和投資率低，國內投資和生產難以滿足消費需要，需大量進口，貿易赤字成為常態，如圖 6-12 所示。

　　美國的低儲蓄與高福利制度、長期低利率環境刺激居民過度消費等有關。美國財政赤字越來越大，總需求不斷擴大，進口擴大導致貿易赤字。二〇一七年美國政府在醫療、教育和居民收入保障方面的財政支出佔總支出的比重分別為 23.8％、14.8％和 23.1％，合計 61.7％。二〇一八年中國在醫療、教育和社會保障方面的財政支出佔總支出的比重分別為 7.1％、14.6％和 12.3％，合計 34％。

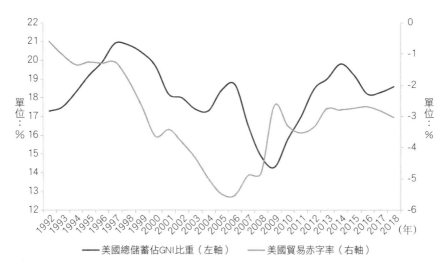

圖6-12　一九九二～二〇一八年美國儲蓄率與貿易赤字率

資料來源：Wind；恒大研究院。

（五）中美勞動力成本和經濟結構差異必然導致貿易順差

二〇一八年中國人均 GDP 為 9769 美元，美國為 5.95 萬美元，對應的勞動力成本的巨大差異，必然決定了中國在中低端製造業有比較優勢，美國在高端製造業和先進服務業有比較優勢。

長期以來中國生產部門佔比高，消費部門佔比低，尤其低於全球平均水準，從而導致生產超過國內消費需要而轉向出口。美國的產業結構決定生產難以滿足國內需求，需大量進口。

（六）美國限制對華高科技產品出口，該領域佔對華貿易逆差超三成

美國對中國之外的經濟體在高科技領域為順差，但由於長期限制對華高科技產品出口，導致對華高科技產品大幅貿易逆差。

按照美方統計，二〇一八年美國高科技產品對華貿易逆差 1346 億美元，佔商品貿易逆差的 32％，佔美國高科技產品全部貿易逆差的 104％，

如圖 6–13 所示。美國如果放開高科技產品出口限制，實現該領域的貿易平衡，即可減少逆差超三成。

分行業看，美國對華高科技產品貿易中，航太、彈性製造、電子有較少的順差，分別為171億、24億和18億美元；其他高科技領域如生物技術、光電、資訊及通信基本為貿易逆差，對華出口量極少。其中，資訊及通信為美高科技產品對華主要逆差的來源，貿易逆差為 1531 億美元，美國進口量較大，與主要資訊及通信產品在中國製造有關（如蘋果手機）。

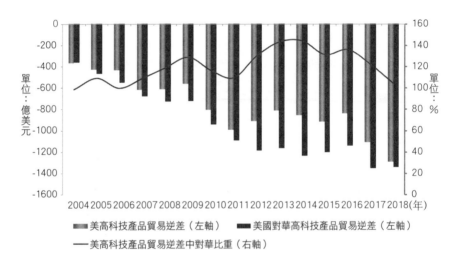

圖6–13　二〇〇四～二〇一八年美國對華高科技產品貿易逆差

資料來源：Wind；恒大研究院。

（七）外資企業貢獻中國貨物貿易順差的59％，美資企業是重要受益者

隨著國際分工的廣泛進行，美國的跨國公司開展全球性供應鏈佈局，加大對華直接投資力度，使用中國的廉價勞動力和其他資源降低生產成本，如圖 6–14 所示。跨國企業在經營過程中形成的出口額成為中國對美

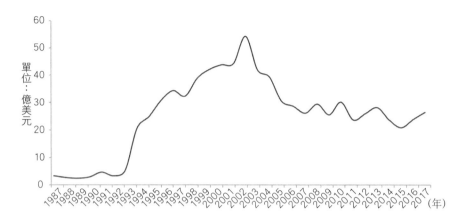

圖6-14　一九八七～二○一七年美國對華直接投資額
資料來源：Wind；恒大研究院。

順差的重要原因，跨國企業獲得大量利潤。中國商務部發佈的《關於中美經貿關係的研究報告》顯示，據中方統計，二○一七年，中國貨物貿易順差的 59％來自外資企業，61％來自加工貿易。

三、中美貿易失衡的解決之道

解決中美貿易失衡問題需要雙方共同努力而不能只指責一方，更不能要求中方單方面進行不對稱調整而美方不作為。

（一）從美方角度，應正視貿易逆差產生的深層次根本性原因，從根本上解決問題

1. 客觀看待全球價值鏈分工的現實，美國不能既享受利益，又指責「順差在中國」。

對美國而言，中國向美國出口低成本的工業品，為美國居民提供廉價商品，抑制了美國的通貨膨脹。從全球價值鏈看，經濟利益的分配也集中在美國。僅僅因核算方法的問題，而將巨額逆差歸為中國的責任是

不合適的。美國川普政府應認識到貿易逆差是中美的經濟結構和比較優勢決定的。

2. 美元霸權與貿易順差不可兼得，美方應適應全球經濟多元化格局，讓渡美元國際儲備貨幣地位，補充人民幣或者 SDR 提供清償能力。

美元的國際儲備地位決定其必然存在貿易逆差，需要新的貨幣補充。國際貨幣基金組織公佈數據顯示，SDR 貨幣籃子的最新權重為美元 41.73％、歐元 30.93％、人民幣 10.92％、日元 8.33％、英鎊 8.09％，[5] 美元仍佔絕對的主導地位，但人民幣的地位被低估。為實現中美貿易均衡及全球貿易再平衡，國際儲備貨幣和國際清償能力的提供者應當更加多元，美元必須讓渡其貨幣霸權地位，根據主要經濟體的貿易額佔比確定其貨幣的話語權。美國不能無節制地依靠印美元、發美債的方式獲取其他國家的商品和資源。

3. 避免過度消費，提高儲蓄率，增加生產和投資。美國必須改變依託美元霸權和低利率環境過度消費的模式，應當提高儲蓄率。在二〇〇八年全球金融危機後，主要國家意識到實體經濟和製造業的重要性，紛紛推出製造業振興計劃，比如德國的「工業 4.0」（Industry 4.0），美國也應提升投資和生產。

4. 放開對華高科技出口限制。美國尤其需要開放生物技術、生命科學、光電、資訊及通信領域的出口限制。一旦美國在高科技領域實現對華貿易平衡，貿易逆差將削減 30％～40％。

5. 充份認識到若強行削減對華逆差，勢必衝擊到美在華跨國企業。外資企業貢獻了中國順差的一半以上，若川普政府執意通過加徵進口關稅削減對華貿易逆差，美在華跨國企業利益將受損，終將損害美自身利益。

---

[5] IMF，"IMF Launches New SDR Basket Including Chinese Renminbi, Determines New Currency Amounts"，二〇一七年九月三十日，見 https://www.imf.org/en/News/Articles/2016/09/30/AM16-PR16440-IMF-Launches-New-SDR-Basket-Including-Chinese-Renminbi。

（二）外部霸權是內部實力的延伸，中美貿易摩擦，中國最好的應對是以更大決心、更大勇氣推動新一輪改革開放

1. 堅定不移推動新一輪改革開放，改善經商環境。

應對中美貿易摩擦最好的辦法是以更大決心和更大力度推動新一輪改革開放，繼續擴大製造業和服務業的對外開放，尤其在養老、醫療、教育、金融等領域，降低進口領域如汽車的關稅，取消對國企的不合理補貼等；對內擴大民營企業准入範圍，積極改善經商環境。

二〇一九年四月二十六日，中國國家主席習近平在第二屆「一帶一路」國際合作高峰論壇上宣佈中國將採取一系列重大改革開放舉措，加強制度性、結構性安排，促進更高水準對外開放，更廣領域擴大外資市場准入，更大力度加強知識產權保護國際合作，更大規模增加商品和服務進口，更加有效實施國際宏觀經濟政策協調，更加重視對外開放政策貫徹落實。中國未來將繼續大幅縮減負面清單，推動現代服務業、製造業、農業全方位對外開放。

2. 推動高質量發展，推動產業升級，提升在全球價值鏈分工中的地位。

長期依靠廉價勞動力和低環境成本發展的時代漸行漸遠，中國要大力推動產業升級，進入「微笑曲線」的兩端，在全球分工的位置必須逐步上移到高附加值的生產上。減少甚至取消對高污染、高耗能低端產品的出口退稅，減少金融資源對落後殭屍國有企業的輸血。

3. 通過減稅、完善社保、精準扶貧、調節收入分配等提高居民消費意願和能力，調整經濟結構。

發展為了人民，發展造福於人民。完善社會保障制度，打響精準扶貧攻堅戰，調節收入分配，提高居民消費的意願和能力，發揮消費對經濟發展的基礎性作用。建立房地產長效機制，促進平穩健康發展。

中國已經步入消費主導的經濟發展階段，滿足人民日益增長的美好生活需要：中國人均 GDP 已達 9769 美元；從住行向服務消費升級，買

健康快樂的美好生活；服務業佔 GDP 比重已達 52.1％；消費增速已超過固定資產投資；居民就業和收入改善；13.9 億人口的龐大市場與規模效應；一二三四五六線城市的梯度效應。

4. 聯合歐盟、亞洲、非洲等其他國家和地區，加強與「一帶一路」國家和地區的合作。

美國的收縮戰略（「美國優先」）為中國騰出了空間，中國在氣候問題、全球化問題上贏得了國際尊重。「一帶一路」倡議為其他國家和地區帶去了投資和貿易機會，中國應繼續推進，同時轉從歐盟、亞洲、非洲等其他國家和地區加大進口，分化瓦解美國的拉攏，爭取國際社會支持。

5. 繼續推進人民幣國際化。

擴大人民幣結算額，推動人民幣成為國際儲備貨幣，提供國際清償能力。二〇一八年三月，全球首批人民幣計價的原油期貨合約在上海期貨交易所正式掛牌交易，是石油去美元化的實質性一步。據國際貨幣基金組織統計，截至二〇一八年年底，各經濟體央行持有的人民幣外匯儲備資產達 2027.9 億美元，佔參與國際貨幣基金組織官方外匯儲備貨幣構成報告成員外儲資產的 1.9％，創國際貨幣基金組織自二〇一六年十月報告人民幣儲備資產以來最高水準，[6] 反映人民幣的國際儲備貨幣地位的提高，人民幣國際化穩步推進。

---

6 IMF，"Currency Composition of Official Foreign Exchange Reserves (COFER)"，見 http://data.imf.org/?sk=E6A5F467-C14B-4AA8-9F6D-5A09EC4E62A4，訪問時間：二〇一九年六月二十三日。

第七章
美國對華《301 報告》：
主要內容及存在的問題[*]

二〇一七年八月，美國總統川普指示美國貿易代表署對中國開展「301 調查」。二〇一八年三月，美國貿易代表署發佈了調查結果，即《301 報告》，川普據此對中國發起了貿易摩擦。《301 報告》的主要內容有哪些？美方對中國的指責是否客觀？中國有哪些待改進之處？本章旨在全面客觀評估《301 報告》。

＊本章作者：任澤平、馬圖南、賀晨、華炎雪、羅志恆。

第一節 《301 報告》的主要內容

美方《301 報告》全文共六章，對中國展開五項指控，包括不公平的技術轉讓制度、歧視性許可限制、政府指使企業境外投資獲取美國知識產權和先進技術、未經授權侵入美國商業計算機網路及其他可能與技術轉讓和知識產權領域相關的內容。《301 報告》共計 215 頁，逾 10 萬字，相關註釋 1139 條。[1]

第一章為總括，包括「301 調查」的背景以及調查過程，提出中國在高科技領域有三大重要政策，即《國家中長期科學和技術發展規劃綱要（二○○六～二○二○年）》、《國務院關於加快培育和發展戰略性新興產業的決定》和「中國製造 2025」，認為這些政策存在不公平、不合理、歧視性內容。

第二章集中指責中國不公平的技術轉讓制度。美國貿易代表署認為中國技術轉讓制度的問題主要體現在兩個方面：一是中國政府利用所有權限制，如合資企業、外資股權比例限制等方式強制美國公司向中國公司轉讓技術。該章指責中國對部份領域的外商投資強制要求成立合資公司，在另一些領域採取不成文的技術轉讓規定，形成了事實上的強制技術轉讓。《301 報告》介紹了中國在汽車和航空兩個行業利用外商合資引進技術的做法，借此說明中國存在嚴重的強制技術轉讓問題。

二是中國政府利用行政許可、審批程序強迫美國公司以技術轉讓作為獲取市場准入的條件。美國貿易代表署認為，中國存在複雜的審批程序，對包括食品藥品生產、礦產、通信服務等多個行業採取許可證管理，

---

[1] USTR, "Findings of the Investigation into China's Acts, Policies, and Practices Relatedto Technology Transfer, Intellectual Property, and Innovation under Section 301 of the Trade Act of 1974" (Hereinafter, "Section 301 Report"), United States, 2018, p.182.

相關審批制度不透明，審批條款含混不清等問題賦予政府高度自由裁量權，導致企業不得不轉讓技術以獲得市場准入資格。在另一些行業如雲計算領域，中國市場准入制度的變化使外資企業蒙受損失。此外，中國對部份項目進行環境和節能評估時，強制披露敏感技術資訊，導致技術洩露。這些技術轉讓制度剝奪了美國公司知識產權和技術的價值，限制了美國企業在中國市場的競爭力，降低了美國企業的全球競爭力。

　　第三章指責中國歧視性的許可限制，主要批判中國《技術進出口管理條例》與《合同法》中關於技術改進的所有權和賠償責任的相關規定對外資設置歧視性限制。關於技術改進的所有權，美國貿易代表署指出，《技術進出口管理條例》第 27 條規定，在技術進口合同有效期內，改進技術的成果屬於改進方；[2] 第 29 條第 3 款規定，技術進口合同中，不得含有限制受讓人改進讓與人提供的技術或者限制受讓人使用所改進的技術的條款。這些規定使美國公司無法對基於其現有技術做出的變動予以限制，同時使其無法獲得技術改進成果的相關權益。[3]

　　關於賠償責任，美國貿易代表署指出，《技術進出口管理條例》第 24 條規定：技術進口合同的受讓人按照合同約定使用讓與人提供的技術，侵害他人合法權益的，由讓與人承擔責任。然而中國《合同法釋義》第 353 條規定：受讓人按照約定實施專利、使用技術祕密侵害他人合法權益的，由讓與人承擔責任，但當事人另有約定的除外。即《合同法》允許雙方協商賠償責任的歸屬，但《技術進出口管理條例》並不允許。《合同法》通常適用於中國國內企業之間技術轉讓合同，外資向中國企業轉讓合同適用《技術進出口管理條例》，因此，這種規定上的差異導致外資企業面臨很高的賠償風險，對外資企業構成了歧視。[4]

2　USTR, "Section 301 Report", 2018, pp.49–50.

3　USTR, "Section 301 Report", 2018, pp.49–50.

4　USTR, "Section 301 Report", 2018, p.49.

第四章批評中國的對外投資，認為中國政府通過國家戰略、產業政策、資金支持等多種手段引導中資企業進行海外併購，並通過高科技領域的併購獲取先進技術。美國貿易代表署介紹了中國對外投資的國家戰略，即「走出去」戰略和「國際產能合作」戰略，詳細敘述了中國對外投資審批中的部門分工，以及各部門為推進企業對外投資發佈的數十份鼓勵政策和規章制度文件。最後介紹了中國金融體系對海外投資的支持措施，指出通過國有銀行與國有企業緊密合作，地方政府成立大量產業投資基金等方式，支持企業海外併購，在高科技領域獲得技術。

在此基礎上，美國貿易代表署介紹了近年來中國企業和資本在航空、積體電路、資訊技術、生物技術、工業機械和機器人、可再生能源、汽車七大高科技領域的投資情況。報告指出這些領域的對美投資總額從二〇〇五年的 19 億美元增長至二〇一六年的 98 億美元。[5] 隨後重點列舉了這些領域裡由國企和國有資本主導的 25 個海外併購項目，認為這些例子足以說明中國政府具備足夠的資源來決定中國企業海外投資的投資地點、標的和數額。美國貿易代表署認為中國政府的政策和措施剝奪了美國公司的知識產權，降低了美國企業的全球競爭力。

第五章指責中國未經授權侵入美國電腦系統，盜取商業機密。美國貿易代表署認為中國政府和企業通過侵入美國電腦系統，盜取包括產品設計、製造程序、商業計劃、商業高管郵件等多種資訊，對美國公司的全球競爭力構成傷害。

第六章列舉了其他可能和技術轉讓、產權保護等內容相關的中國法律、政策和實踐，包括中國的《網絡安全法》、《反壟斷法》、《標準化法》和人才引進政策等。但美國貿易代表署在報告中承認，尚不能確定這些法律和政策是否符合納入「301 調查」的標準。

5　Rhodium, "China Investment Monitor: Capturing Chinese Foreign Investment Data in Real Time", http://rhg.com/interactive/china-investment-monitor, in USTR, "Section 301 Report", 2018, p.101.

表 7-1 歸納總結了《301 報告》的主要內容。

表7-1　《301報告》主要內容

章節	關鍵詞	主要內容
第一章	總括	介紹「301調查」的背景、調查過程。美國貿易代表署基於美國《一九七四年貿易法》第301條和美國總統川普的指示，調查中國政策、法律和實踐是否存在不合理或歧視成分，導致美國的知識產權、創新和技術進步受到損害
第二章	技術轉讓	指責中國的技術轉讓政策通過兩種方式侵犯美國企業知識產權：（1）中國政府利用所有權限制，如合資企業、外資股權比例限制等方式強制美國公司向中國公司轉讓技術；（2）中國政府利用行政許可、審批程序強迫美國公司以技術轉讓作為獲取市場准入的條件
第三章	法律法規	指責中國的法律法規通過對外資企業的歧視性規定侵犯美國企業的知識產權：（1）中國《合同法》和《技術進出口管理條例》規定基於引進技術做出的技術改進成果歸改進方，限制了美國企業作為研發者獲得技術改進權益的機會；（2）《合同法》規定國內企業技術糾紛的賠償責任可由雙方協商解決，《技術進出口管理條例》則規定賠償責任由技術讓與人承擔，導致美國作為技術出口國的權益受損
第四章	對外投資	指責中國企業的海外並購是由國家主導的系統性獲取先進技術的計劃。中國政府通過國家戰略、產業政策、資金支持等多種手段，指定引導中資企業進行海外併購，並在包括航空、積體電路、資訊技術、生物技術、工業機械和機器人、可再生能源、汽車七大高科技領域購買大量先進技術
第五章	商業機密	指責中國侵入美國企業的計算機系統盜取商業機密
第六章	其他	列舉了其他可能和「301調查」相關的內容，但美國貿易代表署尚無法確認這些內容是否符合納入調查的標準

資料來源：USTR；恒大研究院。

第二節　《301 報告》存在的四大問題

《301 報告》看似非常嚴密，但有諸多明顯錯誤和不嚴謹之處。報告存在的問題主要分為四類：第一是數據誤導性及選擇性引用；第二是事實的片面性及選擇性陳述；第三是對本國和他國的類似做法採取雙重標準；第四是混淆概念。

一、數據誤導性及選擇性引用

在《301 報告》中，美國貿易代表署為了支撐其論據，引用了一些調查機構和智庫的報告和數據，但這些數據存在許多明顯的誤導性、選擇性引用。

最嚴重的誤導性引用出現在第二章第二節，美國貿易代表署在該節指責中國在許多行業強制實行合資制度，而外國公司通常更願意在中國建立獨資公司。[6] 為了證明其觀點，美國貿易代表署引用了歐盟委員會的數據，稱「一項由歐盟發起的基於 1000 家公司的調查表明，僅有 12% 的回答者認為即使（中國）沒有合資要求，他們仍將保持現有的合資結構，大多數（52%）的回答者希望建立一家獨資企業，32% 的回答者希望在合資企業中獲得更高的股權佔比」[7]。

上述數據源自歐盟委託哥本哈根經濟學會（Copenhagen Economics）智庫在二〇一二年所做的調查，調查對象為在中國經營的歐洲企業，問卷發放數量為 1000 份。但歐盟清楚地表明，回收到的問卷僅為 203 份，「由於這個問題僅僅適用於面臨合資要求的公司，那些並不面臨合資要求的公司此項答案為空，因此，該問題的樣本為 25 份回答」。美國貿易代表署報告中的大多數（52%）企業事實上僅僅是這 25 家企業中的 52%，即 13 家。《301 報告》的原文表述，容易讓讀者誤解為 1000 家受訪企業中的 52%，即 520 家企業都表明希望建立獨資公司，而這與實際情況相差高達 40 倍。[8]

此外，美國貿易代表署並沒有解釋選用二〇一二年調查問卷的原因，以及歐盟和美國企業面臨的情況的異同，這些細節進一步削弱了《301 報告》這項數據引用的可信度。

---

[6] USTR, "Section 301 Report", 2018, p.27.

[7] USTR, "Section 301 Report", 2018, pp.27–28.

[8] Copenhagen Economics, "EU-China Investment Study", 2012, p.63.

　　《301 報告》的第二章第一節指出，「根據美中貿易全國委員會（USCBC）最近的會員調查，19％的作答公司表示過去一年中被直接要求對中國進行技術轉讓，這些要求 33％來自中央政府，25％來自地方政府」[9]，以表明中國政府在強制技術轉讓中扮演了重要作用。這段表述存在以下問題。

　　一是這份調查沒有註明發放和回收問卷的數量。調查報告聲稱數據來自美中貿易全國委員會的會員企業，但沒有標註接受本次問卷調查的企業的具體資訊。我們僅從美中貿易全國委員會的官網上瞭解到該委員會的註冊會員共 200 家，調查的可信度存疑。二是數據引用存在誤導性和選擇性。首先，19％並不是一個特別高的比例；其次，美中貿易全國委員會非常明確地表明，技術轉讓的要求中 67％來自合作企業，33％來自中央政府，25％來自地方政府，如圖 7–1 所示，[10] 合作企業才是技術轉讓的主要需求方，在實際談判中也並非被強制，而是平等協商。美中貿易全國委員會調查報告顯示 80％的美方企業認為中方企業的技術轉讓需求可以接受或在弱化請求後轉讓了部份技術，如圖 7–2 所示，[11] 但《301 報告》卻刻意忽略這一事實，試圖證明中國政府在技術轉讓過程中佔據重要作用，這顯然具有嚴重誤導性。

　　在同一節中，美國貿易代表署指出：「中國美國商會（AmCham China）的年度調查問卷表明了類似的問題，例如，二〇一三年對來自不同行業的 325 家公司的調查表明，超過三分之一（35％）的受訪者表示中國將事實上的技術轉讓作為市場准入條件令人擔憂。」[12]

　　中國美國商會每年都會開展問卷調查並公佈調查報告，但美國貿易代表署卻在二〇一八年的《301 報告》中引用五年前的數據，存在明顯的

---

[9]　USTR, "Section 301 Report", 2018, p.22.

[10]　US-China Business Council, "2017 Member Survey", 2017, p.9.

[11]　US-China Business Council, "2017 Member Survey", 2017, p.9.

[12]　USTR, "Section 301 Report", 2018, p.22.

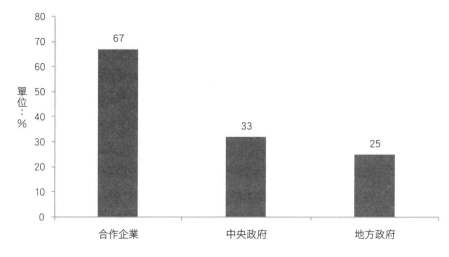

圖7-1　技術轉讓請求來自的機構類型

資料來源：USCBC；恒大研究院。

註：問卷中該題為多選，故各機構類型佔比之和大於 100%。

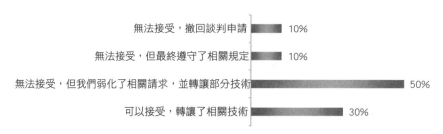

圖7-2　美國企業對技術轉讓的態度

資料來源：USCBC；恒大研究院。

選擇性引用。中國美國商會近五年來的調查結果清晰地表明中國在知識產權保護領域所取得的進步。二〇一八年的報告顯示，96％的受訪企業認為，過去五年，中國在知識產權保護執法方面有所改善或保持穩定，如**圖 7-3** 所示。僅有 8％的企業認為商業夥伴的技術轉移安排是知識產

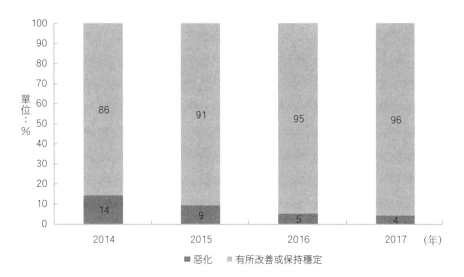

圖7-3　二○一四～二○一七年美國企業對中國知識產權保護執法的評價

資料來源：中國美國商會；恒大研究院。

權保護方面最嚴重的問題。此外，80％的受訪企業認為在中國同商業夥伴及客戶分享的技術和專利數量較美國之外的其他海外司法管轄區更少或持平，其中，服務行業的該比例更是高達 89％，如**圖 7-4** 所示。[13] 事實上，二○○一年以來中國對外支付知識產權費以年均 17％的速度迅速增長，並於二○一七年達到 286 億美元。

　　第四章第三節中，美國貿易代表署列舉了中國對外投資的數據，試圖證明中國政府通過有計劃地引導企業投資，尤其是高科技領域投資，來獲取美國的高新技術。

　　全面研究美國企業公共政策研究所（AEI）的數據可發現，《301 報告》對上述數據存在選擇性引用。在中國企業的海外投資中，高科技行業並非投資主力，二○○五～二○一七年，中國企業對美國的投資總額

---

[13] AmCham China, "2018 China Business Climate Survey Report", 2018, p.46.

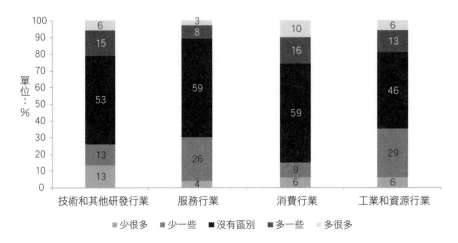

圖7–4　二〇一七年美國企業對在中國經營是否需要分享更多技術和專利的評價
資料來源：中國美國商會；恒大研究院。

為 1720 億美元，其中，旅遊和娛樂項目佔總投資的 20％，金融地產類項目佔總投資額的 29％，即將近一半的投資集中在娛樂和金融地產領域，而高科技領域的投資額僅為 215 億美元，佔總投資額的 12.5％，如**圖7–5** 所示。[14]

事實上，近年來中國企業通過「走出去」戰略，大量投資亞非拉等開發中國家所在地區，主要投資領域集中在交通、能源等基礎設施建設上，如**圖 7–6** 所示。美國企業公共政策研究所的數據表明，二〇〇五～二〇一七年，中國在亞洲、拉丁美洲和非洲等地的對外投資總額達 10980 億美元，是同期對美投資額的六倍多。其中，45％投資於基礎能源領域，21％投資於交通領域。[15] 這是中國企業對外投資的主戰場。對美國的科

---

[14] American Enterprise Institute, "China Global Investment Tracker"，見 http://www.aei.org/china-global-investment-tracker，訪問時間：二〇一九年六月二十三日。

[15] American Enterprise Institute, "China Global Investment Tracker", 見 http://www.aei.org/china-global-investment-tracker，訪問時間：二〇一九年六月二十三日。

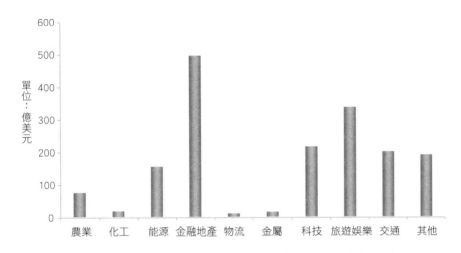

圖7-5　二○○五～二○一七年中國企業赴美投資領域分佈

資料來源：AEI；恒大研究院。

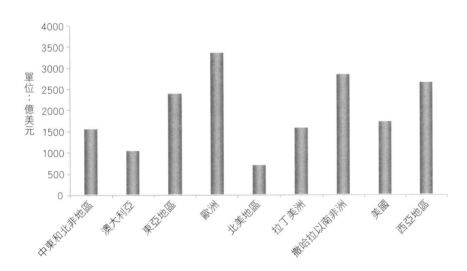

圖7-6　二○○五～二○一七年中國企業累計對外投資地域分佈

註：北美地區數據不包括美國，南亞、東南亞在原始數據中分別歸屬於西亞和東亞，
　　墨西哥包含在北美地區。
資料來源：AEI；恒大研究院。

技類投資近年來出現增長，是中國海外投資整體增長背景下的正常增長。

在同一節中，美國貿易代表署表示，二〇〇〇年以來的數據表明，中國對美投資的結構中，綠地投資（Greenfield Investment）的佔比逐步下降，而併購的佔比逐步上升，如**圖7–7**所示。綠地投資是指「能帶來資本存量增長，直接增加新的經濟活動和就業，提高生產力」的投資。美方據此指責近年來中國不斷通過投資併購的方式直接獲取美國企業的資源和技術。

綠地投資有極強的順週期性，投資數量的多少與東道國的整體經濟情況有關。當東道國經濟形勢較好時，投資機會較多，綠地投資的佔比較高，反之則較低。二〇〇八年金融危機之後，美國國內綠地投資機會較金融危機前明顯減少，而一些當地企業則因為債務壓力等主動尋求兼併重組，導致中國對美綠地投資佔比下滑，而併購投資的佔比上升。因此，近年來綠地投資佔比的下滑，反映的是美國國內綠地投資機會的下

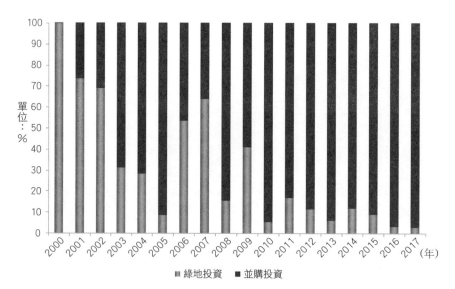

圖7–7　二〇〇〇～二〇一七年中國企業赴美綠地投資和併購投資比例

資料來源：RHODIUM；恒大研究院。

降，以及中國企業在海外投資過程中主要依據經濟條件決策，而非政府主導。

　　此外，第二章第一節中，美國貿易代表署引用了美國商務部產業和安全局對美國積體電路行業的調查問卷結果，指出 26％（25 家）的受訪企業表示在中國必須與當地企業建立合資公司才能進入中國市場，[16]《301 報告》的註釋 118、119 顯示相關問卷調查結果即將公佈，但截至二〇一九年六月，美國商務部仍未公佈相關報告，因此，該數據的真實性和完整性目前無法評估。

二、事實的片面性及選擇性陳述

　　「市場換技術」政策本身並非強制技術轉讓。《301 報告》的第二章第一節指出，中國長期在部份領域要求外資企業與中資企業合資才能進入中國市場，對外資實施股權比例限制，利用合資企業實施強制技術轉讓。[17] 美國貿易代表署認為「市場換技術」的行為侵犯了美國企業知識產權。

　　美國貿易代表署認為只要中國從合資企業中獲得了技術，便是對美方知識產權的侵犯。但事實上，評價「市場換技術」是否構成對美國企業知識產權的侵犯，一是要看中方企業獲得技術時，是否依據了技術轉讓的相關法規簽訂了技術轉讓的合同以及合同內容是否合法；二是要看技術合同的簽訂是否遵循了公平和平等的原則。如果兩個問題的答案都是肯定的，就不能判定為強制技術轉讓，也就談不上對知識產權的侵犯。

　　根據中國的《合同法》和《技術進出口管理條例》的規定，企業在引進外資企業的專利技術和專有技術時，應當簽訂技術轉讓合同。這從法律上保證了技術轉讓一定是基於雙方都認可的合同文本進行的。如果

---

[16] USTR, "Section 301 Report", 2018, p.23.

[17] USTR, "Section 301 Report", 2018, p.19.

不簽訂相關合同而直接脅迫對方進行的強制技術轉讓,讓與人可以依據上述法律對受讓人提起訴訟,爭取自己的合法權益。

中國現行的法律條文中不包含強制技術轉讓的條款,任何含有這類條款的合同都是違法的,也是無效的。如果技術的讓與方認定合同中存在強制技術轉讓的證據,可以對此提起訴訟。但如果雙方基於平等自願的原則簽訂了技術轉讓合同,且合同條款符合相關法律法規的規定,那麼這份合同就是有效的。在這份合同下產生的所有後果都應當由簽訂合同的雙方承擔,與受讓公司所在國的政治制度等其他因素無關。

對於是否進行強制技術轉讓,最有發言權的應該是簽訂合同的雙方企業。中國作為開發中國家,技術水準和管理水準相對落後,但市場規模較大,在合同簽訂過程中,用自己的優勢(市場規模)來提高自己的弱勢(技術水準)正好體現了貿易的互利互惠。同時,美國企業願意來中國投資,並適當轉讓相關技術,一定是經過了收益—成本的測算,認為在中國市場獲得的收益大於轉讓技術的成本。這些都體現了川普反覆要求的貿易的對等性(reciprocity)。

作為案例,《301報告》第二章介紹了中國汽車和飛機兩個行業的發展歷程,認為這兩個行業長期通過「市場換技術」政策,強迫美國公司轉讓相關技術。然而,詳細回顧這兩個行業的發展歷程可以發現,中國的「市場換技術」政策並未導致外資企業的核心技術轉讓,《301報告》中的論斷較為片面。

案例一:汽車行業的「市場換技術」未能使中國企業獲得技術

《301報告》第二章第二節中,美國貿易代表署指責了中國汽車產業與外資合作的「長安模式」,認為這是中國政府強制技術轉讓的例證之一。報告指出:「中國政府的目標是通過轉移美國和其他國外廠商的技術,發展國內汽車企業。在長安模式下,重慶長安汽車股份公司和美國福特汽車公司以各佔50%的比例建立合資企業。企業通過引進相關技術、消化吸收,然後進行二次創新,從而取得技術進步。長安模式的優勢在於長安公

司能夠控制合資企業的核心生產技術，通過核心技術建立技術產品創新，提升品牌價值。」[18] 美國貿易代表署進一步表示，「當中國獲得相應的技術並尋求提升自主品牌時，外資製造商發現自己在中國的處境愈發艱難，在外商投資產業指導目錄中，整車製造在二〇一〇年以前屬於鼓勵外商投資的目錄，二〇一一～二〇一四年調整為限制投資，二〇一五年之後被納入禁止投資目錄」[19]。「長安模式」是中國的「市場換技術」政策在汽車行業的體現，《301 報告》中的這段指責對事實存在明顯的選擇性陳述，沒有客觀評價中國汽車產業政策的實施效果。

　　改革開放前，中國的汽車工業長期處於較為封閉的狀態，技術進步較為緩慢。生產的汽車主要用來支持國民經濟的其他行業，主要發展重型卡車等車型，乘用車領域技術和市場積累均較弱。技術上主要依賴從蘇聯引進的技術，一些零組件需要手工打造，量產率很低。這一時期中國的汽車工業和世界先進水準無論在技術、管理還是市場行銷等方面都存在著很大的差距。[20]

　　一九九四年，中國國務院頒佈了第一版《汽車工業產業政策》（以下簡稱《一九九四年版政策》）標誌著「市場換技術」的政策首次得到明確。《一九九四年版政策》規定：「中外合資、合作的汽車工業生產企業，必須同時滿足下列條件方可建立：1. 企業內部建立技術研究開發機構。該機構具備換代產品的主要開發能力。2. 生產具有國際九〇年代技術水準的產品。3. 合資企業應以本企業生產的產品出口為主要途徑，自行解決外匯平衡。4. 合資企業在選用零組件時，國產零組件應同等優先。」[21] 這一版政策中對合資企業的股權比例上限做出明確規定：「生

---

[18] USTR, "Section 301 Report", 2018, pp.29–30.

[19] USTR, "Section 301 Report", 2018, p.30.

[20] 苗壯：《「市場換技術」策略與中國汽車業對外開放研究》，武漢大學博士學位論文，二〇一三年。

[21] 參見一九九四年《汽車工業產業政策》第三十一條。

產汽車、摩托車整車和發動機產品的中外合資、合作企業的中方所佔股份比例不得低於 50％。」[22]

然而，「市場換技術」實施之後卻沒能起到預期的效果，中國企業讓出了市場，卻沒能得到外資企業的技術。主要原因：一是外資企業始終牢牢掌握著關鍵技術，對核心零組件如發動機、變速箱的技術轉讓嚴格限制，或設置高昂的技術使用費，增加了中方獲取核心技術的難度。在這一過程中，中方市場和股權優勢與外方的技術優勢並不對等，外方掌握著核心技術和產品，掌握了談判的話語權。二是中方自己技術轉化的動力和效率不高。外資企業的技術優勢帶來巨大的市場利潤，中方從追求利潤，降低成本的角度出發，減少甚至停止了技術研發投入，導致引進技術後消化、吸收的能力較弱，更談不上二次創新。許多企業從國外運來零組件後直接組裝生產，二〇〇〇年以前，中國的大中型工業企業用於技術消化的費用僅相當於技術引進費用的 10％，而韓國、日本的比例則高達 700％。[23] 因此國產汽車技術進步比較緩慢。

二〇〇四年，為了履行加入 WTO 時的承諾，同時反映最新的市場情況，中國國家發展和改革委員會頒佈了第二版《汽車產業發展政策》（以下簡稱《二〇〇四年版政策》）。在這版政策中，「市場換技術」的核心思路沒有明顯變化，中資企業依然面臨著關鍵零組件的生產技術進展緩慢的困難。同時，《二〇〇四年版政策》將外資公司只能成立一家合資企業的限制放寬為兩家。[24] 合資企業良好的經濟效益驅動各地政府紛紛引進，逐漸形成了地方政府競爭外資引進企業的局面。外資企業在談判中獲得了更大的話語權，將最小化技術轉讓作為選址的重要條件，利用地方政府之間的經濟「錦標賽」不斷削減技術轉讓規模，導致中國

---

22 參見一九九四年《汽車工業產業政策》第三十二條。

23 楚團長、遠川研究：《技術換市場：從關山難越，到暗度陳倉》，二〇一八年七月二十五日，見 https://mp.weixin.qq.com/s/G53vBUw8_xTQnSlTq95I7w。

24 參見二〇〇四年《汽車產業發展政策》第四十八條。

汽車工業的整體技術水準遲遲無法取得進展。目前，不少外資企業在中國均建立了兩家合資企業，例如，大眾汽車公司分別與一汽和上汽成立了一汽大眾和上汽大眾，本田公司分別與東風公司、廣州汽車公司成立了東風本田和廣汽本田。外資公司充份利用這些企業之間的競爭關係來削弱技術轉讓規模，將更受市場歡迎的車型放在要求技術轉讓更少的公司生產。因此，「市場換技術」政策在中國汽車行業始終未能取得預期效果，中國汽車自主品牌銷量佔比低於 50％，如**圖 7-8** 所示。

案例二：飛機行業的「市場換技術」是中美共贏

在同一節中，美國貿易代表署指責中國商用飛機有限責任公司（COMAC，以下簡稱「商飛」）在研製 C919 飛機時採用的「主製造商─供應商」模式，認為中國利用這一模式強制轉讓技術。美國貿易代表署在報告中寫道：「中國利用自身市場的購買力建立 C919 的國內供應鏈。產業觀察家將這一過程描述為『國家主導的』、『強制的』和『精心設計的』。在這一過程中，合資企業成為中國獲取建立自主飛機製造供應

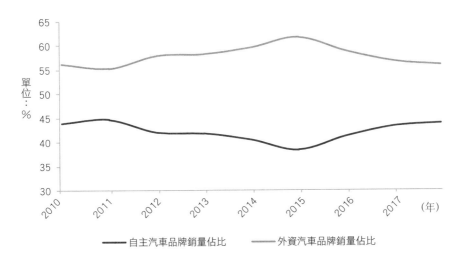

圖7-8　二〇一〇～二〇一七年自主汽車品牌和外資汽車品牌在華銷量佔比

資料來源：Wind；恒大研究院。

鏈相關技術的關鍵環節。」[25] 為了佐證其觀點，美國貿易代表署援引美國智庫蘭德（RAND）公司《中國商用飛機製造產業政策的有效性》中的描述，「中國的政府官員非常清晰地對外國企業表示，如果他們能夠成為中國的朋友，那麼他們的業務在中國將更有可能獲得成功。這些公司可以通過建立生產基地，轉移技術或者直接參與 C919 計劃的方式來實現」[26]。

這些描述非常片面且具有明顯的誤導性。事實上，商飛與供應商簽訂的合同完全是互利互惠的，供應商決定加入中國市場完全是基於市場因素考量，不存在「強制」或者「精心設計」。美國貿易代表署在《301報告》中承認，「中國是世界最大的民用航空市場，因此任何飛機零組件製造商都希望在中國獲得更大的市場比例，如果在中國的市場競爭中失利，那就意味著企業規模受限，出口收入下降，用於研發下一代產品資金也相應減少，企業競爭力將因此受損」[27]。

蘭德公司的報告措辭更加直白：「與我們討論 C919 計劃的美國政府官員表示，美國公司並未抗議商飛的這一要求（指建立合資公司）。這些公司希望美國政府幫助他們起草更有競爭性的標位以及註冊合資公司。美國公司願意將設立合資企業作為中標的前提條件，因為新產品指定供應商的地位非常重要。許多與我們交流的企業代表都強調了這一點。他們指出，飛機模組和組件是非常專業化的產品，只有被確定安裝之後才能銷售，因此生產商之間為了供應商地位競爭非常激烈。由於商飛同意在 C919 計劃上採用獨家供應商的做法，美國廠商對成為商飛的獨家供應商尤其感興趣。」[28]

---

[25] USTR, "Section 301 Report", 2018, p.34.

[26] Keith Crane, et al., "The Effectiveness of China's Industrial Policies in Commercial Aviation Manufacturing", RAND Corporation, 2014, p.31.

[27] USTR, "Section 301 Report", 2018, p.35.

[28] Keith Crane, et al., "The Effectiveness of China's Industrial Policies in Commercial Aviation Manufacturing", RAND Corporation, 2014, p.41.

　　更重要的是，與汽車行業一樣，民航業的外資企業對技術是否可以共享轉讓有著清醒的認識。「飛機製造中的最先進的技術，例如渦輪葉片，合成材料以及整合系統的生產技術，被生產企業牢牢掌握，這些零組件通常在國外製作，然後出口到中國進行最終組裝。外國企業與中國合作的技術通常是更容易獲得、更容易掌握的技術，以便確保技術轉讓後，對應產品的生產滿足必要的精確度、質量和效率。」[29] 轉讓這些技術對於外國企業而言更多是出於降低成本的考慮——技術本地化能夠降低產品的運輸成本，從而獲得更大的競爭優勢。

三、對本國和他國的類似做法採用雙重標準

（一）公然違反國際組織原則

　　《301 報告》中的第三章第二節中，美國貿易代表署指責中國《技術進出口管理條例》侵害美國企業的合法權益。《技術進出口管理條例》第 27 條規定，在技術進口合同有效期內，改進技術的成果屬於改進方；第 29 條第 3 款規定，技術進口合同中，不得含有限制受讓人改進讓與人提供的技術或者限制受讓人使用所改進的技術的條款。美國貿易代表署認為這些規定使美國企業無法限制中方改進轉讓技術，阻止了美國企業對改進成果相關利益的獲取，削弱了美國企業保護自身知識產權的能力。[30]

　　上述指責存在明顯的法理漏洞，違反了國際上關於技術轉讓的一般原則。從法理上講，《技術進出口管理條例》中規定改進技術的成果屬於改進方，同時規定不得含有限制受讓人改進技術的條款，是為了激發和保護受讓人基於現有技術不斷創新的積極性。工業革命以來，人類技

---

[29] Keith Crane, et al., "The Effectiveness of China's Industrial Policies in Commercial Aviation Manufacturing", RAND Corporation, 2014, p.39.

[30] USTR, "Section 301 Report", 2018, pp.49–50.

術進步日新月異，一方面靠的是專利制度保護原創成果，另一方面則靠的是對已有技術的不斷改進和突破。如果不對技術改進行為予以保護，那麼讓與人通常會在技術轉讓合同中設置大量限制性條款，例如高昂的技術轉讓和使用費，限制受讓人對技術進行任何改動等，導致讓與人逐步形成技術壟斷。壟斷優勢會降低讓與人不斷研發、更新技術的動力，減慢技術更新的速度，抑制社會的創新氛圍。因此，目前大多數國家都會對基於現有技術的創新改進予以保護。

聯合國《國際技術轉讓行動守則（草案）》中清楚表明，反對各國對技術研究進行限制，各國不得設置條款限制受讓人從事按當地情況吸收和更改所轉讓技術的研究和發展，或限制受讓人實施與新產品、新設備、新工藝有關的研究發展計劃。[31] 這份文件是目前世界最具代表性的、反映大多數國家意願的技術轉讓的原則性文件。《301 報告》中的指責很顯然與上述精神相違背。美國政府一方面要求中國等其他國家遵守 WTO 等國際組織的相關規定，另一方面又在《301 報告》中公然做出違反國際準則的指責，是典型的雙重標準做法。

（二）片面評價外資企業的在華待遇

《301 報告》第三章第二節指責中國法律偏袒中國企業，歧視外國企業。美國貿易代表署聲稱，「中國《技術進出口管理條例》規定了《合同法》未規定的若干程序要求。根據《技術進出口管理條例》，所有技術進口合同必須通知中國並提供其合同副本」，「從一開始，外國進口技術許可人，包括美國技術許可人，就必須履行《合同法》中未對中國企業施加的義務」[32]。

首先，中國國內企業的技術轉讓合同，同樣需要向科學技術部進行

---

[31] 聯合國：《國際技術轉讓行動守則（草案）》，一九八五年，第八章。
[32] USTR, "Section 301 Report", 2018, p.51.

統一登記管理，並未享受特權。儘管中國《合同法》中未對合同登記進行特殊規定，但中國科學技術部、財政部和國家稅務總局聯合印發的《技術合同認定登記管理辦法》（國科發政字〔2000〕063 號）規定，國內法人、個人和其他組織依法訂立的技術開發合同、技術轉讓合同、技術諮詢合同和技術服務合同需向科學技術部進行登記，並非《301 報告》中所稱享受特權。

其次，在過去很長一段時間，在中國境內享受特權的是外國企業而非中國企業，外國企業長期在稅收法律上享受超國民待遇。自二十世紀七〇年代末中國改革開放至二〇〇八年，中國一直在國家層面給予外資企業超國民待遇的稅收政策和土地優惠政策。一九九一年中國頒佈的《外商投資企業和外國企業所得稅法》第 7 條明確規定，「設在經濟特區的外商投資企業、在經濟特區設立機構、場所從事生產、經營的外國企業和設在經濟技術開發區的生產性外商投資企業，減按 15％的稅率徵收企業所得稅」，「設在沿海經濟開放區和經濟特區、經濟技術開發區所在城市的老市區的生產性外商投資企業，減按 24％的稅率徵收企業所得稅」。該法律在二〇〇一年中國正式加入 WTO 後仍然有效，直至二〇〇八實施的《企業所得稅法》把內外資企業所得稅稅率統一為 25％。

當前外資企業仍在中國享有部份稅收優惠政策。二〇一七年中國國務院發佈《國務院關於促進外資增長若干措施的通知》（國發〔2017〕39 號）第 2 章第 3 條規定：「對境外投資者從中國境內居民企業分配的利潤直接投資於鼓勵類投資項目，凡符合規定條件的，實行遞延納稅政策，暫不徵收預提所得稅。」同樣在所得稅計提上對外資企業及個人給予超國民優惠。美國貿易代表署在《301 報告》中絲毫不提中國長期以來對外資企業及個人各項優惠政策對中國企業所造成的不公，僅強調在技術合同管理方面的程序設置，雙重標準使得其論據過於片面狹隘。

（三）片面評價中國產業政策

　　《301 報告》的第四章用近百頁的篇幅對中國高科技領域的產業政策進行了廣泛的批評，認為中國政府不公平地指導和促進中國公司對美國公司和資產進行投資和收購，其中技術領域的投資增長迅速。過去幾年，中國的高科技投資主要集中於航空、積體電路、資訊技術、生物技術、工業機械和機器人、可再生能源、汽車七大領域。其中，資訊技術和可再生能源領域增長尤其迅速，二〇〇九～二〇一三年資訊技術領域的對美投資額年均為 3.12 億美元，但二〇一四年迅速增長至 59 億美元，二〇一五年和二〇一六年維持在 13 億美元和 33 億美元的高位；[33] 二〇〇五～二〇一三年，可再生能源領域的對美投資額年均為 6.73 億美元，但二〇一四～二〇一七年，年均投資額增長至 42 億美元。[34]

　　《301 報告》進一步分析，由於這些併購是基於政府政策目標而非市場決策，因此中國企業在併購中得到了包括中國主權財富基金——中投公司和國有大型商業銀行在內的金融機構的大力支持。而中國國內對企業併購嚴格限制，外國企業無法在中國自由地進行類似交易。此外，由於交易中的部份損失由政府承擔，中國企業在併購中更願意承擔損失。這些對於包括美國在內的外國企業而言都是不公平的。因此，《301 報告》得出結論：中國政府制定的大量戰略、各類政府注資背景的基金與國有銀行為高科技產業提供了不公平的產業政策，是近年來中國企業對外投資快速增長的主要原因。[35]

　　理論與歷史經驗均表明產業政策一直在經濟發展和產業結構升級過程中發揮著重要的作用。在市場經濟運行過程中，由於資本的順週期逐利性與歷史侷限性，從長期來看難以僅憑市場力量促進產業的升級與技

---

[33] USTR, "Section 301 Report", 2018, p.102.

[34] USTR, "Section 301 Report", 2018, pp.101–102.213

[35] USTR, "Section 301 Report", 2018, pp.147–152.

術的進步。國家主導的產業政策扮演著積極引導與調整產業結構的角色，能起到提升社會資源配置效率，加快產業、技術、人才向更優結構轉變等重要作用。

事實上，包括美國在內的各主要經濟體近年來均在高科技領域制定相似產業政策。進入二十一世紀以來，伴隨經濟水準的不斷提高以及計算機技術的進步，以大數據、雲計算為依託的各類高端製造、智慧科技產業逐步興起。美、德、日、韓等國為在新一輪工業革命中搶佔先機，均紛紛制定相關產業政策鼓勵、引導企業在高科技領域的投資。從發佈的高科技製造業戰略以及政策來看，各國指導性綱領中提及的戰略目標以及實施方式相似度很高。二〇一二年美國提出「先進製造業國家戰略計劃」（National Strategic Plan for Advanced Manufacturing），強調加快對中小企業高端製造業投資，並通過政府採購以及直接投資支持基礎技術研發，提高政產學研用模式效率，培育高科技人才等手段支持高端製造業的發展。該計劃內容與韓國「製造業創新 3.0 戰略」（Manufacturing Industry Innovation 3.0 strategy）、日本「第 5 期科學技術基本計劃」（The 5th Science and Technology Basic Plan）以及德國「高技術戰略 2020」（High-Tech Strategy 2020）主體內容以及實現的方法極為相似，如**表 7–2** 所示。

各國對外投資在宣佈高科技產業政策後均呈上升趨勢。伴隨高科技產業政策的全面鋪開，其他各國對美投資總體呈現上升趨勢，其中日本自二〇一六年提出《第 5 期科學技術基本計劃》以來，二〇一七年以合併、併購為主的對美國直接投資同比增長 34.4％。德國二〇一三年提出「工業 4.0」戰略後，二〇一四年對美直接投資同樣快速增長，同比增幅達 319％，如**圖 7–9** 所示。事實上，伴隨次貸危機後世界經濟逐步恢復，各國推出類似高科技產業政策，各經濟體對外直接投資均有明顯上升。美國無視經濟發展規律，選擇性忽略他國實際數據證據，表明了這些指責實際上是貿易保護主義，有失公允。

表7-2　部份國家高新技術產業政策

國家	戰略	部分產業政策內容
美國	《先進製造夥伴》（AMP）《先進製造業國家戰略計劃》	加快對高端製造業投資，以包括政府採購在內的手段支持早期高端技術產品研發；加強公共和私營部門聯合投資，確保所有部門參與標準制定並加快應用；加強政府先進製造業投資組合，重點在先進材料、生產技術平台、先進製造工藝及設計與數據基礎設施等四個領域創建協調聯邦政府的投資組合
德國	《高技術戰略2020》「工業4.0」	將公共資金與私人財務和實物捐助相結合，優化創新環境，培育創新人才，重點支持生物技術、納米技術、微電子和奈米電子、光學技術、材料技術、生產技術、服務研究、空間技術、資訊與通信技術等的發展，保持德國在這些領域的領先地位
日本	《第5期科學技術基本計劃》《科技創新綜合戰略2015》	加強基礎技術領域研究，強化與各技術研究開發機構合作，強化技術人才培養以及政府直接投資補助來引導產業結構升級。重點支持先進網路技術、大數據分析技術、傳感裝置技術、傳感器識別技術、虛擬實境技術、機器人技術、奈米技術等發展
韓國	《製造業創新3.0戰略》《製造業創新3.0戰略實施細則》	在二〇二〇年之前，打造1萬個智慧生產工廠，將20人以上工廠總量中的三分之一都改造為智慧工廠。通過實施《製造業創新3.0戰略》，計劃到二〇二四年韓國製造業出口額達到1兆美元，競爭力進入全球前四名，超越日本，僅次於中國、美國和德國；扶持和培育相對處於弱勢地位的中小企業，通過對中小製造企業的智慧化改造，截至二〇一七年培育10萬家中小型出口企業和400家出口額達1億美元的中堅企業

資料來源：恒大研究院。

四、混淆「國民待遇」與「正常技術安全審查」概念

《301報告》的指責明顯混淆「國民待遇」與「正常技術安全審查」概念。WTO明確指出「國民待遇」是給予他人與自己國民相同待遇的原則。其中，《關稅與貿易總協定》第3條規定：一旦通過海關，進口產品的待遇不得低於相同或類似的國產產品。同時，《服務貿易總協定》（GATS）第17條和《與貿易有關的知識產權協定》第3條也涉及國家

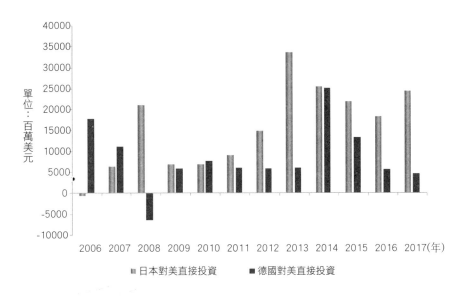

圖7-9　二〇〇六～二〇一七年日德對美直接投資情況

資料來源：AEI；恒大研究院。

對服務和知識產權保護的處理，均強調在國內市場對本國企業和外國企業的平等對待。「國民待遇」在此並不等同於對外國商品、服務與技術毫不設限，而是指給予進口產品以及技術的待遇不低於本國同類產品所享受的待遇。

　　中國並非全面對進口技術進行審查，而是對部份產業國外進口技術，尤其是關乎國家安全的敏感產業技術，實施許可證管理，屬於邊境管理中的「正常技術安全審查」，為市場准入問題。中國《技術進出口管理條例》第 7 條、第 18 條均指出，「國家鼓勵先進、適用的技術進口」，部份技術可自由進口。各國有權在符合 WTO 框架的前提下實施安全審查，並非《301 報告》中所指出的歧視國外企業而違反國民待遇原則。事實上，無論是從法理還是從法條上來說，安全審查的許可證管理模式都有其存在的意義，實施進出口許可證管理是維護一國國家安全、資訊技

術安全的必要措施，國家安全脆弱性的關鍵在於敏感產業、敏感技術、敏感資訊、敏感地域等，這些敏感點易受攻擊或者損害而難以防範或補救，從而嚴重危及國家安全。從二〇〇七年中國商務部發佈的《中國禁止進口限制進口技術目錄》（二〇〇七年版）來看，中國對部份產業進口技術限制許可審查主要集中於對國家安全、社會公共利益或者公共道德，人民健康或安全和動物、植物的生命或健康，環境破壞等的審查，目的在於維護中國人民以及經濟技術權益。

事實上，美國同樣存在對進出口技術的限制與審查。美國《出口管制條例》第 736 條明確對包括出口目的地、出口技術等八方面限制或禁止出口內容，規定限制的技術及產品須申請「許可證」或「許可證再審核」。從進口方面來看，美國同樣在軍事、醫藥、能源等產業採取進口許可證管理方式，進口產品或技術均需通過相關部門的審查方可進入美國。例如，在美國《進口牛奶法案》（*Import Milk Act*）中規定大多數奶酪進口都需要進口許可證，並且必須受限於進口配額。

此外，《301 報告》第三章第二節中指責《技術進出口管理條例》第 20 條──申請人憑技術進口許可證或者技術進口合同登記證，辦理外匯、銀行、稅務、海關等相關手續，「使得未登記的進口技術企業無法將合理獲得的利潤匯出國外，而中國企業在《合同法》下無此限制」的說法同樣有失偏頗。當前中國外匯管理採用宏觀審慎與微觀監管相結合的原則，無論國內外企業均須提供合理證明保證購匯真實性、合法性與合規性。《國家外匯管理局關於進一步推進外匯管理改革完善真實合規性審核的通知》（匯發〔2017〕3 號）第 8 條指出：「境內機構辦理境外直接投資登記和資金匯出手續時，除應按規定提交相關審核材料外，還應向銀行說明投資資金來源與資金用途（使用計劃）情況，提供董事會決議（或合夥人決議）、合同或其他真實性證明材料。」其對國內企業要求的本質與要求國外進口技術方提供相關材料以辦理外匯、海關手續並無差別。

第八章
中美經濟、教育、文化、
經商環境、民生現狀[*]

　　中美貿易摩擦爆發前後，關於中美競爭力的比較主要有三種觀點：（1）過度膨脹派，認為中國綜合國力已經超越美國，中國有實力全面挑戰美國；（2）過度悲觀派，否定中國制度、文化，認為改革進入深水區而難以推進，內憂外患導致中美差距只會越來越大；（3）理性客觀派，主張全面、客觀、理性分析中美的競爭力，認為通過進一步改革開放，中國有可能實現高質量發展，不斷改善民生。中美的差距有多大？體現在哪些方面？本章從經濟、教育、文化、經商環境和民生五個方面客觀分析中美差距，肯定進步，正視問題。

＊本章作者：任澤平、羅志恆、華炎雪、孫婉瑩、顏靜雯、褚方圓。

第一節　中美經濟現狀

　　40 年來，受益於改革開放，中國在各方面取得巨大進步。中國當前為全球第二大經濟體，佔全球的經濟份額不斷擴大，與美國的 GDP 規模差距不斷縮窄，但仍未改變「中國是最大的開發中國家、美國是最大的已開發國家」的基本現狀。假定中國 GDP 年均增速 6％，美國 GDP 年均增速 2％，二〇二七年前後中國 GDP 總量將趕超美國，但中美人均GDP、生產效率仍有較大差距。中國的城市化水準、產業結構、金融自由度、企業競爭力與美國比仍有較大的發展空間，軍事、政治影響力不及美國。中國必須立足於國情，客觀、理性地看待與美國的差距，大力度推進改革開放，提高綜合國力。

一、改革開放 40 年，中國經濟社會發展取得巨大成就

（一）中國經濟在過去40年年均實際增速達9.5％，二〇一八年GDP佔全球的16.1％，相當於美國的66％，中美差距快速縮小

　　改革開放 40 年，中國經濟總量從不到 4000 億元增長至 90 兆元，從低收入國家躋身中等偏上收入國家行列。一九七八年中國 GDP 僅 3679億元，二〇一八年 GDP 約為 90 兆元，增長約 245 倍，年均名義增速為14.7％；實際增長 35.8 倍，年均實際增速為 9.5％，同期美國和日本實際增速為 2.6％ 和 2.0％。以美元現價計價，一九七八年中國 GDP 為 1495億美元，二〇一八年為 13.6 兆美元，年均增速為 11.9％，同期美國和日本為 5.6％ 和 4.1％，如圖 8-1 所示。從世界排名看，一九七八年中國經濟總量居世界第 11 位，此後於二〇〇五年超過法國，二〇〇六年超過英國，二〇〇八年超過德國，二〇一〇年超過日本並躍升為全球第二大經濟體。從佔比看，一九七八年中國 GDP 總量佔世界比重為 1.8％，二〇

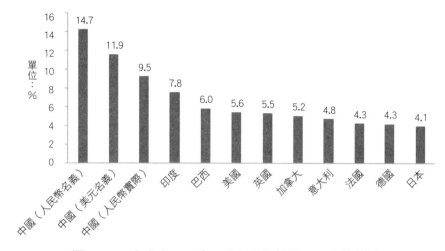

圖8–1　一九七八～二〇一八年各經濟體GDP年均增速

註：其他國家為美元名義同比，部份數據截至二〇一七年。
資料來源：世界銀行；恒大研究院。

一八年佔比為 16.1％。

　　二〇一八年中國經濟規模達 13.6 兆美元，實際增速 6.6％，佔世界生產總值的 16.1％。美國經濟規模為 20.5 兆美元，實際增速 2.9％，佔世界生產總值的 24.2％。如果中國按照 6％左右的增速增長，預計到二〇二七年前後，中國有望成為世界第一大經濟體。

　　以購買力平價計算的中國經濟規模已為全球第一。二〇一四年中國的經濟規模〔購買力平價（PPP）計價〕為 18.3 兆國際元（international dollar, Intl.$），首次超過美國，二〇一八年達到 25.4 兆國際元，美國為 20.5 兆國際元，兩者差距在持續擴大，如**圖 8–2** 所示。

　　中國對全球經濟增長的拉動從一九七九年的 2％上升至二〇一八年的 29％，成為全球經濟增長的最大貢獻者。中國二〇一八年經濟增量 1.4 兆美元，相當於澳大利亞二〇一七年的經濟總量。國際貨幣基金組織預測二〇一八年全球 GDP 總量增長 4.78 兆美元，中國對全球經濟增長的貢獻率為 29％，高於美國 23％的貢獻率，如**圖 8–3** 所示。

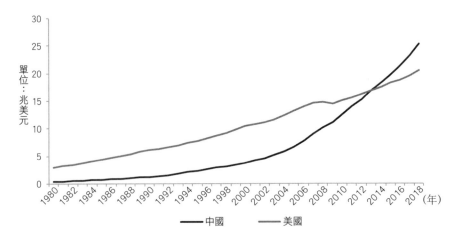

圖8-2　一九八〇～二〇一八年以購買力平價計算的中美GDP規模

資料來源：IMF，"GDP, Current Prices"，見 https://www.imf.org/external/datamapper/
PPPGDP@WEO/OEMDC/ADVEC/WEOWORLD，訪問時間：二〇一九年
四月二十三日；恒大研究院。

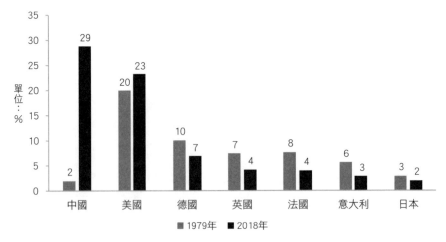

圖8-3　各經濟體對世界經濟增長的貢獻

資料來源：世界銀行；IMF；恒大研究院。

（二）農業和工業生產能力快速提高，資源從短缺到豐富

改革開放以來，中國農業和工業生產能力不斷提高，基礎設施體系建設跨越式發展，物質從短缺到豐富。二〇一八年中國糧食總產量 65789 萬噸，較一九七八年翻一倍；二〇一八年中國工業增加值約 30.5 兆元，較一九七八年增長了 187.1 倍；鋼材、水泥和天然氣等工業品產量分別增長 49.1 倍、32.9 倍和 10.7 倍；汽車產量 2782 萬輛，增長 185.6 倍。從國際比較看，粗鋼、煤、發電量、水泥、化肥產量分別由一九七八年的世界第 5 位、第 3 位、第 7 位、第 4 位、第 3 位躍居到二〇一六年的世界第 1 位；原油產量由第 8 位上升至第 5 位；空調、冰箱、彩電、洗衣機、微型計算機、平板電腦、智慧手機等家電通信產品產量均居世界首位。二〇一八年行動電話普及率上升至 112.2 部／百人，建成全球最大行動互聯網，行動寬頻用戶達 13.0 億戶，如**表 8–1** 所示。

表8–1　一九七八～二〇一八年中國農業和工業生產能力比較

農業				工業及交通運輸業			
	1978年	2018年	增長倍數		1978年	2018年	增長倍數
糧食總產量（萬噸）	30477	65789	1.2	工業增加值（億元）	1622	305160	187.1
棉花（萬噸）	217	610	1.8	化學纖維（萬噸）	28	5011	175.1
油料（萬噸）	522	3439	5.6	原煤（億噸）	6	37	5
茶葉（萬噸）	26.8	261	8.7	原油（萬噸）	10405	18911	0.8
木材（萬立方公尺）	5162	8432	0.6	天然氣（億立方公尺）	137	1603	10.7
水產品產量（萬噸）	465.4	6469	12.9	鋼材（萬噸）	2208	110552	49.1
	1980年	2018年	增長倍數	水泥（億噸）	0.7	22	32.9
豬肉（萬噸）	3158	5404	0.7	汽車（萬輛）	15	2782	185.6
牛肉（萬噸）	356	644	0.8	家用電冰箱（萬台）	3	7993	2854
羊肉（萬噸）	181	475	1.6	彩色電視機（萬台）	0.4	18835	49564
牛奶（萬噸）	629	3075	3.9	鐵路營業里程（萬公里）	5	13	1.5
禽蛋（萬噸）	1965	3128	0.6	公路里程（萬公里）	89	486	4.5

註：表 8–1 中一九七八年、一九八〇年、二〇一八年數據均為四捨五入取整值，增長倍數則為實際數值計算。

資料來源：中國國家統計局；中國鐵路總公司；恒大研究院。

（三）貨物貿易總額居全球第一，外商投資環境改善

中國改革開放 40 年，貨物進出口總額增長 223 倍，總額居世界第一，貨物貿易常年保持順差。一九七八年中國貨物進出口總額僅為 206 億美元，佔國際市場份額僅為 0.8％，位列世界第 29 位。隨著中國生產能力和對外開放水準的提高，尤其在二〇〇一年加入 WTO 後，中國貨物貿易規模相繼超越英國、法國、德國和日本。二〇一八年中國貨物進出口總額達 4.6 兆美元，較一九七八年增長 223 倍，年均增速 14.5％。2018 年中國貨物出口金額為 24874 億美元，佔全球的 12.8％，高於美國的 8.5％（德國的 8％、日本的 3.8％），連續 10 年為全球第一大貨物出口國，如圖 8–4 所示。二〇一八年中國貨物進口金額為 21356 億美元，順差為 3518 億美元。二〇一八年服務進出口總額約 7920 億美元，較一九七八年增長 174 倍。二〇一八年中國實際使用外商直接投資金額 1350 億美元，較一九八四年增加 106 倍。

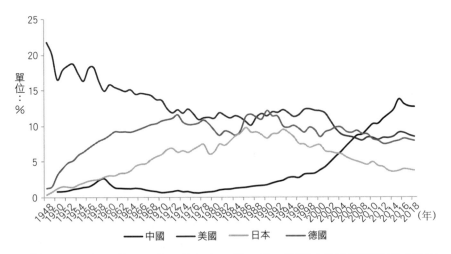

圖8–4　一九四八～二〇一八年中、美、日、德出口佔全球貨物出口比重

資料來源：Wind；恒大研究院。

（四）外匯儲備連續13年全球第一

外匯儲備大幅增長，中國從外匯短缺國轉變為世界第一外匯儲備大國。一九七八年，中國外匯儲備僅 1.67 億美元，居世界第 38 位。隨著中國經濟發展水準持續提高，中國經常賬盈餘迅速積累，吸引外資持續增加，二〇〇六年中國外匯儲備突破 1 兆美元，超過日本居世界第 1 位。二〇一八年年末中國外匯儲備為 3.07 兆美元，穩居世界第 1 位。

（五）城鎮化率穩步提高，進入城市群都市圈發展階段

一九七八～二〇一八年，中國就業人員從 40152 萬人增加至 77586 萬人，年均增加約 936 萬人，大量農村富餘勞動力向城市轉移。40 年來，中國城鎮常住人口從 1.7 億人快速增至 8.3 億人，淨增加 6.6 億人，常住人口城鎮化率從 17.9％提升至 59.6％，提高 41.7 個百分點。二〇一八年年末，中國戶籍人口城鎮化率為 43.4％，與常住人口城鎮化率的差距縮小至 16.2 個百分點。二〇一四年中共中央、中國國務院發佈《國家新型城鎮化規劃（二〇一四～二〇二〇年）》提出五大發展目標；二〇一九年國家發展和改革委員會發佈《關於培育發展現代化都市圈的指導意見》，指導培育現代化都市圈；二〇一九年中國《政府工作報告》確立都市圈城市群發展模式，城鎮化進程將加速推進。

二、中國在人均 GDP、生產效率、產業結構、企業競爭力、金融自由度、城市化水準等方面與美國比仍有差距

（一）人均GDP：差距巨大，中國僅為美國的16％

二〇一八年中國人均 GDP 達到 9769 美元，美國人均 GDP 為 62590 美元，中國僅相當於美國的 16％，如**圖 8–5** 所示。高收入國家門檻是 4 萬美元，人均 GDP 從 8000 美元到 4 萬美元，美國用時約 29 年，日本用

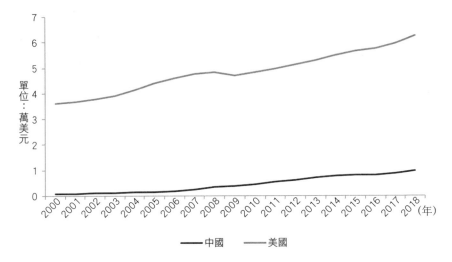

圖8-5 二〇〇〇~二〇一八年中、美人均GDP

資料來源：Wind；恒大研究院。

時 32 年，德國用時 30 年。根據普華永道和世界銀行的估算，中國在二〇五〇年人均 GDP 將達 3.73 萬美元，美國為 8.78 萬美元，屆時差距仍然巨大。按照中國共產黨的十九大的規劃，中國未來 30 年發展藍圖：到二〇二〇年，全面建成小康社會；到二〇三五年，基本實現社會主義現代化；到二十一世紀中葉，把中國建設成為富強民主文明和諧美麗的社會主義現代化強國。

（二）經濟產出效率：中國全要素生產率、勞動生產率均不及美國，每單位能耗創造的GDP低於美國和世界平均水準

中國經濟正從高速增長階段轉為高質量增長階段，更加依賴全要素生產率，但中國經濟產出效率仍大幅低於美國。二〇一四年中國全要素生產率（PPP 計價）為美國的 43％，如**圖 8-6** 所示；二〇一八年中國勞動生產率為 1.4 萬美元，美國勞動生產率為 11.3 萬美元，中國約為美國的 12％，如**圖 8-7** 所示。

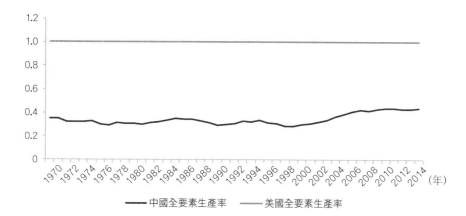

圖8–6　一九七〇～二〇一四年中、美全要素生產率

資料來源：FRED, "Total Factor Productivity Level at Current Purchasing Power Parties for China"，見 https://fred.stlouisfed.org/series/CTFPPPCNA669NRUG，訪問時間：二〇一九年四月二十三日；恒大研究院。

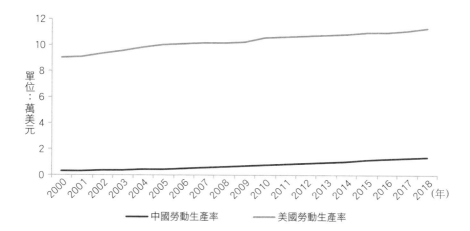

圖8–7　二〇〇〇～二〇一八年中、美勞動生產率

資料來源：世界勞工組織："Labour Productivity"，見 https://www.ilo.org/ilostat/faces/oracle/webcenter/portalapp/pagehierarchy/Page3.jspx?MBI_ID=49&_afrLoop=3104160080433363&_afrWindowMode=0&_afrWindowId=ukc5oo3y_276#!　%40　%40　% 3F_afrWindowId % 3Dukc5oo3y_276 % 26_afrLoop　% 3D3104160080433363 % 26MBI_ID % 3D49% 26_afrWindowMode% 3D0% 26_adf.ctrl-state% 3Dukc5oo3y_332，訪問時間：二〇一九年四月二十三日；恒大研究院。

　　中國 GDP 的創造效率低於美國和世界平均水準，單位 GDP 能耗大，
在主要大國中僅高於俄羅斯。二〇一四年，中國每單位能耗創造的 GDP
為 5.7 美元／公斤油當量，美國為 7.46 美元／公斤油當量，世界平均水
準為 7.9 美元／公斤油當量，如**圖 8–8** 所示。

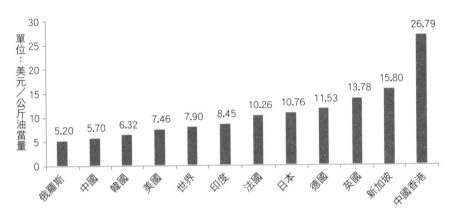

圖8–8　二〇一四年世界部份國家和地區每單位GDP能耗（二〇一一年不變價）

資料來源：Wind；世界銀行；恒大研究院。

（三）投資與消費：消費對中國經濟的貢獻度上升，但投資仍佔 較大比例；美國為典型的個人消費驅動型經濟

　　按照支出法，二〇一七年中國居民消費率為 39％，低於美國的 68.4％；
最終消費支出佔 GDP 的 53.6％，投資佔比依然較高。中國共產黨的十九大
報告明確提出，增強消費對經濟發展的基礎性作用，發揮投資對優化供
給結構的關鍵性作用。中國居民的消費需求始終沒有得到顯著提升，居民
消費率（居民消費佔 GDP 比重）一直處於偏低水準，特別是二〇〇〇～
二〇一〇年間，居民消費率從 46.7％持續下滑至 35.6％的歷史低點。二
〇一〇年後雖然有所回升但仍然處於相對低位，二〇一七年為 39％。同
期美國的居民消費率高達 68.4％，英國也達到了 65.5％，歐元區平均為

54.6％。即使與經濟發展處於相似階段的國家和地區比，中國的居民消費率也明顯偏低，二〇一七年金磚國家（不包括中國）居民消費率平均為64％，高出中國近 25 個百分點。近期在居民槓桿過高、房價高企、經濟形勢下行、財富效應消失的背景下，居民消費降級，需要提高居民在收入分配的比重，提高民生社保財政支出，解除後顧之憂，通過政府再分配降低收入差距，通過放寬市場准入和鼓勵市場良性競爭增加優質產品和服務供給，促進居民消費。二〇一七年中國資本形成總額佔 GDP 比重為 44.4％，對投資依然高度依賴，不斷推動槓桿率上升；美國的私人投資佔比為 17.3％。

（四）國際貿易：中國貨物貿易為順差，服務貿易為逆差，中美兩國對貨物進出口依存度均有下降

　　前文已分析，中國貨物貿易出口額居全球第一，貨物貿易常年順差，但服務貿易為逆差。二〇一八年中國貨物貿易順差為 3518 億美元，服務貿易逆差為 2582 億美元，如圖 8–9、圖 8–10 所示。

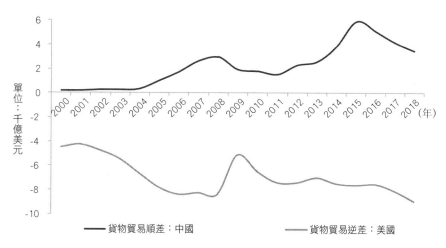

圖8–9　二〇〇〇～二〇一八年中、美貨物貿易差額

資料來源：Wind；恒大研究院。

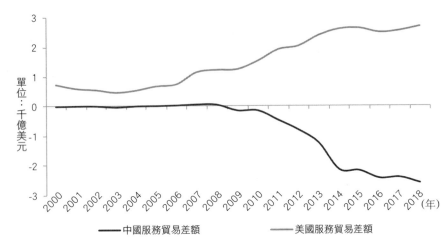

圖8–10　二○○○～二○一八年中、美服務貿易差額

資料來源：Wind；恒大研究院。

　　二○一八年美國貨物出口金額為 16723 億美元，進口金額為 25636 億美元，貿易逆差為 8913 億美元。服務出口金額為 8284 億美元，進口金額為 5592 億美元，貿易順差為 2692 億美元。其中，美國對華貨物貿易逆差為 4195 億美元，佔美國貨物貿易逆差的 48%，超過後九個經濟體之和（45.9%）；二○一八年對華服務貿易順差為 387 億美元，佔美國服務貿易順差的 15.5%，排名世界第 1 位，這是由兩國的經濟發展階段、比較優勢和全球價值鏈分工決定的。

　　中美兩國對進出口的依存度均有下降，中國下降幅度更大。自一九七八年尤其是二○○一年加入 WTO 以來，中國進出口總額與 GDP 之比快速提高，在二○○六年達到最高點 64.2%，其後持續下降，二○一八年為 33.9%；進出口依存度下降，較最高點下降了 30 多個百分點，如**圖 8–11** 所示。中國貨物貿易順差整體持續擴大，淨出口佔 GDP 比重在二○○七年達到 7.5% 後下行，二○一八年為 2.6%。美國進出口總額佔 GDP 比重持續增加，到二○一一年達到最高點 30.9%，近年來有所

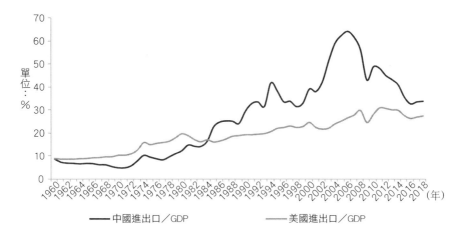

圖8–11　一九六〇～二〇一八年中、美進出口總額佔GDP比重

資料來源：Wind；恒大研究院。

下降，二〇一八年為 27.4％。美國淨出口在二〇〇〇年首次轉負後，除二十世紀八〇年代末因美日貿易戰而逆差收窄外大部份年份均為負數，在二〇〇六年淨出口佔 GDP 比重達 –5.5％，其後逆差收窄，二〇一八年為 –3％，如**圖 8–12** 所示。中美貿易摩擦並未爆發在美國貿易逆差最嚴重的二〇〇六年前後，而在縮減的二〇一八年，可見縮減貿易逆差只是美方發起貿易摩擦的借口。

（五）產業結構：中國第三產業佔比低於美國28個百分點，但金融業佔比略超美國

二〇一八年中國三大產業佔 GDP 的比重分別為 7％、41％和 52％，2018 年美國三大產業佔 GDP 比重分別為 1％、19％和 80％，如**圖 8–13** 所示。從勞動力分佈看，二〇一七年中國三大產業就業人數佔比分別為 27％、28.1％和 44.9％，中國第一產業就業人數佔比仍大幅高於第一產業佔 GDP 比重 20 個百分點，第一產業就業人口向第二、第三產業的轉移還將繼續；二〇一七年美國三大產業就業人數佔比為 1.7％、18.9％和 79.4％。

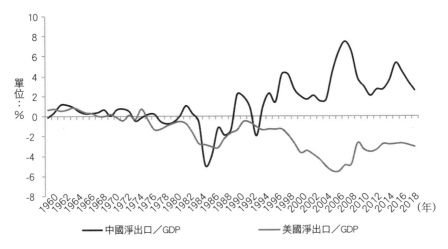

圖8-12 一九六〇～二〇一八年中、美淨出口總額佔GDP比重

資料來源：Wind；恒大研究院。

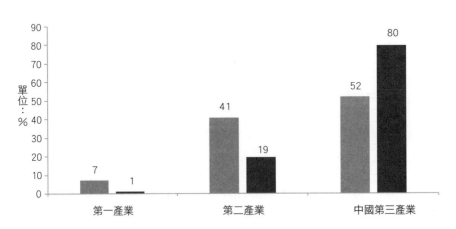

圖8-13 二〇一八年中、美三大產業結構比較

資料來源：Wind；恒大研究院。

　　農業方面，中國第一產業增加值和就業佔比均偏高，但效率偏低，機械化、規模化程度偏低，更多依靠化肥。中國小麥、棉花單產高於美國，但黃豆、玉米的單產和總產量遠低於美國。第一，二〇一七年中國玉米和黃豆的單產均為美國的56％，如**表 8–2**所示。第二，根據聯合國糧食及農業組織（FAO）數據，二〇一六年中國玉米產量為 2.3 億噸，美國為 3.8 億噸，中國玉米產量相當於美國的 60.5％；中國小麥產量為 1.3 億噸，相當於美國的兩倍；黃豆產量 1196 萬噸，僅相當於美國的 10％。第三，就糧食自給率而言，二〇一六年中國狹義糧食自給率為 95.4％[1]，美國為 121％[2]；中國廣義糧食自給率為 83.9％[3]，美國為 131.2％[4]。中國為糧食淨進口國，美國為糧食淨出口國。第四，中國每公頃耕地消費的化肥

表8–2　中、美農作物單產比較

	二〇一七年單產（噸／公頃）		二〇一七年增速（％）	
	中國	美國	中國	美國
玉米	5.9	10.6	−0.28	1.53
小麥	5.3	2.9	3.09	−2.76
棉花	1.5	0.9	3.82	−5.07
黃豆	1.8	3.2	1.31	3.21
葵花籽	2.6	1.8	−0.51	9.07

資料來源：Wind；恒大研究院。

---

[1]　聯合國糧食及農業組織，中國狹義糧食自給率＝中國穀物產量／中國穀物消費量。詳見聯合國糧食及農業組織，見 http://www.fao.org/faostat/en/#data/QC，訪問時間：二〇一九年六月二十三日，下同。

[2]　聯合國糧食及農業組織，美國狹義糧食自給率＝美國穀物產量／美國穀物消費量。

[3]　聯合國糧食及農業組織，中國廣義糧食自給率＝（中國穀物產量＋中國黃豆產量）／（中國穀物消費量＋中國黃豆消費量）。

[4]　聯合國糧食及農業組織，美國廣義糧食自給率＝（美國穀物產量＋美國黃豆產量）／（美國穀物消費量＋美國黃豆消費量）。

為美國的 3.7 倍。

二〇一七年，中國工業增加值為 41452 億美元，佔 GDP 的 33.8％，製造業增加值為 35932 億美元，佔 GDP 的 29.3％；美國工業增加值為 28692 億美元，佔 GDP 的 14.8％，製造業增加值為 22443 億美元，佔 GDP 的 11.6％。

中國工業產能利用率整體低於美國，二〇一七年因國內「去產能」而略高於美國。二〇一三年以來，中國工業產能利用率整體上低於美國，但「去產能」取得進展，二〇一九年一季度產能利用率達 75.9％，低於美國的 78.6％，如圖 8–14 所示。其中，煤炭、石油和天然氣開採業，中國為 73.1％，美國為 91.3％；黑色金屬冶煉加工業，中國為 79.2％（有色金屬冶煉及加工為 78.8％），美國為 81％；汽車製造業，中國為 78.3％，美國為 77.2％；電器機械和器材製造業，中國為 80.2％，美國為 73.9％；通信和其他電子設備，中國為 78％，美國為 71.6％。

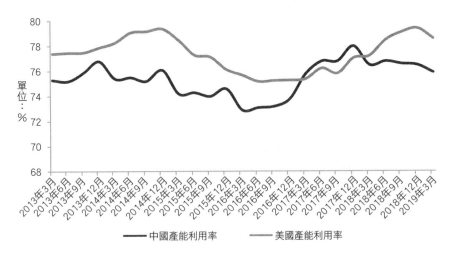

圖8–14　二〇一三～二〇一九年中、美產能利用率

資料來源：Wind；恒大研究院。

　　二○一七年，中國、美國的鋼鐵產量分別為85007萬噸和8161萬噸，中國鋼鐵產量是美國的10倍多。二○一七年中國和美國的原油自給率分別是32.2％和65.5％，中國僅為美國的一半；中國和美國的原油產量分別為1.9億噸和5.7億噸，中國是美國的三分之一；中國和美國原油消費量分別為5.9億噸和8.7億噸，中國是美國的三分之二；二○一三年中國頁岩氣藏量為134兆立方公尺，美國頁岩氣藏量為131.5兆立方公尺；中國技術可開採量為32兆立方公尺，美國技術可開採量為33兆立方公尺。

　　中國金融業佔比略超過美國，房地產業佔比約為美國的一半。二○一八年，中國金融業佔GDP的7.7％；美國金融業佔GDP的7.4％。二○一八年，中國、美國的房地產與租賃業佔GDP比重分別為9.3％和13.3％。其中，中國、美國房地產業佔GDP的比重分別為6.7％和12.2％。

（六）金融：中國以間接融資為主，美國以直接融資為主

　　中國以銀行主導的間接融資為主，風險偏好低，傾向於向國企、傳統低風險行業放貸；美國以直接融資為主，風險投資發達，有利於推動實體經濟和高科技的創新。二○一七年中國間接融資佔比約為75％，直接融資佔比約為25％；美國直接融資佔比約為80％，間接融資約為20％。

　　中國M2/GDP比重為美國的2.8倍。二○一八年年底中國貨幣供給額（M2）為26.3兆美元，佔GDP比重為193％；美國貨幣供給額為14兆美元，佔GDP比重為69％，如**圖8–15**所示。

　　中國股票市場發展較晚，滬深兩市總市值僅佔美股的五分之一。二○一八年年底滬深兩市總市值為6.6兆美元，佔GDP比重為48.5％；美股總市值已達37.8兆美元，佔GDP比重為184.4％。滬深兩市上市公司共3584家，美股上市公司總數為4875家。從股票發行與退市制度看，中國實行首次公開募股（IPO）審批制，公司上市程序複雜、用時較長，市場機制作用發揮不充份；美國實行註冊制，通過發行人和投資者的價格博弈可充份發揮市場機制作用。從投資結構看，中國股市由個人投資

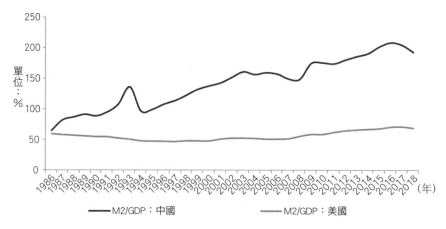

圖8–15　一九八六～二○一八年中、美廣義貨幣M2與GDP之比

資料來源：Wind；恒大研究院。

者主導，中小投資者（證券賬戶資產量低於 50 萬元）佔比為 75.1％，羊群效應和非理性特徵明顯；美國股市由機構投資者主導，側重長期價值投資。從股指行情看，A 股表現出「牛短熊長」特徵，上證綜指在經過幾輪暴漲暴跌後長期趨勢並不明顯；美國表現出「慢牛行情」，長期呈上漲趨勢，如**圖 8–16** 所示。分行業看，中國各行業市值均低於美國，但材料、工業和金融行業相對市值較高，通信業務市值與美國差距較大，如**圖 8–17** 所示。

　　美元為國際儲備貨幣，在全球外匯儲備中佔比高達 61.7％，人民幣佔比僅為 1.9％，歐元、日元、英鎊、加元佔比分別為 20.7％、5.2％、4.4％和 1.8％。二○一七年中國國際貨幣基金組織投票權份額為 6.41％；美國為 17.46％，具有一票否決權。二○一八年年底中國外匯儲備為 30727 億美元，美國外匯儲備為 419 億美元，中國為全球第一大外匯儲備國，佔全球比重約 27％。

　　中國總儲蓄率高於美國，但美國貸款利率低於中國，吸引外商投資規模高於中國。二○一八年，中國總儲蓄率為 46％，美國總儲蓄率為

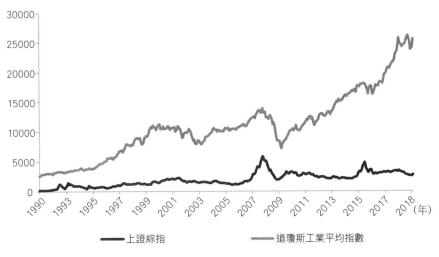

圖8-16　一九九〇～二〇一八年中、美股票指數

資料來源：Wind；恒大研究院。

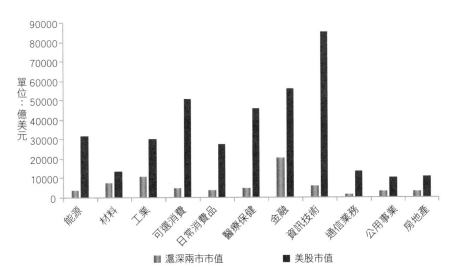

圖8-17　二〇一七年滬深兩市、美股各行業市值

資料來源：Wind；恒大研究院。

19％。二〇一八年，中國中短期貸款利率為 4.35％，美國中短期貸款利率為 3.9％，如**表 8-3** 所示。二〇一八年中國吸引外商直接投資金額為 1390 億美元，美國吸引外商直接投資金額為 2518 億美元。二〇一八年中國對外投資金額為 1298 億美元，美國對外投資金額為 –635 億美元。

表8-3　二〇一八年中、美儲蓄率、貸款利率等比較

	中國	美國
總儲蓄率（％）	46	19
中短期貸款利率（％）	4.35	3.9
外商直接投資規模（億美元）	1390	2518
對外投資規模（億美元）	1298	–635

資料來源：聯合國，見 https://unctad.org/en/PublicationsLibrary/wir2019_en.pdf，訪問時間：二〇一九年七月三日；恒大研究院。

（七）企業競爭力：中國的世界500強企業數量少於美國

　　中國躋身世界 500 強的企業數量不斷接近美國，二〇一八年《財富》（*Fortune*）世界 500 強排行榜顯示，中國上榜公司數量連續 11 年增長，達到 111 家，其中，國企有 83 家，民企 28 家；美國有 126 家上榜。[5] 中國有 3 家企業進入榜單前 10 名：國家電網（第 2 名）、中國石化（第 3 名）、中國石油（第 4 名）；美國沃爾瑪（Walmart）零售商繼續位列世界 500 強榜首，如**表 8-4** 所示。

　　從行業分佈看，中國上榜的企業主要集中在銀行、保險、能源礦業、商業貿易和資訊科技行業，生命健康、食品與生產加工等行業上榜企業空白；美國上榜企業分佈在銀行、保險、能源礦業、商業貿易、資訊科技、食品與生產加工和生命健康等行業。互聯網行業中，中國上榜的有 3 家

---

[5]　《財富》二〇一八年世界 500 強排行榜，二〇一八年七月十九日，見 http://www.fortunechina.com/fortune500/c/2018-07/19/content_311046.htm。

表8–4　二〇一八年中、美上榜前10名企業營業收入、利潤對比表

（單位：百萬美元）

企業名稱 （中國）	營業收入	利潤	企業名稱 （美國）	營業收入	利潤
國家電網	348903	9533	沃爾瑪	500343	9862
中國石化	326953	1538	埃克森美孚	244363	19710
中國石油	326008	–691	哈克希爾—哈撒韋	242137	44940
中國建築	156071	2675	蘋果公司	229234	48351
中國工商銀行	153021	42324	麥克森公司	208357	67
中國平安	144197	13181	聯合健康集團	201159	10558
中國建設銀行	138594	35845	CVS Health公司	184765	6622
上汽汽車	128819	5091	亞馬遜	177866	3033
中國農業銀行	122366	28550	美國電話電報公司	160546	29450
中國人壽	120224	267	通用汽車	157311	–3864
總計	1965156	138313	總計	2306081	168729

資料來源：《財富》二〇一八年世界500強排行榜，二〇一八年七月十九日，見http://www.fortunechina.com/fortune500/c/2018-07/19/content_311046.htm ；恒大研究院。

（京東、阿里巴巴、騰訊），美國上榜的有3家（亞馬遜、Alphabet、臉書）；電子通信行業中，中國有15家（鴻海、中國移動、華為、中國電信、中國聯通等），美國有23家（蘋果公司、美國電話電報公司、微軟、Comcast、IBM等）；汽車製造領域中，中國上榜的有7家（上汽汽車、東風汽車、一汽汽車等），美國上榜的有2家（通用汽車、福特）；航空、國防領域中，中國上榜數量與美國持平（均為6家）；食品與生產加工、生命健康行業，中國均無上榜企業，美國分別有10家食品與生產加工類企業和12家生命健康類企業上榜，如**表8–5**所示。

　　從盈利看，美國蘋果公司排在第1位，利潤為483.5億美元，中國進入利潤榜前10名的是四大國有銀行。中國10家上榜銀行平均利潤高

表8-5　二〇一八年中美全球500強企業行業分佈對比

世界500強企業數量（分行業）	中國（111家）	美國（126家）
半導體、電子元件	0	1
資訊科技	11	18
食品與生產加工	0	10
生命健康	0	12
製藥	2	5
汽車製造	7	2
艦船製造	3	0
航空、國防	6	6
金屬製品	9	0
銀行業	10	8
保險	7	15
房地產	5	0
工程與建築	7	0
商業貿易	13	15
能源礦業	17	12
其他	14	22

註：中國 111 家企業中未包含台灣的數據。

資料來源：格隆匯：《中國 vs. 美國：揭秘一個真實的世界 500 強》，二〇一八年七月二十二日，見 https://m.gelonghui.com/p/194195；恒大研究院。

達 179 億美元，利潤總額佔 111 家中國（包括香港地區，不包括台灣）上榜公司總利潤的 50.7％。美國上榜的 8 家銀行平均利潤為 96 億美元，利潤總額佔 126 家美國上榜公司的 11.7％。[6]

---

[6]　《財富》二〇一八年世界 500 強排行榜，二〇一八年七月十九日，見 http://www.fortunechina.com/fortune500/c/2018-07/19/content_311046.htm。

（八）人口與就業：中國人口總量為美國的4.2倍，老齡化率比美國低，但老齡化速度較快

二〇一八年年底中國總人口為 13.95 億，美國為 3.3 億，中國約為美國的 4.2 倍；中國人口密度為每平方公里 145 人，美國為 36 人，中國約為美國的 4 倍；二〇一七年中國人口老齡化率為 11.4％，美國為 15.4％，但中國老齡化率的增速快於美國，過去 10 年中國人口老齡化率增速為 0.3 個百分點／年，美國人口老齡化率增速為 0.28 個百分點／年；中美兩國的男女比例為 1.05 和 0.97。

（九）城市：中國城鎮化率低於美國23.6個百分點，城市圈（群）的群聚效應低於美國

中國常住人口城鎮化率低於美國，戶籍城鎮化率更低，應加快推進進城務工人員市民化進程。中國五大城市群的群聚效應低於美國。二〇一八年中國的城鎮化率為 59.6％（戶籍城鎮化率為 43.4％），美國為 82.3％，如**圖 8–18** 所示。美國的大西洋沿岸城市群、五大湖城市群、西

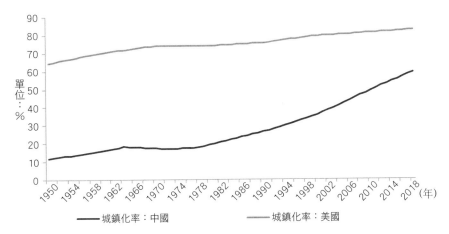

圖8–18　一九五〇～二〇一八年中、美城鎮化率

資料來源：Wind；恒大研究院。

海岸城市群聚集的人口佔全國總人口的比重分別為21.8%、14.5%和12.1%，高於中國京津冀、長三角和珠三角人口佔全國總人口比重的8%、11%和4.4%。美國三大主要城市群的GDP佔全國GDP的比重分別為25.6%、13.8%和14.1%，高於中國三大主要城市群的10%、20%和9.2%。

1.美國主要城市群的特徵

（1）波士頓—華盛頓城市群：美國最大的商業貿易和國際金融中心

以波士頓、紐約、費城、巴爾的摩、華盛頓等11個城市組成的超大型城市群位於美國東海岸。區域總面積約45萬平方公里，佔美國國土面積的4.7%；二〇一六年人口7031萬人，佔美國總人口的21.8%，是美國人口密度最高的地區；GDP達到4.7兆美元，佔美國GDP的25.6%。

（2）芝加哥—匹茲堡城市群：美國最大的製造業中心

以芝加哥、匹茲堡、克利夫蘭、托利多、底特律等35個城市組成的城市群，分佈於美國中部五大湖沿岸地區。區域總面積約63.4萬平方公里，佔美國國土面積的6.6%；二〇一六年人口4676萬人，佔美國總人口的14.5%；GDP達到2.56兆美元，佔美國GDP的13.8%。

（3）聖地牙哥—舊金山城市群：美國「科技中心」

以洛杉磯、舊金山為中心的第三大城市群，位於西部太平洋沿岸地區，包括南加利福尼亞州、北加利福尼亞州兩大部份，輻射整個加利福尼亞州。區域總面積約40.4萬平方公里，佔美國國土面積的4.2%；二〇一六年人口3925萬人，佔美國總人口的12.1%；GDP達到2.6兆美元，佔美國GDP的14.1%。[7]

2.中國主要城市群的特徵

（1）京津冀城市群

京津冀城市群由北京、天津兩個直轄市和河北省13個地級市組成。

---

[7] 任榮榮、李牧汀：〈美國都市帶房地產市場發展的經驗與啟示〉，《宏觀經濟研究》二〇一八年第七期。

　　區域總面積約 21.5 萬平方公里，佔中國國土面積的 2.3％；二〇一七年常住人口 1.1 億人，佔中國總人口的 8％，城鎮化率 62.7％；二〇一七年 GDP 達到 8.3 兆元（1.2 兆美元），佔中國 GDP 的 10％。

　　（2）長三角城市群

　　長三角城市群包括上海、南京、杭州等 26 個城市。區域總面積約 21.3 萬平方公里，佔中國國土面積的 2.2％；二〇一七年常住人口 1.5 億人，佔中國總人口的 11％；二〇一七年 GDP 達到 16.5 兆元（2.4 兆美元），佔中國 GDP 的 20％。

　　（3）珠三角城市群

　　珠三角城市群包括廣州、深圳、珠海、佛山、東莞等 9 個城市。區域總面積約 5.5 萬平方公里，佔中國國土面積的 0.6％，二〇一七年常住人口 6151 萬人，佔中國總人口的 4.4％；二〇一七年 GDP 達到 7.6 兆元（1.1 兆美元），佔中國 GDP 的 9.2％。[8]

（十）資源能源儲備：中國人均耕地和水資源少於美國，能源自給率逐年下滑，能源進口佔比約為美國的兩倍

　　中國耕地面積為美國的 78％，人均耕地面積為美國的 19％，人均可再生水資源為美國的 23％，能源自給率逐年下滑，能源進口佔比約為美國的兩倍，如**圖 8–19** 所示。世界銀行的數據顯示，二〇一五年美國耕地面積為 152.3 萬平方公里，佔美國國土面積的 16.65％，是世界上耕地面積最大的國家，人均耕地面積為 0.47 公頃。中國耕地面積為 119 萬平方公里（約合 17.85 億畝），佔中國國土面積的 12.68％，人均耕地面積為 0.09 公頃。美國耕地面積和人均耕地面積分別為中國的 1.3 倍和 5.2 倍。二〇一四年，中國人均可再生水資源為 2062 立方公尺／人，相當於美國 8846 立方公尺／人的 23％。中國能源消耗進口佔比逐年上升，自給率逐

---

8 數據來源：中國國家及地方統計局。

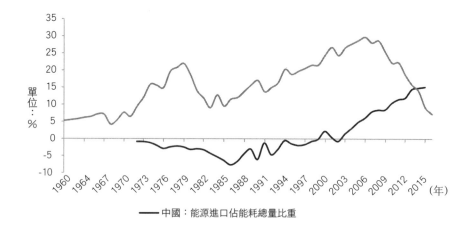

圖8-19　一九六○～二○一五年中、美能源進口佔能耗總量比重

資料來源：Wind；恒大研究院。

年下降，與美國近年頁岩氣革命以來形成鮮明對比，二○一四年中國能源進口佔比為 15.02％，相當於美國 7.31％的兩倍。

（十一）財政：中國赤字率和政府債務率低於美國

中國的財政赤字率和政府債務率低於美國，但是隱性債務較多；中國的社會保障和基礎設施建設水準仍低於美國。二○一八年中國的財政赤字率為 4.2％（考慮到結轉結餘和調入資金使用），但剔除上述因素的官方赤字率為 2.6％，低於美國的 3.5％。中國政府的槓桿率為 49.8％，低於美國的 99.2％，如**圖 8-20** 所示。

（十二）軍費：美國軍費開支全球第一，為中國的三倍

當前，新興國家的崛起在很大程度上是以經濟大國的身份進行，其政治影響力、軍事實力相對於經濟實力而言還存在很大差距。根據瑞典斯德哥爾摩國際和平研究所（SIPRI）的數據，二○一七年中國軍費開

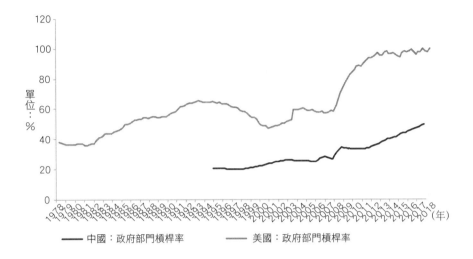

圖8-20　一九七八～二〇一八年中、美政府部門槓桿率

資料來源：Wind；BIS，"Total Credit to the Government Sector at the Market Value"，見 https://stats.bis.org/statx/srs/table/f5.1，訪問時間：二〇一九年四月二十三日；恒大研究院。

支 2280 億美元，居世界第 2 位，佔 GDP 比重為 1.9％；美國軍費開支為 6950 億美元，佔 GDP 比重為 3.6％，佔全球軍費開支比重為 40％，是中國的三倍。其次沙烏地阿拉伯為 694 億美元、俄羅斯為 663 億美元、印度為 640 億美元、法國為 578 億美元、英國為 470 億美元、日本為 454 億美元，如圖 8-21 所示。

三、最好的投資機會就在中國

在看到中美巨大差距的同時，要清晰地認識到中國經濟發展的巨大潛力和優勢，新一輪改革開放將釋放巨大紅利，最好的投資機會就在中國。

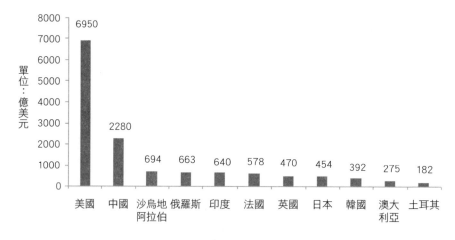

圖8-21　二〇一七年世界主要國家軍費開支

資料來源：瑞典斯德哥爾摩國際和平研究所："SIPRI Military Expenditure Database"，見 https://www.sipri.org/databases/milex，訪問時間：二〇一九年四月二十三日；恒大研究院。

（一）中國近14億人口，擁有全球規模最大的統一市場和中等收入群體

中國有覆蓋近 14 億人口的統一市場，商品、人員、服務和資本均可自由流動，產品的研發、生產、物流、銷售等環節都存在巨大的規模效應。以行動互聯網行業為例，中國網民數量為 8.3 億人，同比增速達到 7.5%；而美國網民數量為 2.5 億人，同比增速為 0.9%，不及中國。中國在行動互聯網領域的高速發展很大程度上得益於極大的市場規模，產品一旦成功不僅能夠獲得廣泛的影響力，還能得到大量用戶的反饋，幫助企業快速迭代更新。

（二）勞動力資源近9億人，接受高等教育和職業教育的高素質人才達1.7億人，人口紅利轉向人才紅利

二〇一八年年底中國勞動力年齡人口約 9 億，受過高等教育和職

業教育的高素質人才有 1.7 億人，每年有約 800 萬大學生畢業。中國過去
10 年培養了 7000 多萬大學生，包括大量的技術人才，這使得近年來中國
在產業創新、基礎科學等領域逐漸開始取得重要進展，一些領域如 5G 等
已經開始取得突破。儘管中國總人口數已跨過劉易斯拐點，但人口素質
的上升使得中國孕育了新一輪、更大的人才（工程師）紅利，成為中國
經濟長期發展的重要人才儲備。

（三）創新創業十分活躍，中國新經濟獨角獸企業數量佔全球 28％，僅次於美國

　　中國新經濟具有旺盛活力，跨界創新蓬勃發展。二〇一八年，資訊
服務業同比增速高達 30.7％，如**圖 8–22** 所示。從子行業來看，行動遊
戲、網路購物、約車平台、旅遊平台、智慧家居、雲計算等眾多子行業
都獲得了 20％～ 50％的增長。每個子行業都誕生了一批獨角獸企業，使
得中國企業在全球創新創業領域的話語權迅速提升。二〇一八年，全球
新經濟獨角獸企業美國和中國分別佔比為 49％和 28％，中美獨角獸企業
佔全球總量的 77％。從估值看，二〇一八年中國獨角獸企業平均估值約

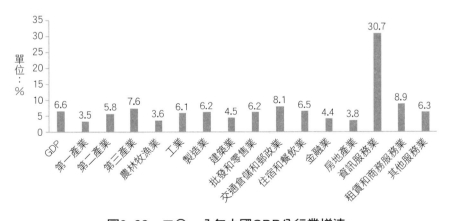

圖8–22　二〇一八年中國GDP分行業增速

資料來源：Wind；恒大研究院。

為 59.6 億美元，高於美國的 36.8 億美元。未來資訊服務業與人工智慧、擴增實境（Augmented Reality, AR）、虛擬實境（Visual Reality, VR）技術結合仍將釋放巨大的增長潛力，為中國經濟發展提供重要動能。

中國不斷加大研發投入，在部份高科技領域與已開發國家的差距逐漸縮小。中國在晶片製造、軟體開發、航空等領域與以美國為代表的已開發國家仍然存在差距，但中國在持續推進研發。以通信行業為例，當前全球四大通信設備巨頭華為、愛立信（Ericsson）、諾基亞（Nokia）、中興，中國佔據其二。世界知識產權組織數據顯示，二〇一八年華為提交國際專利申請 5405 件，創下單一公司國際專利申請最高紀錄。在 5G 的標準制定上，華為也開始嶄露頭角，中國在全球通信領域話語權逐漸提高。

（四）中國城鎮化率與已開發國家相比還有約20個百分點空間，將帶來大量投資機會

中國城鎮化還有較大提升空間，城鎮化率提升將帶來大量投資機會。過去 40 年城鎮人口淨增 6.6 億，深刻地改變了中國經濟社會格局。但是，戶籍人口城鎮化率低於常住人口城鎮化率 16.2 個百分點，還有 2.3 億進城務工人員及家屬子女未能市民化。目前，中國 59.6％的城鎮化率稍高於 54.8％的世界平均水準，但明顯低於高收入經濟體的 81.4％和中高收入經濟體的 65.5％，中國城市化還有較大空間。

未來 10 年，中國將新增近兩億城鎮人口。《國家人口發展規劃（二〇一六～二〇三〇年）》預測，中國人口將在二〇三〇年前後達到峰值，此後持續下降，屆時中國城鎮化率將達 70％。[9] 聯合國《世界城鎮化展望》（二〇一八年修訂版）預測，中國人口將在二〇二九年左右達到峰值，中

9　《國務院關於印發國家人口發展規劃（二〇一六～二〇三〇年）的通知》，見 http://www.gov.cn/zhengce/content/2017-01/25/content_5163309.htm，訪問時間：二〇一九年六月二十七日。

國城鎮化率將在二〇三〇年達 70.6％，即城鎮人口達 10.2 億，但二〇四七年城鎮人口將達 10.9 億的峰值，對應城鎮化率為 79％，二〇五〇年城鎮化率將達 80％，如**圖 8–23** 所示。因此，二〇三〇年中國城鎮人口將比二〇一八年增加約 1.9 億，到二〇四七年城鎮人口達峰值時將比二〇一八年增加約 2.6 億。新增城鎮人口將帶來基礎設施、地產、新零售、醫療衛生、文化娛樂等多個領域的廣泛需求，為中國經濟發展提供重要引擎。

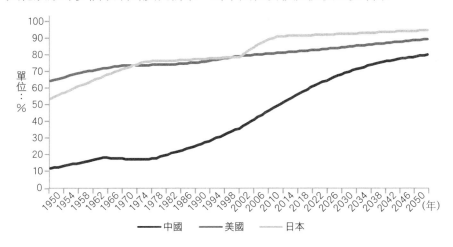

圖8–23　聯合國預計二〇五〇年中國城鎮化率將達80％

資料來源：Wind；恒大研究院。

第二節　中美教育、文化、經商環境、民生現狀

一、教育

　　中國教育的財政投入佔 GDP 比重、人均教育支出、勞動力受教育年限、高等教育入學率和高校世界排名遠落後於美國。二〇一八年中國教育經費佔 GDP 比重為 5.1％，其中財政投入教育支出佔 GDP 比重為

4.1％，低於美國的 5.2％（英國的 5.7％、法國的 5.5％、德國的 4.9％、日本的 3.6％、韓國的 5.1％）。[10] 考慮中國人口基數較大，中美在人均教育經費上差距較大。二〇一五年，中國成人識字率為 96.36％，美國為 97.04％，基本相當。二〇一六年，中國平均受教育年限為 9.6 年，勞動年齡人口平均受教育年限為 10.5 年；美國勞動年齡人口平均受教育年限為 13.68 年，如**表 8–6** 所示。中國學齡前和小學毛入學率分別為 84％和 100％，高於美國的 69％和 99％；中國的中學毛入學率為 95％，而略低於美國，如**表 8–7** 所示。二〇一六年中國的高等教育毛入學率為 48％，美國高等教育毛入學率為 86％。二〇一八年泰晤士高等教育發佈的世界大學排名前 100 強榜單顯示，中國有 6 所（分別為清華大學、北京大學、香港大學、香港科技大學、香港中文大學、中國科學技術大學）大學上榜，清華大學、北京大學和中國科學技術大學分別排在第 22 位、第 31 位和第 93 位；美國共 41 所大學進入前 100 強。

中國對留學生的吸引力低於美國，在華留學生人數僅為美國的五分之一。中國教育部和《二〇一八年美國門戶開放報告》統計數據顯示，

表8–6　中美人才比較

	中國	美國
成人識字率（二〇一五年，％）	96.36	97.04
研發、技術人員佔比（二〇一五年，人／百萬人）	1177	4232
勞動年齡人口受教育年限（二〇一六年，年）	10.5	13.68

資料來源：Wind；世界銀行：《識字率，成人總體（佔 15 歲以上人口的百分比）》，見 https://data.worldbank.org.cn/indicator/SE.ADT.LITR.ZS?loca-tions=GH，訪問時間：二〇一九年四月二十三日；恒大研究院。

---

[10] 世界銀行：《公共教育支出，總數（佔政府支出的比例）》，見 https://data.worldbank.org.cn/indicator/se.xpd.totl.gb.zs，訪問時間：二〇一九年四月二十三日。

表8–7　二〇一六年中美入學率對比　　　　　　　　　　　　（單位：％）

	中國	美國	世界
二十四歲以上接受中等教育及以上的佔比	77.4	95.3	66.5
學齡前毛入學率	84	69	50
小學毛入學率	100	99	105
中學毛入學率	95	97	79
高等教育毛入學率	48	86	36

註：入學率分為毛入學率和淨入學率。《二〇一七年全國教育事業發展統計公報》解釋毛入學率，是指某一級教育不分年齡的在校人數佔該級教育國家規定年齡組人口的百分比。由於非正規年齡組（低齡或超齡）學生，毛入學率可能會超過100％。
資料來源：United Nations Development Programme，"Human Development Data (1990 ～ 2017)"，見 http://hdr.undp.org/en/data，訪問時間：二〇一九年六月二十七日；恒大研究院。

全球留學生總數為 485 萬人，在華留學生人數為 49 萬人，其中，「一帶一路」沿線國家和地區留學生 31.72 萬人，佔總人數的 64.85％；赴美留學生人數達 109 萬，其中中國大陸生源佔33％，印度佔18％，韓國佔5％，加拿大、日本、越南、台灣均佔 2％。

二、文化

　　美國博物館和公共圖書館數量是中國的 5.3 倍。據國家統計局的數據顯示，二〇一七年中國博物館達到 4721 個，公共圖書館有 3166 個，每 17.6 萬和 26.2 萬人擁有 1 個博物館和公共圖書館。根據美國圖書館協會的數據，美國現有 33100 個博物館，公共圖書館 9057 個（全美共有圖書館 119487 個，公共圖書館佔比 7.6％），平均不到 0.8 萬和 2.9 萬人就擁有 1 個博物館和公共圖書館。

　　中國國民綜合閱讀率（含電子媒介）略高於美國，但圖書閱讀率、

人均閱讀量不及美國。據中國新聞出版研究院調查，二〇一六年中國成年國民各媒介綜合閱讀率為 79.9％，圖書閱讀率為 58.8％，成年國民人均圖書閱讀量為 7.86 本；美國綜合閱讀率為 76％，圖書閱讀率為 65％，成年國民人均圖書閱讀量為 15 本。

　　中國學生偏愛故事類書籍，美國學生更喜歡哲學類書籍。中國大學生借閱榜排名前三的圖書為：《平凡的世界》《明朝那些事兒》《藏地密碼》；美國大學生借閱圖書榜前三的圖書：柏拉圖的《理想國》（*The Republic*）、托馬斯‧霍布斯（Thomas Hobbes）的《利維坦》（*Leviathan*）、馬基維利的《君主論》（*The Prince*），如**表 8–8** 所示。當然，這種結構在一定程度上與美國更加注重版權，教材價格偏貴，以及課程設置有關，學生更多從圖書館借閱政治學類著作。

表8–8　二〇一五年中美大學圖書借閱排行榜

圖書借閱排行榜	中國	美國
1	《平凡的世界》	《理想國》
2	《明朝那些事兒》	《利維坦》
3	《藏地密碼》	《君主論》
4	《盜墓筆記》	《文明的衝突》
5	《天龍八部》	《風格的要素》
6	《追風箏的人》	《倫理學》
7	《穆斯林的葬禮》	《科學革命的結構》
8	《王小波全集》	《論美國的民主》
9	《從你的全世界路過》	《共產黨宣言》
10	《冰與火之歌》	《政治學》

資料來源：《哈佛、北大等11所中美名校圖書借閱榜大公開》，二〇一八年四月十八日，見 http://www.thepaper.cn/newsDetail_forward_2082634；《中國 20 所高校圖書借閱榜》，見 http://blog.sina.com.cn/s/blog_542dqf710102wbyk.html，訪問時間：二〇一九年四月二十三日；恒大研究院。

三、經商環境

（一）經商環境：中國排名落後於美國38位

　　美國的經商環境要好於中國，但中國的經商環境正在大幅改善。世界銀行公佈的《二〇一九年經商環境報告》（*Doing Business 2019*）中，中國經商環境居世界第 46 位，較上年提高 32 名，美國排在第 8 位，較上年下降 2 名，如**圖 8–24** 所示。從各分項指標來看，中國在開辦企業（28/190）、獲得電力（14/190）、登記財產（27/190）和執行合同（6/190）方面均好於美國，其他排名如辦理施工許可證（121/190）和納稅（114/190）排名靠後，如**圖 8–25** 所示。中國開辦企業時間是美國的 1.5 倍，美國大企業平均壽命是中國的 5 倍。二〇一八年中國企業開辦時間為 8.6 天，美國為 5.6 天，如**圖 8–26** 所示。中國大型企業平均壽命約為 8 年，中小企業平均壽命約為 2.9 年，企業平均壽命約為 3.5 年；美國

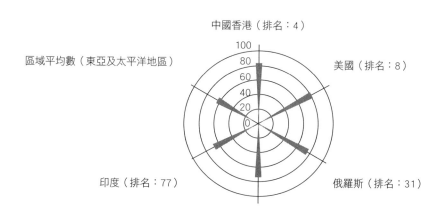

圖8–24　二〇一八年中美等國家及地區經商環境排名

資料來源：世界銀行："DB 2019 Ease of Doing Business Score, China"，見 http://www. doingbusiness.org/en/data/exploreeconomies/china，訪問時間：二〇一九年四月二十三日；恒大研究院。

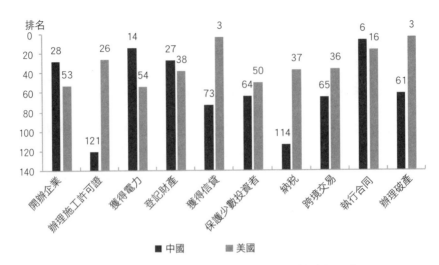

圖8-25　二〇一八年中美經商環境比較（細分）

資料來源：世界銀行："DB 2019 Ease of Doing Business Score, China"，見 http://www.
doingbusiness.org/en/data/exploreeconomies/china，訪問時間：二〇一九年四
月二十三日；恒大研究院。

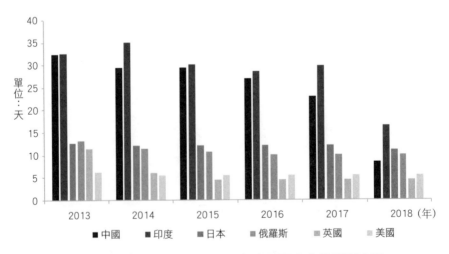

圖8-26　二〇一三～二〇一八年主要國家企業開辦時間

資料來源：世界銀行："DB 2019 Ease of Doing Business Score, China"，見 http://www.
doingbusiness.org/en/data/exploreeconomies/china，訪問時間：二〇一九年
四月二十三日；世界銀行："DB 2019 Ease of Doing Business Score, United
States"，見 http://www.doingbusiness.org/en/data/exploreeconomies/united-
states，訪問時間：二〇一九年四月二十三日；恒大研究院。

大型企業平均壽命約為 40 年，中小企業平均壽命約為 7 年，美國企業平均壽命約為 12.5 年。

（二）基礎設施：中國取得巨大進步，但與美國比仍有較大差距

　　中國基礎設施取得巨大進步，但鐵路、公路、軌道交通、寬頻等資訊基礎設施與美國比仍有較大差距，分別相當於美國的 58％、73％、27％和 82.5％。世界銀行發佈的「物流績效指數」（LPI）顯示，2016 年中國物流績效指數為 3.61，低於美國的 3.89，物流績效指數反映出中國基礎建設水準仍低於美國，如圖 8–27 所示。二〇一八年年底中國擁有 235 個機場，鐵路總里程 13.1 萬公里，其中高鐵總里程 2.9 萬公里（佔世界 60％以上），電氣化鐵路里程 8.5 萬公里，鐵路密度為 132.2 公里／萬平方公里。美國共計有 5136 個公用機場，鐵路總里程 22.5 萬公里，為全球第一，其中電氣化鐵路里程 1600 公里，美國鐵路密度為 233.7 公里／

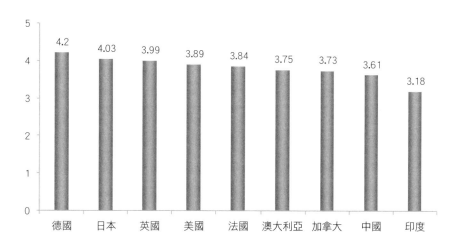

圖8–27　二〇一六年世界主要國家物流績效指數

註：1 ＝低，5= 高。

資料來源：世界銀行：《物流績效指數：貿易和運輸相關基礎設施的質量》，見 https://data.worldbank.org.cn/indicator/lp.lpi.infr.xq，訪問時間：二〇一九年四月二十三日；恒大研究院。

萬平方公里，中國鐵路里程僅相當於美國的 58％，中國的電氣化鐵路里程是美國的 53 倍。中國航空運輸量為 436 萬次，美國為 964 萬次。中國軌道交通運營長度為 5021.7 公里，美國為 18264 公里（11349 英里），中國相當於美國的 28％。二〇一八年年底中國公路里程為 486 萬公里，其中高速公路里程為 14.4 萬公里；二〇一七年年底美國公路里程為 666.3 萬公里，其中高速公路里程為 9.2 萬公里，如**表 8–9** 所示。二〇一八年，中國每百人中的固定寬頻用戶為 28 人，美國為 34 人。

表8–9　中美基礎設施建設成果對比

	中國（二〇一八年）	美國（二〇一七年）
機場數量（個）	235	5136
鐵路總里程（萬公里）	13.1	22.5
電氣化鐵路里程（公里）	85000	1600
鐵路密度（公里／萬平方公里）	132.2	233.7
航空運輸量（萬次）	436	964
軌道交通運營長度（公里）	5021.7	18264
公路里程（萬公里）	486	666.3
高速公路里程（萬公里）	14.4	9.2

資料來源：Bureau of Transportation Statistics，"Number of U.S. Airports"，見 https://www.bts.gov/content/number-us-airportsa；"Rail Profile"，見 https://www.bts.dot.gov/content/rail-profile；中華人民共和國交通運輸部：《二〇一八年交通運輸行業發展統計公報》，見 http://xxgk.mot.gov.cn/jigou/zhghs/201904/t20190412_3186720.html，訪問時間：二〇一九年六月二十七日；恒大研究院。

四、民生

　　中國人均可支配收入、人均消費支出、人均醫療開支、人均住房面積等大幅低於美國，恩格爾係數（Engel coefficient）為美國的 3.6 倍。二

○一八年中國人均可支配收入 2.8 萬元，約合 4264 美元；2017 年美國人均可支配收入 4.5 萬美元，為中國的 10.6 倍。二○一八年中國人均消費支出 2999 美元；美國人均消費支出 4.3 萬美元，為中國的 14.3 倍。2016 年，中國人均住房面積 40.8 平方公尺，其中城鎮居民 36.6 平方公尺；美國人均住房面積 90.2 平方公尺。二○一六年，中國人均醫療支出 425.6 美元；美國人均醫療支出 9535.9 美元。二○一六年中國人均壽命為 76.25 歲；美國為 78.69 歲。《二○一七年中國居民消費發展報告》顯示，二○一六年中國恩格爾係數為 30.1％，二○一六年美國恩格爾係數為 8.3％，如**表8-10** 所示。

表8-10　二○一六年中美居民生活質量比較

	中國	美國
人均住房面積（平方公尺）	40.8	90.2
人均壽命（歲）	76.25	78.69
人均醫療支出（美元）	425.6	9535.9
恩格爾係數（％）	30.1	8.30

資料來源：Wind；恒大研究院。

　　中國人類發展指數上升較快，但中國居民生活質量仍有較大發展空間。根據聯合國開發計劃署的數據，二○一七年中國人類發展指數為 0.752，排名世界 86/189；美國為 0.924，排名世界 13/189，如**圖8-28** 所示。

　　中國人均耗能量、人均電力消費量均相當於美國的三分之一。二○一四年中國人均耗能量為 2237 公斤油當量，美國為 6956 公斤油當量，中國人均耗能量相當於美國的三分之一。二○一四年中國人均電力消費量為 3927 千瓦時，不到 4000 千瓦時，美國在一九六○年便已突破 4000 千瓦時；二○一四年美國人均電力消費量為 12984 千瓦時，如**圖 8-29** 所示。

　　中國每百戶家庭擁有的消費性耐久財數量尤其是汽車數量大幅低於

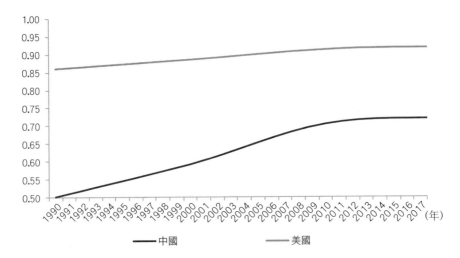

圖8-28　一九九〇～二〇一七年中、美人類發展指數

資料來源：聯合國開發計劃署：“Human Development Data（1990 ～ 2017）”，見 http://
hdr.undp.org/en/data，訪問時間：二〇一九年四月二十三日；恒大研究院。

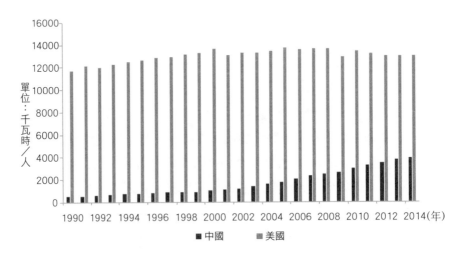

圖8-29　一九九〇～二〇一四年中、美人均電力消費量

資料來源：世界銀行：“Electric Power Consumption (kw/h per capita)”，見 https://data.
worldbank.org/indicator/eg.use.elec.kh.pc，訪問時間：二〇一九年四月二十三
日；恒大研究院。

美國，洗衣機除外。二〇一七年中國每百戶家庭擁有洗衣機數量為 95.7 台，電冰箱 98 台，彩電 123.8 台，汽車 37.5 輛；二〇一五年美國每百戶家庭擁有洗衣機數量為 82 台，電冰箱 130 台，彩電 230 台，汽車 197 輛，如**表 8–11** 所示。

表8–11　每百戶家庭擁有消費性耐久財數量

	中國（二〇一七年）	美國（二〇一五年）
洗衣機（台）	95.7	82
電冰箱（台）	98	130
彩電（台）	123.8	230
汽車（輛）	37.5	197

資料來源：Wind；U. S. Energy Information Administration (EIA)，見 http://www.eia.gov/consumption/residential/data/2015，訪問時間：二〇一九年四月二十三日；恒大研究院。

中國每萬人擁有的醫生數和床位數高於美國，基礎醫療好於美國。二〇一四年中國每萬人擁有醫生數為 36 人，高於美國的 26 人；中國每萬人擁有醫院床位數為 38 張，高於美國的 29 張，如**圖 8–30** 所示。

消費支出結構方面，中國居民在必需品方面消費較大，美國服務類消費較大。二〇一八年中國居民食品煙酒支出佔比 28%，美國為 7%；中國醫療保健支出佔比 9%，美國醫療保健支出佔比 17%；中美居民在居住方面消費均較大，二〇一八年中國居民居住消費佔比 23%，美國居民居住消費佔比 18%。

五、啟示與建議

40 年來中國在政治、經濟、文化、科技、教育和社會等領域均取得巨大成就，各項指標在國際排名快速提高。同時，與美國相比，中國在

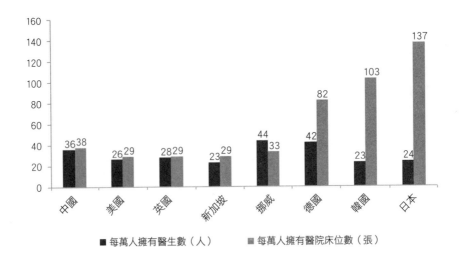

圖8-30　二〇一四年世界主要國家每萬人擁有醫生數和醫院床位數

資料來源：聯合國開發計劃署："Dashboard1. Quality of Human Development"，見 http://
hdr.undp.org/en/composite/Dashboard1，訪問時間：二〇一九年四月二十三日；
恒大研究院。

上述相關領域仍存在較大差距，即使在部份總量領先性的指標上，人均差距依然較大，質量低於美國。中美差距是世界上最大開發中國家與最大已開發國家的差距，因此必須進一步推進改革開放，激發市場主體活力和積極性，推動全要素生產率提高，實現高質量發展。中國的進步及中美仍存的差距只是表面現象和結果，本質是科技、教育和人才的競爭，背後深層次的原因是制度與改革。

（1）釐清政府與市場的邊界，梳理政府職能，壓縮事權和支出責任，精兵簡政，降低企業和個人負擔。

減稅清費、降低社會保險繳費率的同時不增加財政風險，只能匹配以同等的支出減少，剛性的基本財政運轉和社會保險資金必須保證，因此只能精兵簡政、縮小政府規模。對於財政供養人員冗員以及崗位設置忙閒不均的狀態，引進績效考核機制，強化激勵約束機制。以精兵簡政

騰出的財政資金用於為企業和個人減輕負擔，「放水養魚」。

（2）加大科技、教育、文化和衛生等有利於人力資本積累的財政投入，提高財政資金使用效率。

與美國等已開發國家相比，中國在科技、教育、文化和衛生等領域投入的資金偏少，人均投入更是稀少，要加大投入並提高資金使用效率。一方面通過加大投入，解決居民後顧之憂，提高邊際消費傾向；另一方面提高人力資本積累。

（3）全面推動改革開放，推動要素市場化改革和服務業開放，強化競爭。

第一，堅定國企改革，不要動輒上綱上線，陷入意識形態爭論，要以「黑貓白貓」的實用主義標準衡量。改革開放40年的經驗，已經證明什麼樣的產權更有效率，什麼樣的產權是無效的。改革的目的是用有效率的產權替代無效率的產權，市場經濟的本質是資源有效配置。因此，國企改革要完善各類國有資產管理體制，改革國有資本授權經營體制，加快國有經濟佈局優化、結構調整、戰略性重組，促進國有資產保值增值。

第二，大力度、大規模地放活服務業。中國已經進入以服務業為主導的時代，製造業升級需要生產性服務業大發展，居民美好生活需要消費性服務業大發展。中國共產黨的十九大報告提出，中國社會主要矛盾已經轉化為人民日益增長的美好生活需要和不平衡不充份的發展之間的矛盾。中國製造業除了汽車等少數領域大部份已經對民企、外企開放，但是服務業領域仍存在嚴重的國企壟斷和開放不足情況，導致效率低下，基礎性成本高昂。未來應通過體制機制的完善，更大程度地放活服務業。

（4）降低制度性交易成本。在鼓勵民間投資和發展民營經濟方面，關鍵是要給企業家提供安全、公平和低成本的環境，依法治國，保護企業家精神和財產權，穩定預期。在納稅服務、企業開辦流程、跨境貿易等不足的方面改善經商環境。在融資、准入和稅收優惠等方面對國企、民企一視同仁，實施負面清單管理。

第三節　中美宏觀稅負現狀

川普政府稅改減稅力度頗大：企業所得稅率大幅下調，個人所得稅率邊際下調，海外利潤匯回免稅。這些野心勃勃的減稅政策試圖重振美國製造業和實體經濟。美國稅改一石激起千層浪，引發全球減稅競爭，中美宏觀稅負孰高孰低？中國該如何應對？這關係到中美吸引外資、實體競爭力以及全球新一輪增長週期的領導權。

一、中美宏觀稅負比較

宏觀稅負通常指一個國家（地區）在一定期間內稅收收入（或財政收入）佔當期國內生產總值（GDP）的比重，反映稅收的總體負擔水準。在不同國家間比較宏觀稅負時，統一稅收收入的口徑是關鍵，需要考慮不同的稅制結構和國情條件。宏觀稅負的高低本身並不代表著好壞，而應與福利水準、公共服務均等化程度、經濟發展階段等因素相結合考慮。比如北歐福利國家，宏觀稅負高達 40％，[11] 但並不影響其居民的滿意度及納稅的意願，關鍵在於稅收是否「取之於民，用之於民」（支出方向）、稅收的使用效率和透明度。

美國川普政府稅改平均每年減稅約 1500 億美元，[12] 以 18 兆～ 19 兆

---

[11] 宏觀稅負由恒大研究院根據世界銀行統計數據計算而得。

[12] Keith Hall, "Re: Eestimated Deficits and Debt Under the Conference Agreement of H.R.1, a Bill to Provide for Reconciliation Pursuant to Titles II and V of the Concurrent Resolution on the Budget for Fiscal Year 2018, as Filed by the Conferees to H.R.1on December 15, 2017"，見 https://www.cbo.gov/system/files/115th-congress-2017-2018/costestimate/53437-wydenltr.pdf，訪問時間：二〇一九年四月二十三日。

美元的 GDP 計算，預計降低宏觀稅負水準約 0.7 ～ 0.8 個百分點。伴隨名義 GDP 增長，越到後期，減少的宏觀稅負幅度越小。

　　考慮到中美稅制的差異，我們根據以下稅收收入口徑分別計算宏觀稅負水準：（1）小口徑：不包括社保、非稅收入的狹義稅收；（2）中口徑：狹義稅收＋社保[13]；（3）大口徑：狹義稅收＋社保＋非稅收入；（4）全口徑：狹義稅收＋社保＋非稅收入＋國有資本經營收入＋政府性基金（土地出讓收入）。

　　我們的結論是小口徑中美宏觀稅負基本相當，中、大口徑美國宏觀稅負高於中國。全口徑下中國宏觀稅負二○○九年起高於美國，源於近年來土地出讓收入大幅上升。二○一七年中國全口徑宏觀稅負為 34.2%，美國為 32.4%，中國高於美國 1.8 個百分點。

（一）小口徑：不考慮社會保險稅（費）和非稅收入的情形，中國宏觀稅負略低於美國

　　美國的社會保障制度以企業和居民繳稅為基礎，社會保險稅佔聯邦稅收收入的 36%，而中國的社會保險是以繳費為基礎，不納入公共預算。為可比計算，以下分析暫不考慮社會保險和非稅收入。

　　中國小口徑的宏觀稅負，以稅收收入除以同期名義 GDP 計算，而美國則將剔除掉社會保險稅、雜項收益後的稅收收入除以美國同期名義 GDP。小口徑下的中國宏觀稅負從二○○五年開始上升，從 15.9% 上升至二○一二年的 18.6%，而後下行至二○一七年的 17.5%，未來預計呈緩慢下行趨勢。小口徑下的美國宏觀稅負在二○○五～二○○七年上升，二○○八～二○○九年金融危機期間因財源縮減而迅速下行，二○○九年降至 16.5%，其後隨經濟復甦而上升至二○一七年的 19.2%，如**圖**

---

13 本節計算宏觀稅率涉及的社保具體含義為：美國為社會保障稅，中國為社會保險費。

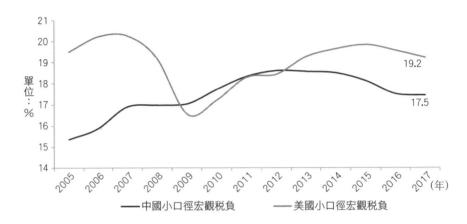

圖8-31　二〇〇五～二〇一七年小口徑的中美宏觀稅負對比

資料來源：Wind；恒大研究院。

8-31 所示。綜上所述，不考慮社會保險和非稅收入的情形下，中國的宏觀稅負水準略低於美國。

（二）中口徑：考慮稅收、社保的情形，中國宏觀稅負水準低於美國

　　中國中口徑的宏觀稅負，以稅收收入加上社保基金決算收入（剔除財政補貼）之和除以當期 GDP 計算，而美國與之相似的中口徑則是用包含了社保稅的全國稅收收入除以當期 GDP。二〇一七年中口徑下的中國宏觀稅負水準為 23％，相較於二〇一六年（22.8％）略有提高，但總體上近年來緩慢下行。中口徑下的美國宏觀稅負在二〇〇五～二〇〇七年上升，二〇〇八～二〇〇九年金融危機期間下降，隨著經濟復甦回歸常態，二〇一〇年及以後宏觀稅負上升，二〇一五年達到 26.5％，二〇一六年又呈現小幅下降，二〇一七年為 25.9％，如**圖 8-32** 所示。因此，中口徑下的美國宏觀稅負水準近年高於中國，二〇一七年美國比中國高 2.9 個百分點。

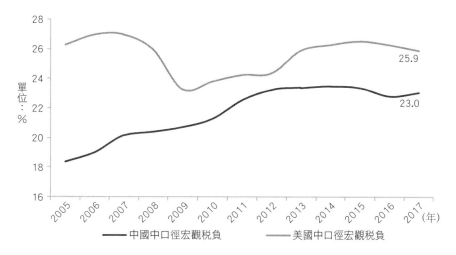

圖8-32　二〇〇五～二〇一七年中口徑的中美宏觀稅負對比

資料來源：Wind；恒大研究院。

（三）大口徑：考慮稅收、社保、非稅的情形，中國宏觀稅負水準

　　低於美國大口徑稅負考慮稅收收入、社保收入和非稅收入，在中國是公共財政收入與社會保險基金收入（剔除財政補貼）之和除以 GDP，在美國則是全國財政收入（稅收收入＋非稅收入）除以 GDP。大口徑下，美國的宏觀稅負水準自二〇〇五年以來均高於中國，差距在二〇〇五年最大，高出中國 11 個百分點。但是隨後美國受到金融危機的影響，財政收入出現負增長，二〇〇七～二〇〇九年兩年間大口徑宏觀稅負下降 2.7 個百分點，而後逐步回升至二〇一七年的 32.4% 左右。中國的大口徑宏觀稅負水準自二〇〇五年以來整體增長，二〇一七年為 26.4%，低於美國 6 個百分點，如**圖 8-33** 所示。

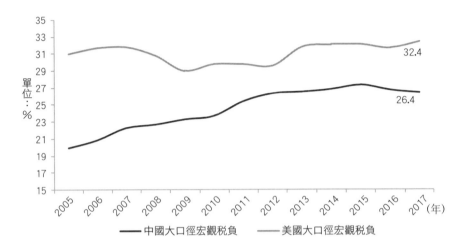

圖8-33　二〇〇五～二〇一七年大口徑的中美宏觀稅負對比

資料來源：Wind；恒大研究院。

（四）全口徑：中國有四本預算，二〇〇九年起全口徑下的宏觀稅負水準中國高於美國

自二〇一〇年起，中國開始構建公共財政預算、國有資本經營預算、政府性基金預算和社會保險預算，形成有機銜接、更加完整的政府預算體系。因此，全口徑的政府收入應當包括上述四個部份，在二〇一三年及之前，中國全口徑的宏觀稅負水準整體向上，其後隨著減稅降費的推進，宏觀稅負水準開始向下，二〇一七年全口徑的政府收入達到 28.3 兆元，宏觀稅負水準為 34.2％。

二〇〇八年及之前美國全口徑宏觀稅負高於中國，二〇〇八年美國高出中國 3.2 個百分點（美國 30.7％，中國 27.5％）。二〇一〇年及以後中國宏觀稅負迅速超過美國；二〇一〇年中國高出美國 3 個百分點（二〇一〇年美國為 29.8％，中國為 32.8％），主要源於中國二〇一〇年土地出讓收入迅速增長，帶動政府性基金的增速達到 100.6％。二〇一七年

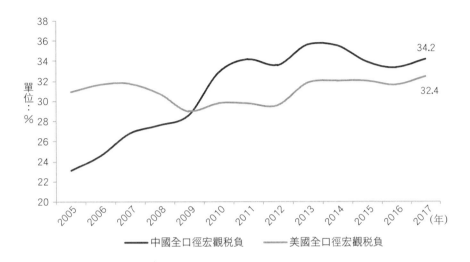

圖8-34　二〇〇五～二〇一七年全口徑的中美宏觀稅負對比

註：中國的全口徑包括土地出讓收入；美國政府沒有土地出讓收入，其全口徑與大口徑一致，包括社保的全部稅收及非稅。

資料來源：Wind；恒大研究院。

全口徑下的中國宏觀稅負為 34.2％，比美國的 32.4％高出 1.8 個百分點，如**圖 8-34** 所示。

二、全球減稅格局下中國企業和居民稅負感重

中國全口徑宏觀稅負水準自二〇〇九年起高於美國。中國大量的財政支出用於一般基礎性建設和相對龐大的機關供養人員開支，用於社會福利相關的支出規模與民眾期待仍有較大差距，導致企業和居民稅負感比較重，這也說明了在全球減稅的格局下中國應該繼續完善稅制、減稅降費。

中國企業和居民的稅負感重還與以下因素有關：中國稅制以間接稅為主體，近 90％稅收由企業繳納；稅收法定未完全落實；企業負擔的社

會保險費用高；稅收透明度和財政資金的使用效率不高，稅收「取之於民，用之於民」的感受不深。

（一）中國企業稅負感重的原因

（1）中國是以間接稅為主體的稅制結構，近90％稅收由企業繳納，而美國間接稅僅佔15％。

（2）稅收法定落實不到位，存在大量非稅收入，非稅收入佔比18％，遠高於美國的5％。因此非稅收入的存在使得政府（徵稅機關）自由裁量權很大，容易以費代稅，而非稅收入主要是企業承擔。

（3）企業除了繳納稅、費外，還需在用工成本中承擔大額的「五險一金」。二〇一八年中國（北京）企業的繳納費率為43％，美國繳納費率為13.55％。五險大約為基本工資的31％，其中養老保險為19％，醫療保險為10％，失業保險為0.8％，工傷保險為0.4％，生育保險為0.8％，加上12％的住房公積金，合計為工資的43％。二〇一九年五月一日起，養老保險繳納費率下降為16％，由此中國（北京）企業的繳納費率為工資的40％，負擔仍較重。對比美國，二〇一七年美國企業繳納的養老、遺屬及殘疾保險稅率為6.2％，醫療保險稅率為1.35％，失業保險為6％，合計承擔13.55％，如圖8–35所示。

（4）理論上可以轉嫁的流轉稅，在實際經濟運行中難以轉嫁。比如，增值稅可能因為難以取得相關抵扣憑證而無法轉嫁，由企業自己承擔。又如，企業所處的行業競爭激烈，因此難以提高價格轉嫁稅負。

（5）流轉稅在轉嫁給消費者的過程中，佔用企業資金。企業將流轉稅轉嫁給消費者，需要在銷售收入對應的應收賬款收到現金時才能實現。所以當回款週期較長時，往往納稅義務已經發生，但仍未收到款項，只能由企業墊付資金。另外，企業繳納的增值稅額等於從銷售中收到的銷項稅減去進項稅額，意味著進項稅的抵扣只能在銷售後實現。因此，購買原材料付出的增值稅進項稅將佔用企業資金。

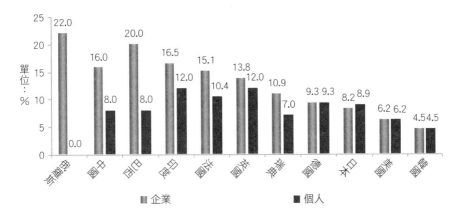

圖8-35　各國的養老保險繳納費率比較

註：中國繳費率以北京地區二〇一九年最新情況為示例。由於不同地區的數據並非同時更新，亞太國家數據來自二〇一六年的統計數據，美洲國家為二〇一七年，歐洲國家為二〇一八年，https://www.ssa.gov/policy/docs/progdesc/ssptw/2018-2019/asia/index.html, https://www.ssa.gov/policy/docs/progdesc/ssptw/2018-2019/europe/index.html; https://www.socialsecurity.gov/policy/docs/progdesc/ssptw/2016-2017/americas/index.html。

資料來源："Social Security Programs Throughout the World: The American, 2017"，見https://www.socialsecurity.gov/policy/docs/progdesc/ssptw/2016-2017/americas/index.html，訪問時間：二〇一八年十二月二十九日；恒大研究院。

（二）中國居民稅負感重的原因

（1）繳納個人所得稅的居民人數佔比較低，個稅淪為「工薪稅」。因此1兆元的個人所得稅實際上僅僅是幾千萬工薪階層承擔的，邊際稅率過高（高達45％）有可能導致避稅，財產稅未能開徵導致個稅集中於特定群體，提高了實際納稅人群的納稅負擔。

（2）雖然近年來中國財政支出結構中醫療、養老與就業、住房保障、教育等民生支出方面的佔比不斷提高，但財政資金投放的效率與居民的期待有差距。稅收「取之於民，用之於民」的獲得感不深。

（3）個稅的免徵額為固定數值，改革前每月3500元人民幣的標準

自二〇一一年實施至二〇一八年，未能考慮通貨膨脹的因素進行逐年微調，當房價大幅上漲而個人還須承擔個稅時，產生了「稅收嚴重擠壓可支配收入」的感覺。

（4）政府的預算公開不足，稅制改革的參與感不夠，導致個人實際的納稅與享受的公共服務不匹配。

三、中國稅制改革的方向

為減輕中國企業和居民個人稅負感強的情況，需要對稅制進行一系列改革。同時，以美國為首的經濟體在全球掀起稅收改革競爭浪潮，雖然中國已經連續制定減稅降費政策，但國際環境仍對中國造成壓力，中國有必要在前期已經實施的減稅清費的基礎上繼續減稅，增值稅、個人所得稅和企業所得稅率均有下調的空間，但也要注意平衡好減稅與財政支出剛性的矛盾，更多的以結構性減稅和改革的方式推動減稅，真正讓利於居民和有競爭力的、高科技的企業，進一步激發市場活力，推動高質量發展。

（一）繼續清理非稅收入，提高稅收佔比

非稅收入中存在大量的收費，容易成為稅收不足時地方政府變相籌集收入的手段。未來仍需持續推進清費行動，取消一系列費用並公開收費項目。對於確實需要保留的收費項目，通過法律法規加以規範；對於具有稅收性質的收費，可以「費改稅」，比如社會保險費改為社會保障稅。對於重複收費項目、由部門憑藉行政管理權收費的項目應取消。由此稅收佔比或從下降轉為上升趨勢。二〇一八年稅收佔比為 85.3％，比二〇一七年提高 1.6 個百分點。

（二）逐步提升稅收法律級次，實現稅收法定

中國目前的稅收法律偏少，除《個人所得稅法》、《企業所得稅法》、《車船稅法》、《稅收徵收管理法》外，《環境保護稅法》於二〇一八年一月一日起實施，《煙葉稅法》和《船舶噸稅法》於二〇一七年十二月二十七日通過並於二〇一八年七月一日起實施，《車輛購置稅法》於二〇一八年十二月二十九日通過並於二〇一九年七月一日起實施，此外則是大量的行政性法規、部門規章。因此，未來將逐步形成稅法體系，稅收立法利於真正實現稅收法定，目前進程在加快，預計在二〇二〇年完成。

（三）降低間接稅比重，簡化並下調增值稅稅率，小幅下調企業 所得稅率，改變企業稅負感重的狀態

作為中國最大的稅種，增值稅（「營改增」後）佔稅收收入比重約40％，是間接稅的主要稅種。逐步推進的簡並稅率能夠為直接稅佔比的提高提供改革空間。

美國降低企業所得稅率給中國帶來壓力。由於中美稅制的差異，企業所得稅佔美國聯邦財政不到 10％，而中國企業所得稅佔比達 18％，同等稅率的下降，對中國造成的財政收入減少更加嚴重。因此，中國企業所得稅改革的方向是：小幅下調稅率而非大幅下調，須平衡好減稅與財政可持續之間的關係。同時鼓勵科研支出，進一步提高研發支出的加計扣除比例等，促進科技進步和全要素生產率的提高。鼓勵企業增加研發投入抵稅，而非簡單大幅下調稅率。

（四）個人所得稅走向綜合徵收，降低最高邊際稅率，提高稅收 遵從度，明確個稅改革的目的

（1）徵稅模式最終走向綜合徵收，確保所有收入來源按照同樣標準納稅，同等對待資本與勞動所得。

（2）盡快推出以家庭為納稅主體的稅制，充份考慮不同家庭收入結構、負擔情況的差異，夫妻間的抵扣可以調劑，貫徹「量能納稅」的公平原則。在《專項附加扣除暫行辦法》中贍養老人部份添加「納稅人贍養兩位及以上被贍養人的贍養支出，扣除標準加倍」，鼓勵社會養老敬老，緩解小規模家庭的贍養負擔。

（3）設立綜合扣除或者標準扣除，解決部份人群難以充份享受專項附加扣除導致負擔加重的問題。綜合扣除的標準可以設定為兩項專項扣除相加的餘額，如 2000 元／月，保證每個人至少可享受相當於兩項專項附加扣除的抵扣，但是綜合扣除與專項扣除只能選擇適用其中一種。

（4）房貸利息、贍養老人的標準扣除與房租一樣，均體現地區差異，設立不同級別城市的扣除標準，適度提高一線城市房貸利息抵扣標準。

（5）允許房貸利息和大病醫療可以跨年抵扣，但規定結轉年限，比如三年或者五年，類似企業在繳納所得稅面臨虧損時的處理方式。

（6）明確基本扣除額和專項附加扣除額的具體調整方式、調整時機和監測指標。財政、稅務部門應當根據當前實際繳納個稅的人群和收入區間分佈、居民收入分佈、物價上漲情況、居民訴求等綜合測算和考慮，並決定是否定期調整，是否有調整機制，並且公佈相關依據。

（7）明確個稅徵收的目的，以籌集收入還是調節公平為主。如果是籌集收入，應該盡可能縮小抵扣範圍；如果是以調節公平為主，應該提高抵扣範圍，但是會引發納稅人群數量過少的問題，納稅人群過少的稅種難以實現社會公平的目的。

（五）改革資源稅、消費稅等稅種，充份發揮稅收在保護環境、促進綠色發展方面的作用，促進資源合理配置

稅改對企業減負，可能造成財政收入增收困難，因此需要從其他地方彌補。資源稅已經進行了由從量計徵到從價計徵的改革，但是稅率依然較低，未來可提高稅率並擴大徵稅範圍。消費稅可通過調整徵收對象

範圍，擴大對高污染、高耗能產品及部份高檔消費品的徵稅，提高稅率的方式真正實現以稅收促進新發展理念的實施。水資源稅的試點範圍可逐步擴大，從河北實施的情況來看，水資源稅促進水資源的節約，未來預計將在全中國推廣。

（六）加快房地產稅立法，建立地方稅體系

　　二〇一八年中國《政府工作報告》提出：「健全地方稅體系，穩妥推進房地產稅立法。」二〇一八年九月，十三屆中國人大常委會將房地產稅法列入立法規劃第一類項目，即條件比較成熟，擬在十三屆中國人大常委會任期內提請審議。二〇一九年中國《政府工作報告》的提法是「健全地方稅體系，穩步推進房地產稅立法」。「營改增」之後，雖然通過調整中央與地方的收入分成比例以保證地方財力，但是地方稅體系遲遲未能建立。美國的地方稅體系以房產稅、個人所得稅、銷售與總收入稅為主體。中國可以建立以房地產稅為主體，多種地方稅相結合的地方稅體系，並逐步推廣。第一，為健全地方稅體系，使地方政府財政收入適應未來存量房時代新形勢，房地產稅改革勢在必行。隨著城鎮化推進和存量房時代逐步來臨以「開發交易」環節收入為主的土地財政將難以為繼；疊加減稅降費，地方財政壓力進一步凸顯。第二，房地產稅改革不是一蹴而就的，需要「立法先行、充份授權、分步推進」。穩步推進房地產稅立法是稅法改革的重要內容；房地產稅的徵收需要充份考慮居民的稅收負擔和對房地產市場的影響。

（七）清理規範稅收優惠，實現所有企業的公平競爭

　　中共十八屆三中全會提出：「按照統一稅制、公平稅負、促進公平競爭的原則，加強對稅收優惠特別是區域稅收優惠政策的規範管理。稅收優惠政策統一由專門稅收法律法規規定，清理規範稅收優惠政策。」未來的稅收優惠將實現中國一盤棋的統籌。

（八）稅收支出方向上更加側重民生，提高居民對「用之於民」的感受

　　雖然近年來中國一直在追求「錢從哪裡來，用到哪裡去」的財政透明度，但仍有待進一步提高。雖然近年來財政支出更加傾向於醫療、教育和社保等民生支出，但與居民的實際需求相比，中國的社會保障水準仍偏低。未來需進一步提高稅收透明度和改善民生，提高居民對稅收「用之於民」的感受。

第九章
中美科技、
新一代資訊技術現狀[*]

　　科技是第一生產力，是國家實力的關鍵，是歷史的槓桿。從日不落帝國到美元霸權，從機械革命到資訊革命，兩次科學革命、三次技術與工業革命，英國、法國、德國、日本、美國無一不是依靠抓住某次關鍵的產業革命機遇而成功崛起，最終成為世界的科技與經濟中心。

　　世界科學中心轉移也被稱為「湯淺現象」。日本科學史學家湯淺光朝提出當一個國家的科學成果數量佔世界科學成果總量的 25％，就可以稱之為世界科學中心，並依此將歷史上的世界科學中心轉移分為五個階段：意大利（一五四〇～一六一〇年）、英國（一六六〇～一七三〇年）、法國（一七七〇～一八三〇年）、德國（一八一〇～一九二〇年）、美國（一九二〇年之後），平均維持時間為 80 年。按照這一總結預測，二〇〇〇年前後美國的世界科技中心地位將受到新興勢力的挑戰。中美科技實力在整體上雖然存在較大差距，但是近年中國科技實力快速崛起，在通信設備、積體電路、互聯網等部份重要領域開始取得關鍵進展和優勢，威脅到了美國所謂的「國家安全」和科技壟斷地位，引起了美國的警惕和焦慮。

＊作者：任澤平、連一席、謝嘉琪。

　　美國對華貿易摩擦，劍指中國經濟崛起和產業升級。二○一八年三月的《301報告》和五月的美方要價清單多次提及「中國製造2025」。二○一九年五月十六日，川普更是不惜代價簽署總統令，宣佈美國進入「國家緊急狀態」，以禁止美國企業與包括中國高科技旗艦企業華為公司在內的一切被控會「威脅」美國國家安全的公司進行商業交易，試圖切斷華為供應鏈。中美貿易摩擦已經升級為科技戰，背後則是以教育體制、產學研模式、創新體制為核心的科技軟實力競爭。

　　本章旨在客觀評估過去幾十年中國科技取得的進展、中美科技水準的真實差距以及中美在全球科技版圖中的位置；全面客觀比較中美科技體制的差異，總結矽谷產學研模式的成功經驗，並分析產業政策在美國發展高科技產業過程中起到的關鍵作用。

第一節　中美科技比較：全球視角

一、研發經費與人力投入

當今世界的前沿科技研究，越來越離不開科研基礎設施與高端精密設備的大量投入，以物理學研究為例，如果沒有造價近 3 億美元的雷射干涉引力波天文台（LIGO），那麼，二〇一六年引力波的成功探測也就成了「無米之炊」。

國家在研發方面的資金投入是科研成果的前提保證。二〇一七年美國國內研發（R&D）支出達到 5432.5 億美元，位居世界第一；中國國內研發支出達到 2551.1 億美元，位居世界第二，但不及美國的一半；其次為日本、德國、韓國等。二〇〇〇～二〇一七年，中國國內研發支出增長超過 20 倍，年均複合增速達到 20.5％，同期美國國內研發支出增長接近兩倍，年均複合增速僅為 4.2％。按照二〇一〇年以來中美國內研發支出的複合增速測算，二〇二四年前後中國研發資金投入將超越美國，成為世界第一。

從研發強度（R&D 支出／ GDP）來看，二〇一七年研發支出排名靠前國家的研發強度普遍維持在 3％左右，其中韓國（4.5％）、日本（3.2％）、德國（3.0％）、美國（2.8％）處於前列。二〇一七年中國研發強度達到 2.1％，相較於二〇〇〇年 0.9％的強度水準明顯提升，目前已經接近法國（2.2％）並且超過英國（1.7％）等已開發國家，但距離美、日、德、韓等國仍有一定差距。

從研發支出的投向結構來看，中國目前的研究發展主要側重於試驗發展（experimental development）階段（二〇一五年佔比達到 84％），基礎研究（basic research）和應用研究（applied research）投入比例合計僅 16％。美國在基礎研究和應用研究領域相對投入更多資源，合計佔比

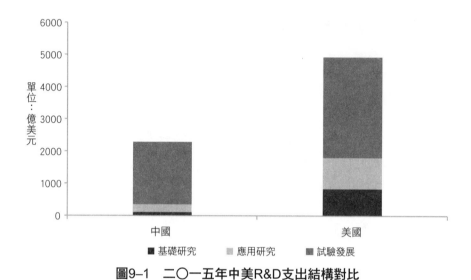

圖9-1 二〇一五年中美R&D支出結構對比

資料來源：NSF；關曉靜編：《中國科技統計年鑑──二〇一六》，中國統計出版社二
〇一六年版；恒大研究院。

達到36%，如圖9-1所示。尤其在聯邦政府層面，除國防部（DOD）外
的其他部門〔包括能源部、航太總署（NASA）等〕基本以資助基礎研究
與應用研究為主，即使國防部資助的試驗發展也是以先進技術與重要系
統開發為導向，並且孕育了阿帕網（ARPAnet，因特網的前身）、全球衛
星定位系統（GPS）等重要發明。

　　除了研發經費的支持，科研成果離不開強大的工程師與科學家。二
〇一四年自然科學與工程學學士學位獲得人數排名靠前的國家和地區分
別為中國（144.7萬人）、歐盟（56.9萬人）、美國（37.7萬人）、日本
（12.2萬人）、韓國（11.4萬人），中國已經成為世界第一，博士學位
獲得人數的國家和地區排名分別為歐盟（4.9萬人）、中國（3.2萬人）、
美國（3.0萬人）、日本（0.6萬人）、韓國（0.6萬人）。可見在最高學
歷人才供給方面，中國相對歐美國家並沒有顯著的人數優勢。

　　從科學與技術領域全職研究人員數量來看，二〇一七年排名分別為中

國（174 萬人）、美國（約 138 萬人）、日本（67.6 萬人）、德國（41.4 萬人）、韓國（38.3 萬人）。儘管在總量上已經超過美國，但中國每千人勞動力中研究人員數量僅 2.2 人，遠低於美國、日本、韓國等已開發國家。

二、高等教育

近代以來，大學的研究職能與社會服務職能得到越來越多的重視，尤其是進入二十世紀後，以美國史丹佛大學（Stanford University）的崛起為代表，大學實際上成為人類科技創新的橋頭堡。

當前國際四大權威的大學排名（QS/US News/THE/ARWU）中，泰晤士高等教育世界大學排名（THE）和世界大學學術排名（ARWU）更偏重教學與研究能力。二〇一九年泰晤士高等教育世界大學排名前 100 名榜單中，美國有 41 所大學，其次為英國 12 所，德國 8 所，中國 6 所上榜。二〇一一年以來，美國在世界前 100 名大學中的數量有所下降，但仍佔近一半；中國在世界前 100 名大學中的數量略有提升，但相比美國差距較大。

另一份更加注重科研與學術的世界大學學術排名榜單顯示，二〇一八年世界排名前 100 的大學中，美國仍然以 46 所佔到近一半，中國僅清華、北大和浙江大學 3 所上榜。榜單排名前 10 的大學中，哈佛大學（Harvard University）、史丹佛大學、麻省理工學院（MIT）等美國大學佔據了 8 名，而清華、北大則排到了 40 名之外。

三、論文與期刊發表

論文是基礎研究成果的精華，最頂尖的論文往往能夠改變甚至開創一個新的研究領域。例如，圖靈（Alan Mathison Turing）在〈論數字計算在決斷難題中的應用〉（On Computable Numbers, with an Application to the Entscheidungsproblem）中首次提出「圖靈機」（Turing machine）的設想並由此奠定了現代計算機的理論基礎；香農（Claude Elwood Shannon）的〈通信的數學理論〉（A Symbolic Analysis of Relay and Switching Circuits）直接創建了信息論並成為現代通信技術的基石。因此，高質量的論文實質上代表了對人類知識邊界的探索能力，更代表國家在基礎科研領域的實力。

從科學與工程（S&E）領域發表的論文數量來看，二〇一六年排名靠前的國家和地區分別為歐盟（61.4萬篇）、中國（42.6萬篇）、美國（40.9萬篇）、印度（11萬篇）、日本（9.7萬篇），中國首次在數量上超過美國。二〇一六年科學與工程領域發表的引用率位於前1%的高質量論文中，美國相對比例指數為1.9、歐盟為1.3、中國為1.0，中國近幾年高引用率論文的比例有所提升，但相對美國、歐盟來說差距仍然不小。（註：相對比例指數＝某國前1%引用率論文數量／論文總數。）

能否發表於頂級刊物是檢驗論文質量的另一有力標準。為了衡量基礎科研產出，《自然》（Nature）的發行者自然出版集團（Nature Publishing Group）挑選了82本自然科學領域的頂級期刊（數量不到總體的1%，但引用率佔總引文數的30%），並基於文章合作者的情況計算出了自然指數，考慮文章作者的所屬國家與機構情況後得到的自然指數稱之為分數計數（FC）。從二〇一七年各國分數計數的排名來看，第一名美國（19579），第二名中國（9088），其次為德國（4363）、英國（3608）、日本（3053）。這與科學與工程論文指標得出的結論類似，中國近年來在基礎科研領域的進步較快，但與美國仍有較大差距。

諾貝爾獎是對最頂尖基礎科研成果的肯定。從各國諾貝爾獎的獲得數量情況來看，第二次世界大戰前德國、英國、美國處於第一方陣，第二次世界大戰後美國實力大幅提升，不論在物理、化學及醫學領域，美國的獲獎數量都佔到全球總數的半壁江山。而中國目前除了二〇一五年屠呦呦獲得諾貝爾生理學或醫學獎之外，在物理學與化學領域尚未實現零的突破。

四、發明專利

專利可以分為發明專利（patent for invention）、實用新型專利（patent for utility model）和外觀設計專利（industrial design）。其中，發明專利最能代表科技創新水準，並在全球都被認作是衡量創新行為的有用指標。美國專利密集度靠前的幾大行業——計算機、通信設備、半導體均是典型的高科技行業，美國無線通信巨頭高通（Qualcomm）公司更是憑藉在分碼多重存取（Code Division Multiple Access, CDMA）領域的研發佈局在 3G/4G 時代獲利頗豐，高通依靠核心專利授權收取的費用甚至被稱為「高通稅」。

根據世界知識產權組織（WIPO）統計，截至二〇一七年年底全球共有 1043 萬件有效發明專利。其中保有量排名前五的分別為日本（282 萬件）、美國（236 萬件）、中國（152 萬件）、韓國（99 萬件）、德國（67 萬件）。從增量角度，二〇一七年各國發明專利申請量排名分別為中國（131 萬件）、美國（53 萬件）、日本（46 萬件）、韓國（23 萬件）、德國（18 萬件），而專利授權量排名分別為中國（35 萬件）、日本（29 萬件）、美國（29 萬件）、韓國（13 萬件）、德國（10 萬件）。中國近年來在專利方面發力明顯，在申請數量上已經大幅超越美國、日本，授權數量略超美國、日本，在專利的授權率與實際轉化方面中國仍有較長的路要走。

從二〇一三～二〇一五年主要國家已公示專利申請（published patent applications）的行業分佈情況來看，美國和日本在通信、計算機技術與半導體領域佈局了大量專利，其中美國（18.82 萬件），日本（16.71 萬件），中國（9.58 萬件）。日本在機床、發動機、機械零件、光學以及測量等領域的專利數量顯著多於美國和中國；美國除了在資訊通信技術領域擁有了大量專利，在生物技術、醫學技術與藥物領域更是一枝獨秀，公示階段專利申請數量超過日本與中國之和；相對而言，中國在基礎材料化

學、精細材料化學、食品化學等領域投入更多。（註：專利申請 18 個月後進入公示階段，通過實質審查後才會被授予專利。）

五、經濟活動

（一）高科技領域的國際貿易活動

高科技領域的國際貿易活動可以在一定程度上反映一國在國際產業鏈中的相對位置與實力。在聯合國國際貿易標準分類（SITC）四位數分組標準下，當前國際貿易金額較大的高科技商品包括積體電路、通信設備、飛機與航天器等。

在積體電路領域，二〇一六年中國是最大的淨進口國（出口 608.8 億美元，進口 2269.3 億美元），目前積體電路已經超過原油成為中國進口金額最大的商品。韓國淨出口 221.9 億美元（出口 520.6 億美元，進口 298.6 億美元），具有較強的競爭力；美國、日本則保持小額順差，德國基本持平。值得一提的是，商品貿易並不能反映產業競爭力的全貌，對於積體電路這類高科技行業，上游的專利授權等高附加值活動屬於服務貿易並不包含在商品進出口數據中，因此結合更具體的價值鏈構成分析是必要的，對於積體電路產業的國際比較我們將在第二節做進一步探討。

在通信設備領域，二〇一六年中國是最大的淨出口國（出口 2013.6 億美元，進口 459.0 億美元），除了韓國保持小幅順差外，美國、日本、德國均存在逆差。中國在通信設備領域的順差金額基本與在積體電路領域的逆差金額接近，作為全球電子設備產業鏈的「組裝工廠」，中國每年出口金額看似巨大，實際上由於核心的積體電路大量依賴進口，利潤十分微薄。儘管美國在通信設備領域存在巨額逆差，但是美國實際獲得的利潤最大。以行動通信設備領域為例，僅一家蘋果公司每年的淨利潤就超過其餘所有手機廠商之和。中國在通信設備領域的貿易順差難掩不均衡的產業鏈利潤分配。

在飛機與航天器領域，二〇一六年美國順差超過 1000 億美元（出口 1347.7 億美元，進口 310.3 億美元），傳統工業強國德國也存在較大順差（出口 444.4 億美元，進口 197.3 億美元）。中國在此領域存在較大逆差（出口 33.6 億美元，進口 228.4 億美元）。相比於二〇一〇年，二〇一六年中國在航空航太領域的逆差金額接近增長一倍，美國的順差同時大幅增加。航空航太及積體電路已經成為中國邁向科技強國亟須提升的技術領域。

（二）風險投資活動

風險投資是初創企業重要的融資管道之一，風險投資的活躍程度可以從側面反映新經濟的活力。風險投資可以分為三個階段——種子期、早期與後期。據 PitchBook，二〇一六年全球種子期風險投資規模達 58.1 億美元，早期與後期規模總計達 1248 億美元。

二〇一六年全球種子期風險投資規模中，美國達 33.4 億美元，佔比超過一半，歐盟（9 億美元）和以色列（7.4 億美元）緊隨其後。美國種子期風險投資投向的新興領域中，機器人與無人機、人工智慧、物聯網、無人駕駛受到熱捧，從絕對金額來看，人工智慧成為當下風險投資最看好的方向。

美國和中國已經成為全世界新經濟最具活力的國家。二〇一六年全球早期與後期風險投資規模中，美國達 652 億美元，仍然佔到一半份額，其次為中國（341 億美元）、歐盟（110 億美元）。中國早期與後期風險投資活動比種子期風險投資活動更加活躍，發展速度也遠超其他國家。

第二節　中美新一代資訊技術現狀

資訊與通信科技（information and communication technology, ICT）作為通用性技術，對整體經濟增長具有明顯的輻射作用。從科技發展史

來看，二十世紀人類進入了資訊與互聯網時代，而隨著人工智慧技術的成熟，二十一世紀人類將步入智慧時代。智慧社會由三個戰略核心組成：（1）晶片／半導體，即資訊智慧社會的心臟，負責資訊的計算處理；（2）軟體／操作系統，即資訊智慧社會的大腦，負責資訊的規劃決策、資源的調度；（3）通信，即資訊智慧社會的神經纖維和末梢神經，負責資訊的傳輸與接收。

資訊與通信科技產業是智慧社會的基石，也是未來各國科技競賽的制高點。

中國在通信和智慧手機終端市場處於世界領先水準，在半導體積體電路領域取得積極進展，但仍難以撼動美國的壟斷地位，在軟體、互聯網、雲計算等領域最為薄弱。美國是半導體積體電路、軟體、互聯網、雲計算和高端智慧手機市場的絕對霸主。目前全球科技企業中能夠同時在這三個領域發起衝鋒的僅有華為。以「構建萬物互聯的智慧世界」為使命，華為已經在通信、晶片設計等數個領域打破了美國構築的高科技壟斷壁壘，這也是美國政客真正感到恐懼並進行戰略打壓的本質原因。

一、半導體與積體電路

中國是全球最大的半導體與積體電路消費市場，但是90％依賴進口，每年的進口金額超過3000億美元。中國在積體電路領域的資本與研發投入方面與美國存在較大差距。在細分領域來看，中國在半導體關鍵設備與材料方面最為欠缺；在IC設計領域，華為海思、紫光展銳等近年來進步較大，但差距仍較大；在製造領域，台積電實力強大，中芯國際與國際最先進製程相差了兩代工藝水準。

（一）全球半導體市場格局

全球半導體產業市場規模已經從一九九九年的1494億美元增長至二

○一八年的 4686 億美元，如**圖 9–2** 所示。據美國半導體行業協會（SIA）統計，按照半導體企業總部所在地分類，二○一七年美國公司佔到全球半導體市場份額的 46％，其次為韓國、日本，中國目前市場份額在 5％左右。

　　半導體可以分為積體電路、分離式元件（Discrete）和光電元件（Optoelectronic），其中積體電路佔比最高，佔到二○一八年全球半導體銷售金額的 83.9％。中國目前已經成為全球最大的半導體與積體電路消費市場，但是自給比例僅 10％左右，二○一八年全年積體電路進口金額超過 3000 億美元。

　　根據清華大學微電子學研究所魏少軍在《二○一七年中國集成電路產業現狀分析》中所述，在諸多核心積體電路如服務器微處理器（MPU）、個人電腦微處理器、現場可程式化邏輯陣列（FPGA）、數位訊號處理器（DSP）等領域，中國都尚無法實現晶片自給，如**表 9–1** 所示。在二○一八年「中興事件」中，正是由於中興在高端光通信晶片、路由器晶片等方面依賴博通等供應商，以致一旦被美國制裁就將面臨破

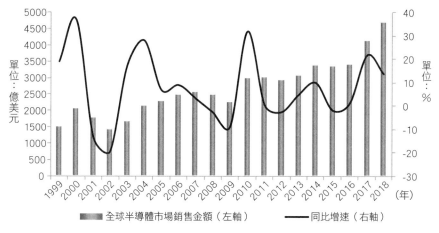

圖9–2　一九九九～二○一八年全球半導體市場銷售金額

資料來源：世界半導體貿易統計組織（WSTS）；恒大研究院。

表9-1 二〇一七年核心集成電路領域的中國國產晶片佔有率

系統	設備	核心積體電路	國產晶片佔有率（%）
計算機系統	服務器	MPU	0
	個人電腦	MPU	0
	工業應用	MCU	2
通用電子系統	可編寫邏輯設備	FPGA/EPLD	0
	數位信號處理設備	DSP	0
通信裝備	行動通信終端	應用處理器	18
		通信處理器	22
		嵌入式MPU	0
		嵌入式DSP	0
	核心設備網路	NPU	15
記憶體設備	半導體儲存器	DRAM	0
		NAND快閃	0
		NAND快閃	5
		圖像處理器	5
顯示及視頻系統	高清電視／智慧電視	圖像處理器	5
		顯示驅動	0

資料來源：魏少軍：〈二〇一七年中國集成電路產業現狀分析〉，《集成電路應用》二〇一七年第四期；恒大研究院。

產風險。對外依賴只是中國在核心晶片領域競爭力弱的外在表現，其實質是在積體電路的各核心產業鏈環節缺少足夠的長期資本與研發投入。二〇一八年，美國半導體巨頭英特爾研發投入達到131億美元，資本支出達到155億美元，其研發投入接近中國全部半導體企業全年的收入之和；高通、博通、英偉達（NVIDIA）等晶片設計廠商20%左右的銷售收入用於研發，如圖9-3所示。而中國積體電路製造領軍企業中芯國際二〇一八年研發投入5.58億美元，資本支出19億美元，在懸殊的投入對比下，中美半導體領域的產出差距大。

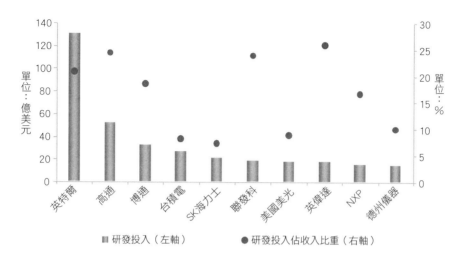

圖9–3　二〇一八年全球半導體廠商研發投入排名

資料來源：IC Insights；恒大研究院。

（二）半導體設備與材料

作為現代精密製造業的代表，一顆微處理器上整合數十億個電晶體，需要經歷數百道工藝，這決定了晶片領域的「短板效應」——任何一個零件或環節出錯，都會導致無法達到量產的良率要求；任何一個步驟都需要經過漫長的研發、嘗試與積累，絕非一朝一夕就能實現。這個過程不僅需要大量專業人才，更需要在關鍵設備與原材料領域供應率先實現突破。

二〇一八年全球前 10 名半導體設備供應商中，除了荷蘭的艾司摩爾（ASML），其餘四家位於美國、五家位於日本，其中美國的應用材料公司（AMAT）營業收入排名第一，達 140.2 億美元。四家美國公司已經佔到全球市場份額的 37.7％，第二名荷蘭光刻巨頭艾司摩爾股東中也有著英特爾的身影，半導體設備領域中國尚無企業上榜，如**圖 9–4** 所示。常年佔據全球半導體設備供應商榜首的美國應用材料公司產品幾乎橫跨

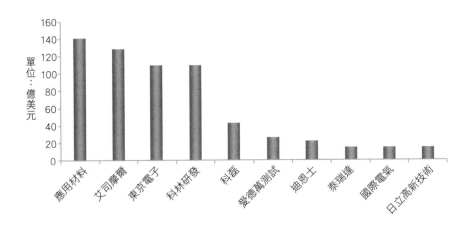

圖9-4　二〇一八年全球前10名半導體設備供應商營業收入

資料來源：VLSI Research；恒大研究院。

化學氣相沉積（CVD）、物理氣相沉積（PVD）、刻蝕、化學機械研磨
（CMP）等除曝光機外的所有半導體設備，其30％的員工為研發人員，
擁有超過12000項專利，每年研發投入超過15億美元，而中國半導體設
備代表企業北方華創每年研發投入尚不到1億美元（二〇一八年研發費
用為3.5億元人民幣）。

（三）半導體設計

從產業鏈來看，積體電路可以分為設計、製造與封裝測試三個環節，
其中垂直一體化模式稱之為整合型半導體廠（IDM），以英特爾、三星
為代表。專業化分工則可以分為無廠半導體公司（Fabless，IC設計）、
晶圓代工（Foundry）、封測，無廠半導體公司的核心是IP（IC設計的智
慧財產權），以高通為代表；晶圓代工的核心是製程與工藝的先進性和
穩定性，以台積電為代表；封裝測試的技術要求相對來說不如前兩者。

IC設計領域，從地區分佈來看，二〇一八年美國在全球晶片設計領
域擁有68％的市場佔有率，是晶片設計領域的絕對王者；台灣的市場佔

有率約 16％，位居全球第二；中國大陸則擁有 13％的市場佔有率，位居全球第三。

　　二〇一八年全球前 10 大無廠半導體公司中，美國公司佔據六家、台灣三家、中國大陸僅上榜華為海思一家，排名第五，市場份額約 7％，如**圖 9-5** 所示。二〇一八年華為海思營業收入達到 75.7 億美元，同比增長 34.2％，增速位居前 10 大晶片設計公司之首。

　　中國 IC 設計領域近年來進步不小。二〇一〇年全球前 10 大無廠半導體公司中尚無一家中國大陸企業入圍，除了台灣的聯發科排名第五，其餘九家均為美國企業。經過近 10 年的發展，中國大陸企業在 IC 設計領域的全球市場份額由二〇一〇年的 5％左右提升至二〇一八年的約 13％。儘管短期之內美國在 IC 設計領域的霸主地位難以撼動，但相對實力正在下降。

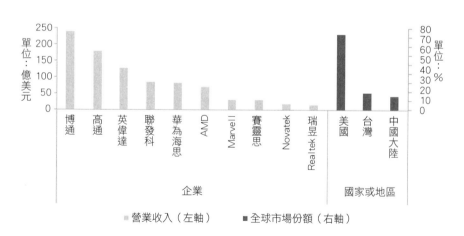

圖9-5　二〇一八年全球半導體設計公司排名

資料來源：DIGITIMES Research；恒大研究院。

（四）半導體製造

　　晶圓代工領域，全球前 10 大晶圓代工廠中，中國大陸佔據兩席，其中中芯國際排名第五、華虹排名第七，市場份額合計達到 7％；美國格羅方德（Global Foundries）排名第二，市場份額為 10％。台積電為晶圓代工領域絕對龍頭，市場份額達到 52％，如**圖 9–6** 所示。除了銷售收入的差距，華虹最高水準製程只有 90 奈米，主要產品都是為電源管理 IC、射頻器件晶片代工。中芯國際 14 奈米製程已經量產但仍處於客戶導入階段，而台積電已經導入 7 奈米製程為蘋果、華為代工，並且計劃在二〇一九年至二〇二〇年量產 5 奈米製程。從「28 奈米—20 奈米—14 奈米—10 奈米—7 奈米」的工藝升級路徑來看，中芯國際與台積電的技術工藝水準差了兩代。

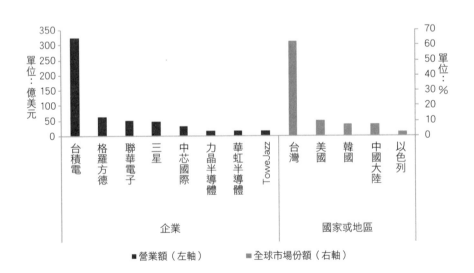

圖9–6　二〇一七年全球晶圓代工廠排名

資料來源：IC Insights；恒大研究院。

二、軟體與互聯網服務

中國在軟體領域相當薄弱，尤其在系統軟體和支撐軟體領域，在互聯網服務領域 BAT 尚能與亞馬遜、谷歌、臉書（Facebook）一較高下，但在研發投入方面遠不及美國同行。在雲計算領域，阿里雲發展很快，但體量僅為亞馬遜 AWS 的十分之一。

以功能分類，軟體可以分為系統軟體、支撐軟體和應用軟體，其中系統軟體負責管理和調度各種硬體資源和程式；應用軟體負責面向特定領域實現特定功能；支撐軟體位於兩者之間，負責支持其他軟體的編寫與維護，如程式設計軟體、數據庫管理軟體等。目前的多數互聯網服務，實際上也是應用軟體。

根據普華永道思略特發佈的「二〇一八全球創新企業 1000 強」榜單，軟體與互聯網服務公司按照研發投入排名的創新十強榜單中，中國憑藉 BAT 佔據第 7、第 8 及第 9 名，前五名均為美國企業——字母（Alphabet）、微軟、臉書、甲骨文（Oracle）、IBM。美國前兩強軟體與互聯網服務公司字母和微軟公司每年的研發投入均超過百億美元，相比之下，BAT 中最高的阿里巴巴也僅達到 36 億美元，如圖 9–7 所示。

如果不僅限於互聯網服務公司，在軟體領域創新十強榜單中除了德國的 SAP 外其餘均為美國公司，中國公司無一上榜。

（一）操作系統

在系統軟體領域，當前個人電腦（PC）操作系統基本上被 Windows 壟斷，Windows 裝機量市場佔比 75.5％，Windows 與 MacOS 合計超過 87％；手機操作系統則被 iOS 與 Android 兩家瓜分，合計市場佔比接近 100％。數據庫系統則是甲骨文獨佔鰲頭。在這些基礎軟體與底層系統領域，中國目前仍是空白。

操作系統開發是一件系統工程，Windows 7 開發大約有 23 個小組超

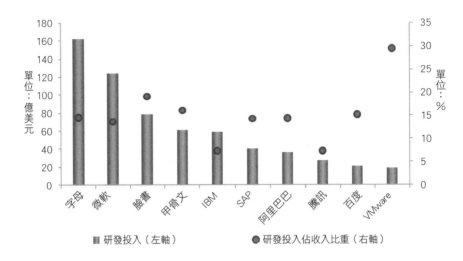

圖9-7 「二〇一八全球創新企業1000強」軟體與互聯網服務公司研發投入前
10名企業

資料來源：普華永道思略特；恒大研究院。

千人團隊，需要代碼量約5000萬行，缺乏頂層設計的研發注定缺乏效率。
中國當前的操作系統研發大多是基於Linux開源內核進行二次開發，如
果以「兩彈一星」模式，傾舉國之力進行攻關，相信技術難題可解，政用、
軍用的自主可控需求也可以得到滿足，但短期商用的可能性微乎其微，
根本原因在於操作系統開發並不符合商業的投入產出比邏輯。

　　Windows、iOS、Android等底層操作系統相當於大廈地基，在此之
上已經形成了應用程式庫與開發者社區相互影響、相互促進、相互依賴
的成熟生態。如果沒有革命性的體驗變革，從頭開始研發相當於把大廈
推倒重建，投入與產出不成正比，因此商業公司鮮有涉足，而更適合大
學與科研機構作為學術課題進行研發。

（二）雲計算

　　雲計算是對互聯網上的計算、儲存和網路三類資源和應用進行系統

管理與調配。按照服務形式，雲計算主要可以分為三類——基礎設施即服務（IaaS，Infrastructure-as-a-Service）、平台即服務（PaaS，Platform-as-a-Service）、軟體即服務（SaaS，Software-as-a-Service）。其中 IaaS 和 PaaS 管理的是最底層的硬體資源和基礎應用（如數據庫），因此也被視作下一代資訊社會的基礎設施。

根據美國市場研究機構 Canalys Cloud Analysis 統計，目前全球基礎設施雲服務（IaaS ＋ PaaS ＋托管私有雲）市場中，亞馬遜 AWS 市場佔有率接近 32％，其次為微軟 Azure、谷歌雲、阿里雲、IBM 雲，其中阿里雲全球市場份額不到 5％。

在 SaaS 領域，微軟收購 LinkedIn 後超越 Salesforce 成為第一，其餘排名靠前的 Adobe、甲骨文、SAP 均是傳統軟體領域的領先企業。由於中國在傳統軟體領域的薄弱，在 SaaS 領域沒有代表性的龍頭企業出現。

三、通信

通信是資訊社會的「神經網路」。當前全球四大通信設備巨頭華為、愛立信、諾基亞、中興，中國企業佔據一半。華為二〇一八年銷售額 1051 億美元，研發投入 148 億美元，大幅超越傳統通信設備巨頭愛立信與諾基亞，如圖 9–8 所示。與美國無線通信巨頭高通相比，華為的收入與研發投入體量同樣領先。在過去 10 年內，華為在研發領域累計投入超過 4850 億元人民幣，截至二〇一八年年底擁有 8.78 萬件專利（超過 90％是發明專利）。

從代理交換機起家，二〇〇四年建立海思半導體進行積體電路的自主研發，華為通過 30 年的積累成為全球通信設備第一，並在此基礎上進入企業級核心路由器與行動終端市場。根據市場研究機構國際數據資訊（IDC）資料顯示二〇一八年第一季度華為的乙太網交換機市場份額達到 8.1％，企業級路由器市場份額達到 25.1％，僅次於思科（Cisco）公司。

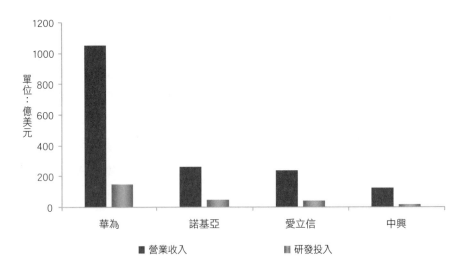

圖9−8　二○一八年全球四大通信設備供應商營業收入與研發投入對比

註：匯率按二○一八年十二月三十一日，1 美元兌 6.8632 元人民幣，1 美元兌 0.8731
　　歐元，1 美元兌 8.971 瑞典克朗。
資料來源：各公司年報；恒大研究院。

　　在下一代通信技術（5G）領域，中國已經進入第一方陣。根據德國
專利數據公司 IPlytics 數據，截至二○一九年四月中國企業申請的 5G 通
信系統標準關鍵專利（Standards-Essential Patents, SEPs）件數佔全球 34％，
居全球第一，其中華為佔 15％，位居企業榜首，如**圖 9−9** 所示。

　　在 5G 標準制定上，以華為為代表的中國企業也開始嶄露頭角。第三
代合作夥伴計劃（3rd Generation Partnership Project, 3GPP）組織定義了 5G
的三大應用場景——eMBB（3D／超高清視頻等大流量行動寬頻業務）、
mMTC（大規模物聯網業務）、URLLC（無人駕駛和工業自動化等超高
可靠超低時延通信業務）。二○一七年十一月，在美國里諾（Reno）舉行
的 3GPP RAN187 次會議中，華為主導的 Polar 碼成為 eMBB 場景下控制
信道編碼最終方案，而高通主導的 LDPC 碼成為數位信道編碼方案，中美
平分秋色。這也是作為通信物理層技術的信道編碼標準制定以來第一次由

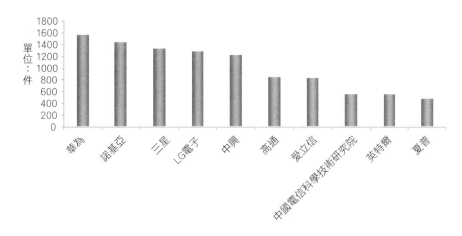

圖9-9　全球5G通信系統標準關鍵專利擁有量情況

註：時間截至二〇一九年四月。

資料來源："Who is leading the 5G patent race？"，見 http://www.iplytics.com/up-content/uploads/2019/01/who-Leads-the-5G-Patent-Raue_2019.pdf ；恒大研究院。

中國公司推動，顯示出中國在全球通信領域話語權的提高。

　　5G 晶片方面，二〇一八年二月華為在 2018 世界行動通信大會（MWC）上發佈了全球首款 3GPP 標準的 5G 商用基頻晶片巴龍 5G01，可以提供 2.3Gbps 的傳輸速度，支持高低頻，也支持獨立或非獨立方式組網。華為也成為首個具備「5G 晶片—終端—網路能力」的 5G 解決方案提供商。在中國國家 5G 測試項目中，華為在第二階段領先愛立信、諾基亞貝爾等廠商率先完成全部測試項目，並且在小區容量、網路時延等性能指標上處於領先地位。

　　儘管已經成為全球通信行業第一，華為對過去的發展卻有著比常人更清醒的認識。華為創始人任正非在二〇一六年中國科技創新大會上談道，隨著通信行業逼近香農定理（Shannon's theorem）、摩爾定律（Moore's law）的極限，華為正在本行業攻入無人區，過去跟著人跑的「機會主義」高速度將逐漸減緩。如何從工程數學、物理算法等工程科

學層面的創新過渡到重大基礎理論創新，如何從跟隨者成為引領者，任正非之問的答案可能並不在華為公司層面。要保證科技領域的長期競爭力與領導力，教育體制、科技體制、創新環境等軟實力同樣重要。

四、智慧手機

在手機整機市場中，中國品牌市場份額已經成為全球第一，但產品以中低端為主，高端市場仍難撼動蘋果和三星的地位。二〇一八年四季度華為、小米、OPPO、vivo 四家中國手機品牌合計已經佔到全球市場份額的 40％和中國市場份額的近 80％。三星和蘋果的全球份額分別為 19％和 18％，但中國市場份額僅為 1％和 12％。從單機均價（ASP）來看，蘋果、三星、華為、其他品牌的單機均價分別為 794 美元、255 美元、205 美元、149 美元。蘋果雖然市場份額不到 20％，卻以超高的品牌溢價佔據全球手機市場 50％的收入和 80％的利潤。

按照功能分類，智慧手機由晶片、顯示螢幕、照像機、功能件、結構件、被動元件和其他部份組成。其中晶片（35％～ 50％）、顯示螢幕（10％～ 20％）、照像機（10％～ 13％）三類零組件成本佔比最大，對手機整體性能影響也最深。相對於整機市場，在這些產業鏈上游領域美、日、韓三國領先優勢更大，中國的短板更明顯。但以華為海思、京東方、舜宇光學為代表，中國企業近年來在晶片、顯示面板、光學鏡頭等部份手機核心技術領域實現了從無到有的突破，逐步具備了與美、日、韓三國競爭的實力。

（一）應用處理器（AP）

高通是全球手機應用處理器（AP）市場霸主。二〇一八年第一季度，高通在應用處理器市場的佔有率達到 45％，其次為蘋果（17％）、三星 LSI（14％）、聯發科（14％），華為海思市場份額在 9％左右。其中蘋果、

三星、華為晶片均只配套自家品牌的手機，高通則是小米、OPPO、vivo
的主要晶片供應商，聯發科主要側重於中低端市場。

手機應用處理器是一個高度壟斷的市場，僅五家企業參與其中，而
美國高通和蘋果兩家合計佔據 62％的份額。對於小米、OPPO、vivo 等整
機廠來說，晶片的研發成本高、週期長、風險大，目前欠缺足夠的研發
實力。

以小米為例，小米為了第一代松果晶片耗費幾十億元，把唯一一款
搭載澎湃 S1 的小米 5C 作為重磅產品推向市場。雖然澎湃 S1 在中央處理
器（CPU）和圖形處理器（GPU）參數上和高通驍龍、海思麒麟並無多
大差異，但由於處理器製程上明顯落後，使得小米 5C 的續航和散熱能力
受到詬病，最終也沒能如預期。

目前中國手機晶片設計廠商僅有海思憑藉華為在終端市場的表現維
持 10％左右的份額，同時麒麟晶片的良好性能也增加了整機的口碑和品
牌溢價。採用麒麟晶片後，二〇一七年價格在 300 ～ 400 美元的華為手
機銷量增幅高達 150％。

（二）基頻處理器（BP）

手機基頻處理器同樣是一個高度壟斷的市場，全球主要參與者僅高
通、聯發科、三星 LSI、海思、紫光展銳和英特爾。二〇一八年第一季度，
高通市場份額達到 52％，其次為三星 LSI（14％）、聯發科（13％）、
海思（10％）。其中聯發科和紫光展銳均側重中低端市場。

中國廠商僅有海思和紫光展銳能夠參與基頻處理器市場。海思目前
維持 10％左右的市場份額，但紫光展銳由於在 4G 領域的技術積累不夠，
2G 與 3G 手機出貨量下降，目前面臨市場份額下滑風險。

（三）射頻晶片

基頻處理器中射頻晶片佔到整個線路板面積的 30％～ 40％，一款

4G 手機中前段射頻器件包括 2 ～ 3 顆功率放大器、2 ～ 4 顆開關、6 ～ 10 顆濾波器，成本為 9 ～ 10 美元，隨著 5G 時代到來，未來射頻晶片的重要性還將進一步上升。

4G 時代旗艦手機的射頻系統市場基本由 Skyworks、博通、Murata、Qorvo、TDK 五家美國和日本公司把持，中國在這個領域基本還處於空白。

（四）記憶體晶片

韓國在記憶體晶片領域優勢突出並壟斷過半市場，中國短板明顯。記憶體晶片可以分為動態隨機存取記憶體（DRAM）和 NAND 快閃記憶體（flash memory），DRAM 市場由三星、SK 海力士和美光壟斷，NAND 快閃記憶體市場由三星、東芝、西部數據（Western Digital）、美光（Micron）、SK 海力士、英特爾等公司壟斷。

韓國在發展半導體初期將動態隨機存取記憶體作為切入點，利用技術引進、收購、自主研發和反週期投資等多種手段建立技術、規模和成本優勢，連續多年市場份額超過 70％，成為記憶體晶片第一強國。之後韓國將技術與市場優勢擴大到 NAND 快閃記憶體市場，二〇一八年第四季度韓國 NAND 快閃記憶體市場份額接近 50％。

由於韓國在動態隨機存取記憶體的絕對領導地位，除了美國美光仍佔超過 10％的份額，其他競爭對手的市場份額基本在 1％左右，無法對韓形成威脅。華為海思雖然能夠自主研發應用和基頻處理器，但記憶體晶片仍依賴外部供應商。

中國在記憶體晶片領域競爭力不足，NAND 快閃記憶體和動態隨機存取記憶體兩個市場份額總額不超過 1％。福建晉華曾希望與台灣聯華電子合作開發動態隨機存取記憶體，但由於聯華電子在二〇一七年十二月面臨美光盜竊技術產權的指控並遭到起訴，福建晉華與聯華電子的合作

面臨不確定性，福建晉華也受到美國半導體設備和材料的禁運，動態隨機存取記憶體開發進展受阻。

（五）顯示螢幕

在顯示螢幕領域，中國大陸和韓國位於第一梯隊，台灣和日本逐漸落後。雖然面板技術發源地為歐美地區，但目前生產與技術研發多集中在東亞地區，主要參與者為中國大陸、韓國和日本。

從地區出貨量來看，中國大陸多年保持第一。與二〇一六年相比，二〇一八年上半年韓國、台灣和日本的份額佔比均有不同程度下滑，其中韓國份額下滑約 5 個百分點，而同期中國大陸份額則增長近 8 個百分點，如圖 9–10 所示。

從參與公司來看，除了三星與京東方依舊保持排名前二，其餘排名均有較大變化。此外，二〇一八年上半年智慧手機面板出貨量排名前五中京東方、天馬、深超光電均為中國大陸企業，合計份額達到 35％。

在主動矩陣有機發光二極體（AMOLED）顯示器市場，三星目前維

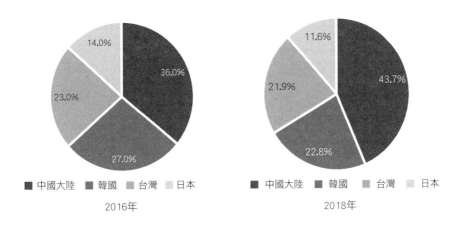

圖9–10　全球智慧手機面板各地區出貨量對比

資料來源：CINNO Research；恒大研究院。

持壟斷地位，中國廠商正在追趕。從技術分類來看，顯示面板可以分為 LCD 和 AMOLED 兩大類。LCD 又包括 α-Si（非晶矽）、LTPS（低溫多晶矽）與 Oxide（氧化物半導體）。對比傳統的 LCD 技術，AMOLED 螢幕具有廣色域、高色彩度、輕薄、省電等特性，被稱為下一代顯示技術，因此，自二〇一二年開始由三星主導在高端機型中用 AMOLED 逐漸替代 LCD。二〇一八年上半年 α-Si 出貨佔比降至 42.9％，AMOLED 份額不斷提升至 20.4％。

據 UBI Research 數據統計，二〇一八年上半年三星的 AMOLED 面板出貨量佔整體的 92.6％（1.6 億片），雖然略低於二〇一七年同期的 99％，但依然遠高於其他競爭對手。

（六）照像機

手機照像機由 CMOS 感光元件、光學鏡頭、音圈馬達、紅外濾光片、支架等組成。其中 CMOS 感光元件成本佔比最高，其次為光學鏡頭、模組封裝、音圈馬達與紅外濾光片，如圖 9-11 所示。

目前手機照像機產業集中在東亞地區，日本、韓國和台灣是 CMOS 感光元件與光學鏡頭的主要生產研發地區。中國大陸企業主要集中在紅外濾光片與模組封裝。

相比晶片的高技術門檻、高研發投入，照像機技術相對來說突破快、對整機效益貢獻明顯。近年來照像機領域創新包括雙鏡頭、3D 拍照、人工智慧攝像等，其中雙鏡頭滲透率超 20％，成為當下整機的主要賣點之一，如圖 9-12 所示。在雙鏡頭領域，中國大陸廠商推動力度較大，三星相對進度較慢。

1.CMOS 感光元件。日、韓企業壟斷高端 CMOS 感光元件（CMOS Image Sensor, CIS）市場，中國大陸企業正在進軍中高端市場。CMOS 感光元件是照像機成本佔比最高的部件，據 IC Insights 數據，二〇一七年 CMOS 感光元件銷售額 125 億美元，同比增長 19％，如圖 9-13 所示。

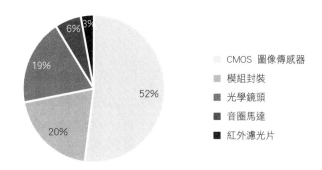

CMOS 圖像傳感器

模組封裝

光學鏡頭

音圈馬達

紅外濾光片

圖9-11　手機照像機成本構成

資料來源：TrendForce；恒大研究院。

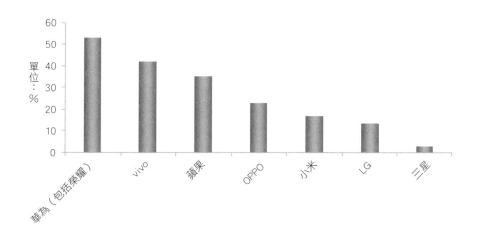

圖9-12　二〇一七年各手機品牌雙照像機滲透率對比

資料來源：旭日大數據；恒大研究院。

　　CMOS 感光元件行業市場佔有率前三名廠商分別為索尼、三星和豪威科技。索尼深耕攝像領域多年，一直是蘋果和華為旗艦手機的首要供應商，2017 年市場份額高達 42％，幾乎壟斷了 CMOS 感光元件的高端市場。三星技術實力較強，但以自產自銷為主，二〇一七年市場份額達

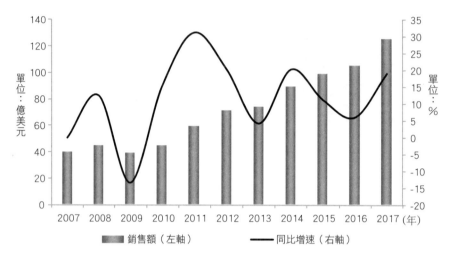

圖9-13　二〇〇七～二〇一七年全球CMOS感光元件銷售額與增速

資料來源：IC Insights；恒大研究院。

到 20％。排名第三的豪威科技原為納斯達克上市公司，二〇一六年年初
被中國大陸企業私有化退市後主攻中高端市場，是蘋果 CMOS 感光元件
的供應商之一，也是唯一能夠進入蘋果供應鏈的中國大陸半導體企業。

　　2. 光學鏡頭。光學鏡頭一直是台灣的優勢產業，台灣多年保持 50％
以上市場份額，其中，大立光排名第一，二〇一七年市場份額達到 38％。

　　早期中國大陸廠商主要集中在中低端鏡頭市場，但在大陸終端品牌
對雙鏡頭和高像素等需求的帶動下，大陸廠商技術進步加快，產業正逐漸
向大陸轉移。目前可以生產 1000 萬以上像素的僅台灣大立光、日本關東
辰美、韓國 Sekonix 及三星和中國大陸舜宇光學。其中，舜宇光學近年來
增長較快，市場佔有率由二〇一四年的 4.2％提升至二〇一七年的 17％，
排名由第七升至第二。

第三節　美國科技體制的特點

一八九一年，史丹佛大學正式招生。一九三九年，史丹佛大學畢業生休利特（William Redington Hewlett）和帕卡德（David Packard）創立惠普公司（HP），矽谷誕生。一九五五年，「電晶體之父」肖克利（William Shockley）在矽谷建立半導體實驗室。自此，矽、電晶體、積體電路、互聯網領域相關企業在矽谷扎根，仙童半導體（Fairchild Semiconductor）、英特爾、AMD、思科、谷歌、蘋果、臉書陸續登上矽谷的舞台中心，矽谷成為美國乃至世界的科技創新中心。根據《二〇一九年矽谷指數報告》，矽谷人口約 310 萬，二〇一七年人均年收入達 10.2 萬美元，遠高於美國 5.2 萬美元的平均水準；二〇一七年矽谷登記的專利數量佔美國的 12.9%；二〇一八年風險投資金額佔美國的 17.1%。

一、美國科技體制

一七八七年，在美國立國之初，「通過保障作者和發明者對他們的作品和發現在一定時間內的專有權利，來促進科學和有用藝術的進步」就寫入了美國《憲法》，以此鼓勵科技與創新。

一九四五年，時任國家科學研究與開發辦公室主任的萬尼瓦爾・布希（Vannevar Bush）向杜魯門總統提交了著名報告〈科學——無盡的邊疆〉（Science, the Endless Frontier），系統闡述了科學的重要性和科技管理的理念，並總結出三條歷史經驗：（1）基礎研究是為實現國家特定目標而進行應用研究和發展研究的基礎，最適宜開展基礎研究的是大學體制；（2）政府可以通過與工業界和大學簽訂研究合同和提供資助的制度來支持科技；（3）政府吸收科學家作為顧問，在政府中設置科學諮詢機構，有助於總統和政府做出更準確有效的科技決策。在萬尼瓦爾・布

希報告的基礎上，承擔政府對基礎研究資助職責的美國國家科學基金會（NSF）建立，美國現代科技體制開始逐漸形成。

經過近80年的迭代與完善，美國已經形成一套與政治體制相匹配的多元分散的科技體系。從聯邦角度看，多元分散最直接的體現在於科學政策制定的責任由行政部門和立法部門共同承擔。其中政府負責制定科技預算、推進相關政策、協調科技工作；國會負責審批科技預算、人員機構的任命與設置，監管和評估相關的聯邦部門和機構工作，並通過立法決定各項科技政策的框架。

美國科技體系形成了「決策—執行—研究」三層架構，各層級主體眾多但分工明確。決策層面美國總統享有國家科技活動的最高決策權和領導權，總統行政辦公室下設白宮科學技術政策辦公室（OSTP）、國家科學技術委員會（NSTC）、總統科學技術顧問委員會（PCAST）和管理與預算辦公室（OMB）。其中總統科學技術政策辦公室主要為總統制定科技政策、分配研究經費提出分析建議，對科技政策形成與發展具有重要影響；國家科學技術委員會主要負責協調各政府機構間的科學政策，並由總統親任委員會主席；總統科學技術顧問委員會是總統最高級別的科學顧問團，主要提供政策諮詢，其成員大多是政府外的頂尖科學家、工程師和學者，具有一定的獨立性；管理與預算辦公室主要負責管理總統向國會匯報預算的準備工作以及後續的協商，在確定科學計劃的優先性方面有著最重要的影響力。

執行和管理層面，大部份國家通過一個中央政府部門或科技部集中支持科學，但多元化的科學資助體系是美國科技體制最大的特點。眾多聯邦部門和獨立機構共同承擔資助科學研究和指導科技政策的責任，其中與科技關係最密切的聯邦部門包括國防部、衛生與公共服務部（HHS）、航太總署、能源部、國家科學基金會和農業部六大部門。不同聯邦部門與獨立機構對應不同的使命，例如，航太總署主要支持空間探索，國防部研究增強國家安全，國家科學基金會則支持更廣泛的基礎

研究。但在某些交叉學科與前沿科研領域的資助上，多元化的體系會帶來重複工作，某些計劃可能面臨多頭管理。美國的立法者認為，不同機構出於不同的使命，看待科學問題的視角也會略有不同，這樣把資助研究作為實現更廣泛使命的一個要素，這種資助體系更有生命力，往往會產生意想不到的「溢出效應」。因此，這套多元化的科學資助體系得以沿襲至今。

研究層面，聯邦研究機構、大學、企業和非營利研究機構四類主體形成了有效的分工協作。聯邦研究機構由政府直接管理或採取合同方式管理，主要從事重要技術的應用研究與部份基礎研究，如隸屬於能源部的橡樹嶺國家實驗室（ORNL），曾對負責原子彈研製的曼哈頓計劃做出了重要貢獻；大學以基礎研究為主，美國擁有世界上數量最多、水準最高的研究型大學，同時給予研究人員極大的自由度，包括鼓勵科研人員創業、促進科研成果轉化；企業側重於試驗發展，大多以工業研究實驗室為載體開發新技術與新產品，最知名的如美國貝爾實驗室（Bell Laboratories），發明了電晶體並開創了資訊時代；其他非營利研究機構主要包括地方政府或私人研究機構，主要從事基礎研究與政策研究，對前三類主體形成補充。

立法層面，國會最重要的職能在於監督和立法。監督方面，國會有兩類重要的職能機構：一類是國會的「百科全書」，包括國會研究服務部（CRS），負責為國會提供廣泛的政策和議題分析，以及一些專門委員會如眾議院下設的科學、空間和技術委員會；另一類是國會的「偵探機構」，如聯邦政府課責審計署（GAO），負責調查和評估現有的政府政策及計劃項目、確保經費被高效正確地使用。美國非常注重科技成果的轉化與對創新創業的鼓勵支持，國會通過立法對從事科研工作的中小企業進行稅收優惠、界定研究成果與發明專利的歸屬權，例如一九八〇年制定的《專利與商標法修正案》〔*University and Small Business Patent Procedures Act of 1980*，又稱《拜杜法案》（*Bayh-Dole Act*）〕，為聯邦

所資助的研究而產生的商業化創新提供了一個統一的框架，允許大學和其他非營利研究機構獲得這些發明的專利，並可以與公司合作，將它們推向市場。這個法案被普遍認為提高了美國大學與工業界之間的技術轉移水準。

二、美國的產學研：史丹佛大學和矽谷的經典案例

史丹佛大學建校之初沒沒無名，發展遠不及哈佛大學及鄰近的加州大學伯克萊分校（University of California, Berkeley）。一九五一年，時任工程學院院長的特曼（Frederick Emmons Terman）與校長斯特林（Wallace Sterling）商定，將學校的大量土地以極低的價格出租來創辦工業園區，此舉既為學校創造了一定的收入，又吸引了不少企業入駐，解決了學生的就業問題，成為史丹佛大學發展的轉折點。

一九三八年，史丹佛大學畢業生休利特和帕卡德在恩師特曼教授的支持下創立了惠普公司，被廣泛認為是矽谷起源的標誌。一九五五年，在特曼的邀請下，「電晶體之父」肖克利將半導體實驗室建立在了矽谷，並於一九六三年到史丹佛大學任教。自此，矽、電晶體和積體電路等領域企業在矽谷扎根，矽谷步入了高速發展時期。

史丹佛大學與矽谷取得巨大成功之後，世界上有許多大學都爭相學習效仿，但成功者寥寥，根本原因在於史丹佛大學與矽谷的崛起並非簡單依靠打造產業園區、孵化器或者設立技術轉讓辦公室，而是以一流大學、一流科研人員與初創企業為核心主體，以自由開放、鼓勵創新、包容失敗的文化為基礎，構建了一套各主體緊密合作、相互促進的生態系統，如**圖 9–14** 所示。下文對政府、大學與企業三大主體各自在矽谷生態中的作用進行分析。

美國政府在史丹佛大學和矽谷的發展初期起到了至關重要的作用。一方面，聯邦政府是大學基礎研究的主要資助者。冷戰時期，美國政府

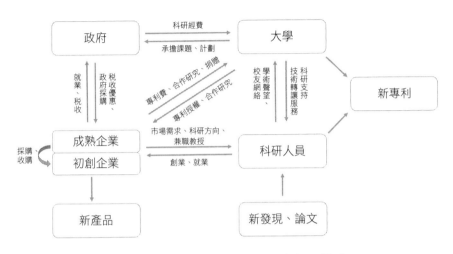

圖9-14　史丹佛大學與矽谷的產學研模式

資料來源：恒大研究院。

對軍事技術方面的研究投入大幅增加，史丹佛大學在特曼的帶領下與聯邦政府合作建立了西爾維尼亞電子國防實驗室（EDL）和電磁系統實驗室（ESL）等實驗室，在無線電和電晶體技術方面的研究迅速發展。另一方面，聯邦政府是冷戰時期矽谷許多初創企業的主要客戶。二十世紀五〇年代，電晶體仍然非常昂貴，一台電子計算器的價格相當於一輛汽車價格的四分之一。而政府出於國家安全需要大量採購電晶體、電子微波管等高科技產品，對價格也並不敏感，正是政府的支持使得這類初創企業能夠持續地進行技術升級和降低成本。第一批入駐史丹佛工業園的惠普、洛克希德馬丁（Lockheed Martin）、Watkins Johnson、英特爾等均受益於此。移民政策方面，美國政府的H1B赴美工作簽證與移民簽證機制吸引了大量國際人才流入。二〇一七年矽谷外國出生的人口佔比達到38.2％，遠高於美國13.7％的平均水準，如**圖9-15**所示。

　　大學是矽谷生態系統的核心之一。以史丹佛大學為例，大學的主要作用有三點：（1）對外形成技術授權和合作機制；（2）對內形成技術

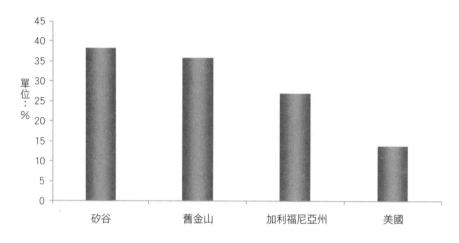

圖9-15　二〇一七年矽谷外國出生人口佔比遠高於美國平均水準

資料來源：《二〇一九年矽谷指數報告》；恒大研究院。

轉化服務體系；（3）打造一流的師資，培養一流的人才。其中技術轉化機制的核心部門為技術授權辦公室（office of technology licensing, OTL）。技術授權辦公室主要由具有科研或技術背景的計劃經理組成，負責對技術轉化的全生命週期進行管理，包括評估科研成果或發明是否可轉化為專利，是否具有商業潛力、計劃估值，並在此基礎上為專利尋找合適的產業合作夥伴、協商最優條款等。技術授權的形式非常靈活，包括但不限於授權費、版稅、股權等，同時史丹佛大學規定，技術授權產生的收益由科研人員、所在學院、所在系平均分配，即各佔三分之一。根據技術授權辦公室披露的數據，二〇一六年史丹佛大學新增141個技術授權項目，全部技術授權項目的年度收入達到9500萬美元。雖然技術授權收入佔學校整體年度預算（超過40億美元）的比例不大，但史丹佛大學認為此舉可以增強學校與工業界的聯繫，並且可以彰顯自身的基礎科研實力，有利於爭取更多的聯邦科研經費支持。

　　此外，史丹佛大學也鼓勵師生憑藉研究成果創業，學校可以給予市場、資金、技術等方面的支持。二〇〇四年谷歌上市後史丹佛大學作為

早期投資人退出，僅此項投資收益就達到 3.4 億美元。

更關鍵的是，與傳統產學研「大學負責研究，企業負責商業化」的線性模式不同，史丹佛大學與矽谷企業之間建立了類似於「共生」的相互依存關係。研究成果的商業化僅僅是其中的一部份，企業與大學之間還建立了合作研究、委託研究、人才合作培養、企業諮詢、數據共享、設備租賃等多形式、多主體的協作機制，例如史丹佛大學的 BIO-X 計劃就與嬌生（Johnson & Johnson）、諾華（Novartis）等十餘家生物製藥巨頭合作開展如訪問學者助學金、資助合作研究、贈予基金等多種形式的研究計劃，如**表 9–2** 所示。根據史丹佛大學披露的數據，通過產業合同辦公室（industrial contracts office, ICO），學校每年與企業簽訂 150 項資助研究協議、450 項材料轉讓協議。這些計劃大大拓寬了史丹佛大學和企業之間的合作範圍與內涵。

在師資與人才培養方面，特曼教授有一個著名的理念——「steeples of excellence」，即要讓史丹佛大學成為一流的大學，必須要有一流的教授。由於美國的聯邦資助採取同行評議制度，只有擁有一流的師資，才能獲得更多的聯邦資助。史丹佛大學共有 81 位校友、教授或研究人員獲得諾貝爾獎，位列世界第七；27 位獲得圖靈獎（ACM A.M. Turing Award，計算機界最高獎項），位列世界第一；現任教職中有 19 名諾貝爾獎獲得者。史丹佛大學在化學、物理和電子工程方面的學科優勢也吸引了大量理工科學生前來求學，史丹佛大學也已經累計為矽谷輸送了數以萬計的「新鮮血液」。

企業是矽谷生態系統中的另一核心。除了上文提及的企業與大學之間多元化的合作機制，矽谷企業與科研人員也有著非常緊密的聯繫，不少企業創始人和高管與在校科研人員本身就是師生、同學或校友關係。這其中最著名的例子就是惠普公司，特曼一開始利用軍方的資源為惠普初期的發展解決了不少資金和訂單方面的困難，並一直擔任惠普的董事給予諮詢。最終惠普成為美國最大的科技公司之一，特曼也成為公認的

表9–2　史丹佛大學與企業的合作模式

合作模式	簡介	特點	備註
技術授權（license）	由OTL為發明進行系統評估，申請專利並尋找合適的企業進行技術授權	合作形式多元化，包括授權費、版稅、股權等	二〇一六年新增141項技術授權，年度收入達9500萬美元
資助研究協議（sponsored research agreements, SRA）	企業對研究項目進行資助，項目合同由ICO簽訂	有特定的研究計劃、時間期限和預算；企業享有科研成果的使用權和進一步研究的權利	約150項／年
材料轉讓協議（material transfer agreements, MTA）	研究材料（生物樣品、化合物、實驗動物等）的轉入和轉出	基於研究項目的協議，無特定的預算；最終成果的享有由政策和協議綜合決定	約450項／年
諮詢協議（consulting）	教職工或學生在企業內擔任顧問	由公司和研究者簽訂的個人合同；研究成果由企業和學校共同享有	
設備出租協議	企業以出租設備換取研究的數據或報告	無資金和知識產權往來	
數據使用協議	研究人員以研究為目的使用企業的數據	無知識產權往來	
夥伴計劃	由研究人員牽頭進行的業內人士交流計劃	由企業繳納的會員費提供資金，無知識產權往來	
贈予（gifts）	企業對教職工或實驗室的無償贈予		
學者訪問	研究人員邀請合格的企業人士進行合作研究	最終的專利權和著作權由學校和企業共同持有	

資料來源：史丹佛大學官網；恒大研究院。

「矽谷之父」。二〇〇一年史丹佛大學110年校慶之際，惠普創始人休利特的基金會曾向史丹佛大學捐贈4億美元用於基礎教育與研究，創下當時美國大學接受單筆捐助金額的最高紀錄。

除了私人關係，企業和大學的科研人員存在著廣泛的互訪、交流、合

作和兼職，並且企業往往為大學科研人員帶來以解決現實問題為導向的研究靈感。這其中的一個著名例子就是谷歌和經濟學教授哈爾・羅納德・瓦里安（Hal Ronald Varian）的故事。瓦里安一開始在矽谷另一所知名大學加州大學伯克萊分校任職，他在休假期間到谷歌兼職並幫助谷歌設計了線上關鍵字廣告（AdWords）系統，從大學退休後甚至成為全職的谷歌首席經濟學家。瓦里安認為這一職位能夠讓他通過接觸大量的數據從而站在理論前沿，並有機會與大量優秀的業界人士交流，這一過程「非常有趣」，而他設計的關鍵字廣告也為谷歌帶來每年數百億美元收入。

另外，由於企業的群聚，企業與企業之間經濟合作的開展難度和成本大大降低。合作主要分兩方面，站在產業鏈角度，初創企業一般提供成熟企業的上游產品、技術或服務，因此初創企業一開始只需面向企業用戶而非終端消費者，可以減少初期的行銷成本與市場風險，SaaS 領域巨頭 Salesforce 就是一個成功案例。

站在股權角度，成熟企業可以通過併購初創公司不斷擴充產品線、增強技術和專利儲備，蘋果、思科、惠普等巨頭都是活躍的收購方；對初創企業來說，可以借助巨頭的銷售和用戶網路加快新產品的推廣，對股東來說併購也意味著更多元和便捷的退出方式。

站在系統的角度，企業是矽谷生態的重要閉環，只有企業不斷發展壯大，才能最終創造就業、產生收入、貢獻稅收，而更高的收入水準、更多的產業群聚、更好的創業氛圍進一步吸引優秀企業和一流人才流入，由此形成正向循環。據不完全統計，史丹佛大學的校友們創立了惠普、谷歌、雅虎、思科、英偉達、推特（Twitter）、LinkedIn、網飛（Netflix）、Instagram 等矽谷巨頭。史丹佛大學的兩位教授在二〇一一年做的一份調查結果顯示，[1] 自史丹佛大學成立以來校友共成立了近 4 萬家企業，年均創造營收約 2.7 兆美元，如果將這些企業合起來將成為全球第 10 大經濟

---

[1] Charles E. Eesley, William F. Miller, "Stanford University's Economic Impact via Innovation and Entrepreneurship", 2011.

體。正是這些企業的不斷出現與成長為矽谷帶來了源源不斷的創新活力。根據《二〇一九年矽谷指數報告》，近十年來矽谷和舊金山地區的人均收入水準基本維持在美國整體水準的兩倍左右，[2] 大多數年份人口呈淨流入狀態；金融危機後的二〇一〇年六月至二〇一八年六月間矽谷地區的就業機會數量增長了 29％，遠高於同期美國整體 14％ 的水準。[3] 矽谷的生命力可見一斑。

但值得注意的是，二〇一六年以來矽谷房價快速上行，二〇一八年矽谷房價中位數漲幅高達 21％（同期加利福尼亞州僅 3.4％），[4] 目前已經達到 120 萬美元，導致具備中等房價購買能力的群體比例出現下降。與此同時，近幾年矽谷人口淨流入幾乎停滯，人口增長基本僅依靠自然增長。二〇一五年七月至二〇一八年七月間矽谷的外國移民人數達到 6.2 萬人，但人口流出同樣高達 6.4 萬。[5] 二〇一八年矽谷人口增長速度創下二〇〇〇年互聯網泡沫破裂後的新低，房價快速上行可能正是主要原因。

三、美國政府產業政策：以半導體為例

儘管美國在貿易摩擦中多次指責中國政府通過國家戰略、產業政策等手段扶持「中國製造 2025」涉及的高科技領域，但實際上美國自身在發展高科技產業時卻採取了政府採購、資金支持等多種產業政策。

尤其在半導體產業，美日貿易戰期間當美國政府認定半導體產業事關國家安全之後，甚至不惜以關稅、外交等多種手段打壓遏制日本半導體產業。針對日本成立超大規模積體電路研發聯盟並快速取得半導體技術突破，美國的貿易代表一面指責日本的半導體產業政策不合理，另一

---

2 "2019 Silicon Valley Index", p.26.

3 "2019 Silicon Valley Index", p.18.

4 "2019 Silicon Valley Index", p.64.

5 "2019 Silicon Valley Index", p.10.

面卻對它讚歎不已，並遊說美國政府也採取類似的政策措施。此後美國政府組織成立「半導體製造技術產業聯盟」（SEMATECH），在國防部高等研究計劃署（DARPA）領導下聯合英特爾、德州儀器（TI）、IBM、摩托羅拉等在內的共 14 家公司共同研發，重新取得了對半導體產業的技術優勢。

（一）技術方向、資金支持與政府採購

技術發展初期，即二十世紀五〇～七〇年代，美國政府既是技術發展的提出者，又是資金提供與產品採購者。一項新技術的發明存在資金與風險雙高情況，私人企業無法承擔，政府的大力支持可以很好地緩和企業風險，為技術創新準備充份條件。

作為軍方的技術支持，早期各大企業與實驗室的研發多基於政府需求，因此，政府對技術發展方向影響重大。因戰爭產生的對電子資訊技術「高效、快速」要求，催生了電晶體的誕生。但第一枚電晶體原材料鍺的化學性能在高溫條件下不穩定且產量有限，促使了矽材料的使用。其次，軍方對元器件線路龐大複雜、故障率高提出了「微型、輕便、高效」的要求，激發研發小型整合體，這也是一九五九年德州儀器實驗室發明積體電路的直接動機。再者，美國政府的資金支持與大規模採購加快了技術發展與產品商業化，其中空軍支持率最高。研發經費分政府經費與民間經費，政府經費又分直接撥款與承包合同兩種主要形式，而承包合同貢獻率更強。積體電路發明後的六年內，政府對其資助達 3200 萬美元，70％來自空軍。合作內容包括德州儀器 115 萬美元的兩年半的技術研發、德州儀器 210 萬美元的 500 個積體電路生產能力、西屋公司（Westinghouse）的 430 萬美元的電子產品生產等。在產品得到初步回報後，政府降低採購與資金力度，轉接給個人與企業投資者，再借助市場效應擴大規模，如**圖 9–16** 所示。

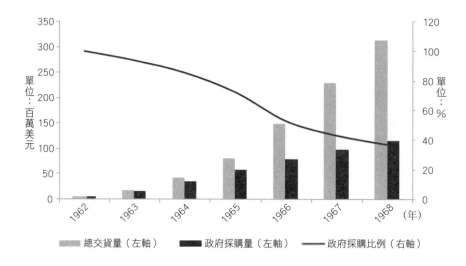

圖9-16　一九六二～一九六八年美國政府對積體電路採購金額和比例

資料來源：John Tilton, *International Diffusion of Technology: The Case of Semiconductors*, Brookings Institution Press, 1971；恒大研究院。

（二）特殊時期的外交與貿易手段

到了發展中期，日本以 DRAM 儲存器為切入點，無論從產量、技術還是價格上均反超美國，從「後來者」逆襲為世界霸主。對此，美國政府迅速做出了戰略調整，包括最為著名的《美日半導體貿易協定》與「半導體製造技術產業聯盟」。

雙邊協議簽訂背景是日本搶佔部份高科技領域而引發美國對自身發展的擔憂。美日雙邊協議取消日本貿易壁壘、擴大市場，同時遏制日本發展。二十世紀八〇年代前全球銷量最高半導體公司被美國所壟斷，包括國民半導體（National Semiconductor）、德州儀器、摩托羅拉等，到一九八六年全球前 10 大公司有 6 家來自日本，前三強更是易主為日本電氣、日立、東芝。為此，美國政府開始在一九八五年與日本進行談判，以「反傾銷」名義令日本政府調整產業政策，主要要求為：（1）至

一九九一年年底，非日本企業生產的半導體器件與晶片在日本銷量必須佔日本市場總銷量的 20％（之前在日本政府保護下為 10％以下）；（2）禁止日資企業在美投資併購；（3）建立價格監督機制，禁止第三國反傾銷。由於依賴美軍保護與國防需求，日本在一九八六年簽訂了協議。由於當時眾多美國企業為避免與日本低價競爭，轉向特殊應用積體電路（Application Specific Integrated Circuit, ASIC）等高技術高附加值市場，雙邊協議帶來的效益不算很大。協議過後，日本半導體市場份額與 DRAM 市場的全球份額變動不大，依舊領先於美國。對此美國於一九八九年再次與日本簽訂貿易協議，條款擴大至專利保護與專利授權等，對此，日本不得不令本國企業開始採用美國標準與產品。一九九六年非日企業半導體產品在日本市場份額升至 30％，其中 75％來自美國。

　　儘管美國對產業做出調整改變分工方式，轉向特殊應用積體電路定製市場形成無廠半導體公司營運模式，但基礎技術、設備、材料的劣勢不能忽視，對比日本產品的「價廉物美」，美國亟須提高製造工藝降低成本，「半導體製造技術產業聯盟」為此發揮了巨大作用。一九八七年，美國政府發揮主導，效仿日本「超大規模積體電路技術研究聯盟」經驗，聯合英特爾、德州儀器、IBM、摩托羅拉等在內的共 14 家公司建立「半導體製造技術產業聯盟」，旨在增強美國國內半導體製造與原材料等基礎供應能力。在國防部高等研究計劃署領導下，14 家企業除了互通有無，更是加強了與設備製造廠商之間的合作，包括：（1）委託開發設備；（2）改進現有設備；（3）制定下一階段技術發展戰略；（4）加強資訊交流。其中最重要的是新設備開發，佔總預算的 60％，計劃集中在金屬板印刷技術、蝕刻、軟體及製造等。統一規劃合理配置資源的同時，企業合作降低研究與實驗的重複性，改善無主攻方向問題並大大提升製造能力與材料研發進程。因此，一九九二年美國半導體市場份額重回第一。市場方面，美國國內對美產新設備採購意願從一九八四年的 40％提升至一九九一年的 70％，一九九二年美國應用材料公司成為全球最大設備材

料供應商，並保持至今；技術方面，日本終端晶片對比美國的相對成品率從一九八五年的 50％ 下降到一九九一年的 9％，一九九三年「半導體製造技術產業聯盟」完成 0.35 微米的電路製造。[6]

（三）相關立法與優惠政策

注重法律保護的美國，在半導體方面實施了多項政策，直接或間接地影響半導體行業在融資、投資、稅收、專利保護、科技研發等方面的進程。政策形式可分為減免所得稅、企業低稅率、額外費用減扣、虧損結轉、所有權保護、打擊惡性競爭等，如**表 9–3** 所示。

以《一九八一年經濟復甦稅收法案》為例，企業研發費用不作為資本支持而作為費用抵扣，如當年研發開支超過前三年平均值，超出部份給予 25％ 稅收減免，企業用於新技術改進的設備投資可以按照投資額 10％ 進行所得稅抵免。這一法案的實施，在減免企業營業壓力的同時增加企業創新研發動力與研發強度。

針對早期晶片行業版權混亂現象，美國制定了世界第一部《半導體晶片保護法》（*Semiconductor Chip Protection Act*），進行註冊後的積體電路權利人可以在 10 年內享有該作品的複製、發行等基礎權利，也享有對惡性抄襲複製者的追訴權，即使沒有註冊，設計者也在兩年內享有權利。但是《半導體晶片保護法》不反對逆向工程（通過現成產品進行設計複製），也一定程度促進了市場競爭。這部創新性的保護法案也影響了其他國家積體電路的專利保護，更是影響了世界知識產權組織修訂《積體電路知識產權條約》（*Treaty on Intellectual Property in Respect of Integrated Circuits, IBIC*）與 WTO 修訂《與貿易有關的知識產權協議》。

---

[6] 黃京生：《國家干預：維持美國半導體產業競爭能力的鑰匙》，外交學院碩士學位論文，一九八八年，第七四頁，原數據引用惠普公司。

第四節　中國科技體制改革及政策建議

一、中國科技體制改革

　　一九七八年，鄧小平在全國科學大會開幕式講話中全面闡述了科學技術的重要性，鮮明提出「科學技術是第一生產力」，標誌著中國科技體制的重大轉折，「科學的春天」正式到來。二〇一二年中國共產黨的十八大明確提出實施創新驅動發展戰略，強調「科技創新是提高社會生產力和綜合國力的戰略支撐，必須擺在國家發展全局的核心位置」。在創新驅動發展戰略的指引下，二〇一五年中國開始科技體制改革，重點解決資源碎片化和戰略目標不夠聚焦等問題。

　　改革主要分為兩方面。一方面是對科技計劃體制的改革。改革前，40 多個政府部門管理著 90 多個資助項目，存在著重複、分散、封閉的問題；改革後，中共中央全面深化改革領導委員會組織科學技術部、財政部、國家發展和改革委員會、工業和信息化部、教育部等部門參與形成科技計劃管理部際聯席會議制度，並將資助項目歸入國家自然科學基金、國家科技重大專項等五大類科技計劃，由不同部門代表組成的部際會議來共同討論決定資助項目的優先級和資金分配。改革前，政府部門既有權分配研究資金，也負責項目管理、資金用途監督與評估；改革後，政府部門不再介入研究項目的管理工作，這部份工作將外包給專業的獨立機構，機構之間通過競爭來獲得政府部門的服務合同。

　　這期間，一九八〇年深圳經濟特區成立。一九八五年，中興通訊成立；一九八七年華為由任正非創立；一九九八年和二〇〇六年騰訊和大疆創新相繼成立。二〇一八年深圳市戰略性新興產業增加值合計 9155 億元，佔全市 GDP 比重達 38％。其中，新一代資訊技術產業增加值達到 4772 億元，佔深圳 GDP 比重達 20％。專利合作條約（Patent Cooperation

Treaty, PCT）國際專利申請量 1.8 萬件，居中國第一。二〇一五年以來深圳常住人口年均增量均超 50 萬，居中國之首。大批創新創業者匯聚到深圳，昔日的小漁村迅速崛起成為中國的創新之都，市場化的商業土壤、自由包容的文化氛圍、簡單開放的創業環境、集聚的優秀人才，正是深圳崛起的祕密。

另一方面，頂層設計與立法工作進一步加強。近年來，中國陸續發佈《深化科技體制改革實施方案》、《國家創新驅動發展戰略綱要》等系列政策文件，提出了一系列戰略目標與實施方案。二〇一五年中國人大常委會通過《促進科技成果轉化法》修正案，降低了大學所有的知識產權轉讓及銷售過程中的法律風險，為促進技術轉移與轉化、鼓勵研發人員創業創新創造了制度環境。

二、政策建議

二〇一八年五月二十八日，中國國家主席習近平在兩院院士大會上的講話中強調，「中國要強盛、要復興，就一定要大力發展科學技術，努力成為世界主要科學中心和創新高地。」中國國家主席習近平指出：「充份認識創新是第一動力，提供高質量科技供給，著力支撐現代化經濟體系建設。」「科技體制改革要敢於啃硬骨頭，敢於涉險灘、闖難關，破除一切制約科技創新的思想障礙和制度藩籬」。為了加快科學技術發展，我們認為：

1. 加快科教體制改革，建立市場化、多層次的產學研協作體系。由國家主導加大基礎研究投入，由企業主導加大試驗開發投入，多類主體形成合理的科研分工。在經費分配和科研項目管理方面可以借鑑美國的「同行評價」模式，加強對項目的內部競爭、事前篩選和事後評估，確保經費得到高效利用。對於企業尤其是中小初創企業主導的研發活動應加大減稅力度，進一步提高研發費用加計扣除比例，加強對專利保護的

立法工作。學習史丹佛大學技術授權辦公室的成功模式，完善對內對外
的技術轉化服務體系，並鼓勵大學與企業開展多層次的合作模式，給予
大學教職人員在創業、兼職、諮詢方面更大的自主權，給學生創造更好
的學習、創業和交流環境，形成良好的創新氛圍。改革教育管理制度，
夯實基礎教育，提高高等教育投入，放開教育行業管制，改革教育理念，
充份給予學術討論的自由，生產思想與人才。

表9-3　美國對半導體高科技領域相關法律梳理

	時間	法案	具體內容
融資風投	一九五八年	《小企業投資公司法》（SBICA）	小企業管理局（SBA）批准小企業投資公司享受稅收優惠和政府軟貸款，小企業可以通過小企業管理局獲得四倍於投資額的低息貸款
	一九七七年	《公平信貸機會法》	規定商業貸款機構對申請創辦企業的個人或者規模較小貸款企業不得實行歧視性政策，確保中小企業獲得公平待遇
	一九七七年	《社區再投資法》	鼓勵社區銀行對所在社區的中小企業發放融資
	一九八二年	《小企業創新發展法》	研發預算超過1億美金的聯邦機構要設立小企業創新研究項目，並按一定比例向中小企業提供資金支持
	一九九二年	《小企業股權投資促進法》	規定小企業管理局可以為從事股權投資的中小企業進行擔保，當小企業實現資本增值後再一次性償付本息並向小企業管理局交納10%的收益分成
稅收優惠	一九八一年	《經濟復甦稅收法案》	企業研發支出不作為資本性支出，可以直接作為費用抵扣
	一九八六年	《國內稅收法》	企業或非營利機構如果捐給政府下屬基礎研究機構、教育機構、獨立研究機構，可以享有部份稅收減免
	一九八七年	《投資收益稅降低法》	研發投資稅從49%降低至25%
知識產權保護	二〇一七年	共和黨稅收計劃	美國眾議院和參議院通過的1.5兆億美金的稅法案將企業稅率從35%銳減到21%，包括對未來的國外利潤徵收10.5%的稅
	一九八四年	《半導體晶片保護法》	對集成電路等設計、專利進行保護，一九八七年、一九八八年、一九九〇年、一九九七年陸續修改並完善
	二〇一五年	《國外偽冒商品阻止法案》	遏制國外仿冒美國IC設計、製造等

註：部份法案經過多年修訂，沿用至今。
資料來源：恒大研究院。

2. 切實提高科研人員與教師的收入待遇，加大海外高端人才引進力度。當前美國加大了對華裔科學家的審查，並企圖以阻礙人才交流等方式遏制中國科技進步，中國學者赴美交流限制趨嚴，限制範圍已經拓展到在美的中國「千人計劃」學者。中國應該抓住這一機遇，在研究經費資助、個人稅收、簽證、戶口、子女教育等一系列領域推出引進海外高端人才的一攬子政策，賦予科研人員科研產權以激發其積極性，切實解決科研人員後顧之憂，並為其科研、創業提供更大力度的支持。

3. 運用合理的產業政策和政府採購，發揮「集中力量辦大事」的體制優勢，組建研發聯盟對「關鍵」技術領域進行聯合攻關。美國二十世紀六〇年代在半導體產業發展初期，政府採購積體電路的產品數量一度佔到企業全部產量的37％～44％，這對創新企業、中小企業帶來巨大的幫助。在二十世紀八〇年代後期半導體產業面臨日本挑戰時，美國由國防科學委員會和美國半導體協會共同建立「半導體製造技術產業聯盟」，由聯邦政府提供一半的經費，研究成果由政府和企業共享，最終奪回半導體產業世界第一的位置。中國雖然目前成立了規模達數千億的國家積體電路產業投資基金（以下簡稱「大基金」），但大基金的投資模式仍以分散投資和入股為主，無法像日本二十世紀七〇年代的「超大規模積體電路技術研究聯盟」和美國八〇年代的「半導體製造技術產業聯盟」一樣實現資源整合、集中攻關、減少浪費、資訊成果共享等多重效果。我們建議：（1）在黨政軍領域加大對國產操作系統和國產軟體的採購比例，逐步打造自主可控的生態；（2）由政府領導組建半導體技術研發聯盟，聯合華為、中興、紫光、中芯國際等企業進行技術攻關。

4. 積極發揮金融對經濟的支撐作用，推動科創板註冊制改革，支持科技企業融資。發展直接融資尤其是風險投資、地方性中小銀行解決創業型、科技型中小企業的融資問題，加大對於風險投資的企業所得稅減免力度。中國當前間接融資比重過高，直接融資佔比偏低，不利於新興產業和高科技企業的融資。通過「科創板＋註冊制試點」探索多層次資本市場建設，提高科技創新企業融資效率。

結論　大國興衰的世紀性規律與中國復興面臨的挑戰及未來 [*]

　　關於大國興衰的命題，長期存在著爭論，它涉及的問題非常複雜。隨著中國作為經濟大國崛起，世界對中國的看法和期待都在發生變化。無論是被動接受還是主動迎接，中國都需要面對並適應這種變化，謀求更大的發展空間，承擔相應的全球責任。

　　從戰略的層面看，當前亟須研究：（1）歷史上世界經濟大國興衰演變的一般規律，經濟大國崛起對世界政經格局的影響；（2）中國成為新興經濟大國尤其是世界第二大經濟體之後，進一步崛起可能面臨的機遇與挑戰；（3）中國從經濟大國邁向綜合性大國的現實戰略選擇及其前景。

---

[*] 本章作者：任澤平、羅志恆、孫婉瑩、羅麗娟。

第一節　全球經濟格局的變化必將引發全球治理格局的洗牌

二〇〇八年國際金融危機以來，全球最令人矚目的經濟格局變化是以中國領銜的包括印度、巴西在內的新興經濟體在全球舞台上的崛起，而與之對應的是歐美經濟體的相對衰落。

以中國的經濟成就為例，改革開放 40 年來中國經濟年均增長 9.5％，創造了人類歷史上大型國家經濟增長的奇蹟；二〇一八年中國 GDP 規模達到 90.0 兆元（13.6 兆美元），佔全球比重 16.1％，為世界第二大經濟體，為全球經濟增長貢獻 29％，如**圖** 10–1 所示。

但目前來看，新興國家的崛起在很大程度上是以經濟大國的身份進行的，其政治影響力、軍事實力相對於經濟實力而言還存在很大差距。

新興國家所創造的經濟發展成就，在世界上引發了對新興經濟大國崛起及其後果的爭論，金磚五國、中美 G2、〈北京共識〉、中美貿易摩擦等議題引起熱議。按照歷史經驗，全球經濟格局的變化必將引發全球政治格局的洗牌，區別只是在於這種調整是以戰爭還是以和平的形式進行。從英國和西班牙的海上爭霸，到兩次世界大戰，再到冷戰、星戰計劃、《廣場協議》，大國爭霸既是軍事霸主地位的角逐，也是經濟實力的較量。核時代到來以後，世界大國間相互自殺式的戰爭已不太可能，取而代之以「經濟戰」為主，在國際貿易、國際金融、能源資源、區域組織、地緣政治等領域廣泛開展角逐。

一流國家在世界事務中的相對地位總是不斷變化的，這不僅是軍事鬥爭的結果，更是經濟發展競爭的結果。各國國力增長速度不同、技術突破和組織形式變革等因素均將帶來世界大國的興衰變化。如果說二十一世紀全球格局正在走向多極化的話，那麼這種變化首先是從經濟格局開始的。但歷史的經驗告訴我們，如果全球經濟大國之間實力差距

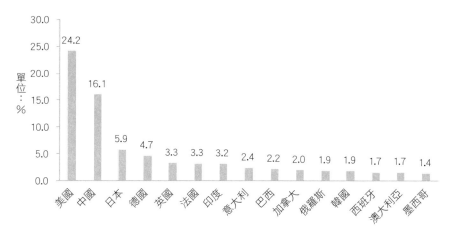

圖10–1　二〇一八年全球前15大經濟體經濟總量佔全球的比重

資料來源：Wind；國際貨幣基金組織：《世界經濟展望》，二〇一八年十月，見 http://www.imf.org/en/Publications/WEO/Issues/2018/09/24/world-economic-outlook-october-2018，訪問時間：二〇一九年六月三日；恒大研究院。

日趨縮小，美國繼續主導全球政治格局將越來越困難。根據麥迪遜數據（Madison Data），守成大國與新興國家矛盾集中爆發前，兩國 GDP 的差距均明顯縮小。具體來看，德國統一後，經濟持續追趕，德國和英國 GDP 之比從一八七〇～一八八〇年的 70％左右持續上升到一九一三年的 106％，德國挑戰英國霸權，一九一四年第一次世界大戰爆發；德國戰敗後又迅速崛起，德國和英國 GDP 之比迅速上升到一九三九年的 125％，第二次世界大戰爆發。蘇聯和美國 GDP 之比從一九二九年的 30％左右持續上升到第二次世界大戰前的 50％左右，美蘇冷戰期間蘇聯採取進攻態勢正發生於蘇聯和美國 GDP 之比相對較高的二十世紀七〇年代。日本在第二次世界大戰後崛起，日本和美國 GDP 之比從戰後不到 10％上升至二十世紀七〇年代後期的 43％，《廣場協議》後因日元升值而繼續上升至 58％，美日衝突加劇。歐美 GDP 之比從一九五一年馬歇爾計劃結束時的 50％上升至二十世紀六〇年代的 65％左右和七〇年代後期的 90％，歐美衝突不斷，歐洲反美國控制的情緒加深。

第二節　大國興衰的世紀性規律

　　「大國興衰」不僅是經濟現象，同時也是生物現象、歷史現象、社會現象、地理現象和政治現象。

一、經濟學

　　經濟增長理論把一國的經濟增長歸因於以下方面：人口、技術創新、投資、制度、財產權、社會分工、教育（人力資本投資）、比較優勢、產業政策、發展規劃、財政貨幣政策、公共物品的供給、知識產權保護、對待冒險的態度、競爭與壟斷等，並形成了重商主義、古典主義、凱恩斯主義、結構主義、新自由主義等不同的經濟學流派，歸納出了重工業趕超、進口替代、出口導向、〈華盛頓共識〉（The Washington Consensus）、〈北京共識〉（The Beijing Consensus）等不同的經濟發展模式，如**表10–1** 所示。主要代表有：亞當 • 斯密（Adam Smith）《國民財富的性質和原因的研究》（*An Inquiry into the Nature and Causes of the Wealth of Nations*），沃爾特 • 羅斯托（Walt Whitman Rostow）《經濟增長的階段：非共產黨宣言》（*The Stages of Economic Growth: A Non-Communist Manifesto*），霍利斯 • 錢納里（Hollis B. Chenery）等〈工業化和經濟增長的比較研究〉（Industrialization and Growth: a Comparative Study），約翰 • 威廉姆森（John Williamson）〈華盛頓共識〉，喬舒亞 • 雷默（Joshua Cooper Ramo）〈北京共識〉，等等。

二、生物學

　　達爾文的進化理論從生物與環境相互作用出發，認為生物的變異、

表10–1　國家干預主義和自由主義的不同經濟學流派

國家干預主義	自由主義
凱恩斯主義	古典經濟學：亞當·斯密、配第、李嘉圖
新古典綜合派	新古典學派
新劍橋學派	弗萊堡學派
新凱恩斯主義	熊彼特經濟思想
希克斯的經濟思想	奧地利學派：米塞斯、哈耶克
	貨幣主義
	理性預期學派
	供給學派
	公共選擇學派
	新制度經濟學派

資料來源：恒大研究院。

遺傳和自然選擇作用能導致生物的適應性改變，「物競天擇，適者生存」。從生物進化理論引申而來的「國家生命週期理論」認為一個國家跟一個人一樣，都存在從朝氣蓬勃到衰老死亡的生命週期。對於全球大國霸權更迭歷史，學者提出了不同角度下的劃分，如沃勒斯坦（Immanuel Wallerstein）根據經濟全方面優勢（生產、商業和金融）進行劃分，如**表10–2** 所示。而莫德爾斯基（George Modelski）根據「海國時代」各國海軍相對實力進行劃分，如**圖 10–2** 所示。國家衰落的內部原因包括規避風險、過度消費、創新能力下降、生產率降低、政府和公司官僚作風普遍，既得利益集團不願意適應並抵制改革等；外部原因包括戰爭、過度擴張、殘酷競爭等。**表 10–3** 列舉了七大國家近 200 年 GDP 佔世界比重的變化。國家跟人不同的是，在適當的外部刺激之後通過有效的內部改革，國家可以重生，即通過外部衝擊和內部改革後，國家可重回興盛階段，如改革開放以來的中國。

　　國家生命週期理論的主要代表人物和著作有達爾文《物種起源》（*On the Origin of Species*），1859 年；查爾斯·P·金德爾伯格（Charles P.

表10–2　沃勒斯坦全球大國霸權週期

霸權的權力	哈布斯堡王朝	荷蘭（聯合省）	英國	美國
崛起中的霸權	1450—？年	1575～1590年	1789～1815年	1897～1913/1920年
霸權的勝利	……	1590～1620年	1815～1850年	1913/1920～1945年
霸權的成熟	？～1559年	1620～1650年	1850～1873年	1945～1967年
衰落的霸權	1559～1575年	1650～1672年	1873～1897年	1967～？年

資料來源：Terence K. Hopkins, Immanuel Wallerstein, *World-Systems Analysis: Theory and Methodology*, SAGE Publications, 1982, p.118；恒大研究院。

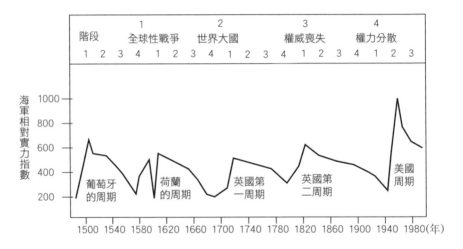

圖10–2　一五〇〇～一九八〇年莫德爾斯基的全球權力長週期

資料來源：George Modelski, William R. Thompson, *Seapower in Global Politics,* Macmillan Press, 1988, p.109；恒大研究院。

Kindleberger）《世界經濟霸權：一五〇〇～一九九〇》（*World Economic Primacy: 1500~1990*），一九九五年。

表10–3　七大國家近200年GDP佔世界比重的變化　　　　　（單位：％）

年份	1820	1870	1913	1929	1950	1973	2001
英國	5.21	9	8.22	6.76	6.53	4.22	3.23
德國	3.86	6.48	8.69	7.06	4.98	5.9	4.13
美國	1.8	8.84	18.94	22.7	27.32	22.07	21.42
蘇聯／俄羅斯	5.42	7.52	8.5	6.42	9.57	9.44	3.61
中國	32.88	17.05	8.83	7.37	4.5	4.62	12.29
日本	2.98	2.28	2.62	3.45	3.02	7.76	7.06
印度	16.02	12.12	7.48	6.52	4.17	3.09	5.39

資料來源：〔英〕安格斯·麥迪森：《世界經濟千年史》，伍曉鷹等譯，北京大學出版社二〇〇三年版，第二六五頁；恒大研究院。

三、歷史學

　　歷史學通常以較為全面的歷史事件和形勢分析大國興衰，分析範圍涵蓋社會階層、文化氛圍、政治制度、國際局勢等多個方面。**表 10–4**總結了部份新興崛起國家與守成大國之間的摩擦，並從多個方面分析了不同歷史時期新興崛起國家不同結局的原因。[1]貢德·弗蘭克（Andre Gunder Frank）在《白銀資本：重視經濟全球化中的東方》（*Reorient: The Global Economy in the Asian Age*）中指出，中國曾長期佔據世界經濟的中心地位，經濟總量曾達到整個世界的 50％。但在「航海時代」開啟的特定歷史進程當中，中國未能順應歷史潮流是後期走向衰落的重要原因。從荷蘭的興衰看，當時強國紛爭的歷史時機無疑是荷蘭崛起的土壤，當西班牙「王位繼承戰爭」結束，各強國結束彼此紛爭，加速經濟發展，荷蘭逐漸衰落，這並非文化、地理、經濟等因素能全部解釋的。

　　過度對外擴張理論認為，自十六世紀西歐國家進步以來，從西班牙、

---

[1]　〔德〕貢德·弗蘭克：《白銀資本：重視經濟全球化中的東方》，劉北成譯，中央編譯出版社二〇〇八年版，第一九七頁。

表10-4　歷史上新興崛起國家和守成大國的不同結局

守成大國	新興崛起國家	追趕時間	結果
英國	德國	一八八〇～一九二〇年	德國與英國貿易摩擦不斷，開展軍備競賽，爆發第一次世界大戰
英國	美國	一八七〇～一九四五年	英國精力集中於制衡歐洲大陸，放鬆對美壓制，美國逐步在經濟、政治、軍事、金融等領域取得霸權地位，最終成功取代英國成為世界霸主
美國	蘇聯	一九四五～一九九〇年	政治、軍事及意識形態的分歧使得美蘇兩國在第二次世界大戰結束後關係逐步惡化，涉及領域包括軍事、政治、經濟等。美蘇雙方總體呈現對立狀態，伴隨階段性局部緩和。蘇聯在美國的持續打壓與「和平演變」下，陷入經濟危機，最終解體，美國維持其世界霸主地位
美國	日本	一九五〇～一九九〇年	美國逐步升級對日壓制力度與手段，日美經濟爭霸從貿易戰逐步升級為匯率金融戰、經濟戰，從產業衝突到宏觀協調和經濟制度衝突，最終日本金融戰敗陷入「失去的二十年」，美國維持其世界經濟金融霸權
美國	歐共體（歐盟）	一九六〇年至今	歐洲共同體經濟總量逐步擴張，美歐多次爆發貿易戰，摩擦領域包含農業、鋼鐵以及高科技產品等，但歐盟並非主權國家，內部結構性問題使得其難以全面挑戰美國霸權

資料來源：恒大研究院。

荷蘭、法國、英國、蘇聯到美國等一流強國的興衰史表明，國家的生產力、收入增長能力與軍事力量會形成相互依存關係。對霸權國家而言，長期的對外擴張必將導致國力的削弱和霸權的旁落；對新興國家而言，一個國家經濟力量和軍事力量的增減並非同步進行，大部份歷史事例表明，二者存在「時滯差」。歷史學在大國興衰領域研究眾多，如阿爾德伯特（Jacques Aldebert）等著的《歐洲史》（*Histoire de l'Europe*），李世安的《歐美資本主義發展史》，郭守田的《世界通史資料選輯（中古部份）》，斯塔夫里阿諾斯（Leften Stavros Stavrianos）的《全球通史——一五〇〇年以後的世界》（*The World Since 1500: A Global History*），保

羅・甘迺迪的（Paul Michael Kennedy）《大國的興衰》（*The Rise and Fall of the Great Powers: Economic Change and Military Conflict From 1500 to 2000*）。

四、社會學

社會學尤其重視社會階層和文化對於大國興衰的影響。例如，英國成為第一個工業化國家的重要因素在於其獨特的社會結構，即強大的中間階層。工業革命前夕，英國較歐洲大部份國家的突出特徵是英國有一個強大的中間階層，而非只有社會上層和社會下層兩層，且階層間界限相對模糊，社會開放性和流動性較強。這使得在工商業生產活動中，英國有著其他國家缺失的社會活力。中間階層推動著工業革命，而工業革命也反過來促進新興資產階級的壯大，這是英國領跑工業革命的突出原因。

文化論是社會學解釋大國崛起的重要分支，該觀點認為國家興衰的首要原因在於價值觀、科學精神和技術人才的培養。哈佛大學歷史學家和經濟學家戴維・蘭德斯（David S. Landes）是這一觀點的代表人物。他指出，地理大發現得益於西方文化中的冒險精神；工業革命首先發生在歐洲得益於歐洲對科學精神的追求和對技術知識的積累；而清朝曾經經濟發展的停滯也是因為科學文化上的原因。

文明衝突論也對國家興衰進行了深入分析。該理論認為，冷戰後的世界由八個主要文明板塊構成，國家立足於自身利益而行動，它們和與自己有共同根源和文化的國家合作或結盟，並常常和與自己有不同文化的國家發生衝突，冷戰後衝突的主要差異不再是意識形態差異，而是文化差異。文明與經濟相互影響，推動了國際經貿、政治格局的變化從而影響各國興衰。

社會學觀點的主要代表人物和著作有塞繆爾・杭廷頓（Samuel Phillips Huntington）的《文明的衝突與世界秩序的重建》（*The Clash of*

Civilizations and the Remaking of World Order），戴維・蘭德斯的《國富國窮》（*The Wealth and Poverty of Nations: Why Some are so Rich and Some so Poor*）。

五、地理學

大國興衰的地理論認為地理環境對國家興衰有重要影響，但不同的歷史時期其影響不同。在交通不便、農牧發達的早期歷史時期，充足的水源、適宜耕種或畜牧的氣候以及平原地勢都是助力國家發展的重要因素，人類社會的幾大文明古國因此誕生在黃河、印度河、尼羅河等流域。自十五世紀以來的「航海時代」中，臨近大海且擁有充足深水港口的國家，如西班牙、葡萄牙、英國和荷蘭都通過大力發展海運和海軍促進經濟騰飛。在工業經濟發展、海陸空運輸空前發達的時代，各國自然資源分佈不均依然對經濟發展產生重要影響，依託石油資源的中東國家長期積累財富，麻六甲海峽兩岸的港口城市依託天然地理位置積極發展貿易等。

地理因素對國家興衰的影響還表現在國家的文化、政治體制、軍事力量、地緣戰略等方面。第一，地理環境影響國家的民族精神和性格，如海洋型國家長久與外界頻繁接觸，從事航海業和商業較多，民族性格更具冒險性，追求自由，從而更願意參與遠洋航海和貿易。第二，地理環境影響國家政治體制，海洋型國家的封建專制體制普遍延續時間較短，而大陸型國家封建專制體制延續較長。歐洲之所以呈現政治上的多元性，其重要原因也在於其碎片化的地理格局，缺乏廣闊平原使得人群分散，從而難以以統一的中央集權政權進行統治。第三，地理環境影響國家領土防禦體系和軍事力量結構，四面臨海的英國需要一支強大的海軍，而國土遼闊、平原眾多、缺乏天然屏障的俄國則需要一支強大的陸軍。第四，國家在國際地緣政治中的位置也對其國家興衰影響深遠，歐盟（歐

共體）的形成在很大程度上源於國際地緣政治。

　　在大國興衰地理論的影響下，地緣政治學把地理因素視為影響甚至決定國家政治行為的一個基本因素，並形成了「大陸均勢說」、「心臟地帶說」、「邊緣地帶說」、「陸權海權制空權」、「高邊疆戰略」等，分析世界各國地緣政治博弈的觀點。地緣經濟學認為每個國家從地緣的角度，在國際競爭中保護國家自身利益，通過經濟手段開展國際競爭並處理國際關係。人類歷史上以及當下世界主要經濟強國基本處在同一緯度區域。

　　地理論的主要代表有保羅・甘迺迪《大國的興衰》，詹姆斯・多爾蒂（James E. Dougherty）等著的《爭論中的國際關係理論》（Contending Theories of International Relation: A Comprehensive Survey），哈爾福德・麥金德（Halford John Mackinder）的《歷史的地理樞紐》（The Geographical Pivot of History），馬漢（Alfred Thayer Mahan）的《海權論》（The Influence of Sea Power Upon History: 1660-1783），朱里奧・杜黑（Giulio Douhet）的《制空權》（Command of the Air），季辛吉的《大外交》（Diplomacy），茲比格紐・布熱津斯基（Zbigniew Brzezinski）的《大棋局：美國的首要地位及其地緣戰略》（The Grand Chessboard: American Primacy and Its Geostrategic Imperatives）。

六、政治學

　　國家興衰的政治論也被稱為制度論，認為國家的基本制度尤其是政治制度決定了國家發展的進程與效率。縱觀歷史，大國興起往往伴隨著制度變革，秦孝公商鞅變法和秦始皇大一統為秦漢帝國 400 年盛世奠定了基礎；三省六部制、科舉制、均田制和兩稅制等重大制度創新是隋唐興盛的基石；君主立憲制和共和制為英荷崛起鋪墊道路；美國廢除黑奴制、建立聯邦制和三權分立的政治體系為其國力強盛之基礎。

　　政治制度決定國家權力的劃分，而統治階層的利己意志可能限制國家發展的潛力。政治制度的基本內涵是對國家權力進行劃分，古代封建王朝君主制是以君主為代表的貴族階級掌握統治權；中世紀歐洲宗教國家是以王族和教會共同掌握統治權；現代民主制則是由人民享有管理國家的權力。在少數人掌握國家統治權的政治制度下，統治階層可因為利己因素遏制有利於國家進步的經濟創新。如第一次工業革命之初，蒸汽機首先誕生於法國而非英國，但法國政治菁英擔心蒸汽機的普及導致法國行會的衰落，進而影響其統治根基，從而限制了蒸汽機的發展，使得法國錯失了大國崛起的機遇。

　　缺乏對產權的有效保護是政治制度失敗的首要原因。以詹姆斯・羅賓遜（James A. Robinson）為代表的制度理論認為國家失敗的根源在於搾取型的政治和經濟制度，且政治制度作用優先於經濟制度。從本質上來說，由於缺乏對產權的有效保護，搾取型政治和經濟制度無法對行為體提供持續有力的激勵，最終導致發展停滯。典型案例是美國南部的奴隸制度：十九世紀六〇年代的美國，中北部以工商業經濟為主，南部以黑奴制為基礎的種植園經濟為主，儘管南北戰爭結束了奴隸制，但南方的統治菁英以各類手段延續奴隸制，促使南方各州經濟發展水準長久落後於北部，這一差距直至二十世紀六〇年代之後才逐步縮小。

　　該理論的主要代表有德隆・阿西莫格魯（Daron Acemoglu）、詹姆斯・羅賓遜的《國家為什麼會失敗》（*Why Nations Fail: The Origins of Power, Prosperity and Poverty*），道格拉斯・諾斯（Douglass C. North）的《西方世界的興起》（*The Rise of the Western World: A New Economic History*）、《制度變遷與美國經濟增長》（*Institutional Change and American Economic Growth*），塞繆爾・杭廷頓的《導致變化的變化：現代化、發展和政治》（*The Change to Change: Modernization, Development and Politics*）、《變化社會中的政治秩序》（*Political Order in Changing Societies*）。

第三節　中國經驗：中國做對了什麼？

改革開放 40 年來中國經濟取得了舉世矚目的發展成就，引發了各國對中國經濟增長模式及其後果的爭論。

當前關於中國經濟增長模式的觀點主要有兩種：

第一種觀點在國際上比較流行，認為中國是出口依賴型模式，通過實行重商主義的戰略，維持低匯率，低估能源、土地和勞動力成本，高度依賴出口和投資。在中國國內消費需求不足的情況下把過剩產能向全球輸出，形成了較嚴重的內外部失衡，導致世界經濟失衡加劇。持這種觀點的人認為，要推動世界經濟再平衡，必須對中國實行貿易保護主義，並敦促人民幣盡快升值。

第二種觀點認為，中國是內需為主的增長模式，每一階段的經濟增長引擎切換都是沿著居民消費結構升級路徑展開的，如**表 10-5** 所示，從二十世紀八〇年代的輕紡，到九〇年代的家電，再到二十一世紀以來的

表10-5　一九七八～二〇一八年中國經濟增長的主導行業

時期	二十世紀七〇年代末八〇年代初	二十世紀九〇年代	二十一世紀
內需發展階段	衣食	耐用品	住行
外需發展階段	實行對外開放、設立經濟特區	一九九四年匯率超貶、出口導向戰略	二〇〇一年加入WTO、融入全球
主導經濟增長與	食品	家電	汽車
	週期波動的行業	電子	房地產
		汽車	煤電、鋼鐵、石化
		冶金	金融
		石化	互聯網
			電子

資料來源：恒大研究院。

汽車、地產，每次主導產業升級與經濟增長浪潮的都是在居民從「衣食」到「耐用品」再到「住行」的消費結構升級帶動下實現的。

我們認為，從中國經濟增長的動力結構來看，中國經濟增長模式具有「雙輪驅動」的基本特徵。從二十世紀九〇年代中期以來，中國經濟增長的動力結構由內需驅動為主向內外需「雙輪驅動」過渡，由國際競爭力帶來的外需和由居民消費升級帶來的內需共同構成了中國經濟增長的「雙輪驅動」力量，而且兩股力量都很強勁。中國逐漸完善的基礎設施，大量熟練的製造業工人和技術人員，有效的匯改和入世等政策措施，使得物美價廉的中國製造產品走向世界，經濟的外向程度快速提高。同時，中國擁有近 14 億人口的廣闊市場，中國的城鎮化率為 59.6％，[2] 處在城市化快速推進時期，進城務工人員市民化願望迫切，城市居民消費升級加快，中國經濟的內在需求旺盛。從過去 20 年的歷史來看，內需和外需這兩股力量輪番交替共同驅動中國經濟增長。中國經濟增長模式既不是過度依賴外需的小國出口導向型模式，也不是完全以內需為主的大國封閉經濟體模式，而是典型的大國開放型經濟體。

更深層次的，中國過去 40 年的發展成就取決於市場化導向的改革開放，比如二十世紀八〇年代的家庭聯產承包責任制、鄉鎮企業、設立經濟特區、一九九四年分稅制改革、一九九八年房改、二〇〇一年加入 WTO、二〇一五年以來的供給側結構性改革等，充份釋放了農民、地方政府、民企經濟、國有企業、外資企業等主體創造財富的活力。

2　中國國家統計局：《二〇一八年國民經濟和社會發展統計公報》，見 http://www.stats.gov.cn/tjsj/zxfb/201902/t20190228_1651265.html，訪問時間：二〇一九年六月二十六日。

第四節　世界經濟重心轉移的趨勢及後果

一、過去 100 年來的基本事實

一九〇〇年以來，世界經濟的重心先是從大西洋的東岸轉移到大西洋的西岸，再從環大西洋地區轉移到環太平洋地區，現在正從太平洋的東岸轉移到太平洋的西岸。

二、全球經濟重心轉移的基本原因

一國經濟最重要的就是要具備「生產性」，歷史上的經濟霸權大多經歷了從「生產性」到「非生產性」的轉變，這就使得霸權國家有了生命週期性質，從而無法逃脫由盛而衰的宿命。經濟霸權國最初作為最先進的工業品製造者，然後逐步把產業以資本輸出的方式轉移到後發國家中，自己越來越成為依賴金融服務業的食利者（二〇〇八年美國房地產金融部門引發的次貸危機、二〇〇九年歐洲主權債務危機以及二〇一二年銀行業危機）；這個過程從經濟上看是有利可圖的，但是從安全和政治上看卻會導致霸權基礎相對衰落，其間的背離達到不可持續的地步必將導致全球政治格局的重新調整。

歷史上全球經濟重心的轉移首先是具有「生產性」部份的全球生產製造中心的轉移，從而使新興國家具備了進行後發追趕的模仿學習條件、大規模技術創新的產業基礎、組織全球生產的能力以及調動全球資源的實力，進而提升了新興國家在全球治理中的影響力與軟實力。

過去 100 年來，美國和歐洲經濟面臨的主要問題就是從「生產性」向「非生產性」的轉變。美國次貸危機和歐洲主權債務危機的形成由來已久，是生產性下降、製造業萎縮、產業空洞化、地區經濟競爭力下降、

高福利模式弊端（歐）、過度消費（美）等弊病長期侵蝕的結果，是昔日全球霸主不可避免地走向沒落的生動寫照。

以中國為代表的新興經濟體崛起的原因，正是通過對內改革和對外開放，釋放了內部活力，擴大了外部發展空間，很好地承接了全球「生產中心」的轉移。新興國家的崛起和歐美已開發國家的衰落，正應了中國的古訓，所謂「成於勤儉，敗於奢侈」、「生於憂患，死於安樂」。

三、世界經濟重心轉移帶來的政治、軍事後果

霸權國家日益衰落的相對經濟實力與仍然強大的政治軍事實力並存，新興國家充滿活力的經濟實力與仍然薄弱的政治軍事實力並存。

二十一世紀全球爭霸出現新手段：經濟戰爭、貨幣戰爭、地緣戰爭、文化戰爭、科技戰爭。

當前需要戰略性地對世界主要經濟大國未來 30 年的經濟發展進行預測，描繪出到二〇五〇年世界經濟的地緣格局。

《廣場協議》簽訂前，日本 GDP 與美國 GDP 之比接近 40％；中國當前 GDP 相當於美國 GDP 的 66％，如圖 10–3 所示。按照 6％左右的 GDP 增速，在二〇二七年前後，中國有望取代美國，成為世界第一大經濟體。

第五節　中國經濟大國崛起的挑戰與未來

一、歷史經驗：世界新興經濟大國走向經濟強國的成敗

借鑑歷史上幾次世界新興經濟大國崛起對當時世界政治經濟格局都產生了深遠的影響。以足夠長遠的歷史視角來看，自世界地理大發現和

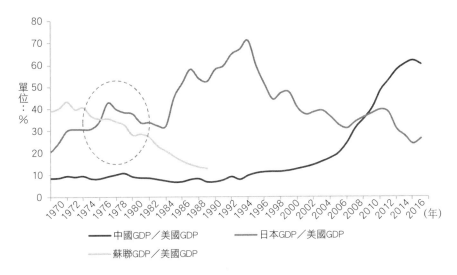

圖10–3　一九七〇～二〇一六年中國、蘇聯、日本分別與美國GDP的比值

資料來源：聯合國；俄羅斯統計署；恒大研究院。

工業革命以來，全球經濟霸權的爭奪就像一場永不停歇的錦標賽。海權時代英國對西班牙海上霸權挑戰成功；兩次世界大戰期間德國對英國全球經濟霸權的挑戰失敗；兩次世界大戰前後美國對英國全球經濟霸權挑戰成功；二十世紀八〇年代末日本對美國全球經濟霸權挑戰失敗。

二、機遇與挑戰：中國能否持續保持經濟發展？

中國的經濟發展未來面臨新的內外部機遇和挑戰，也面臨著日益複雜的地緣關係。

中國經濟發展面臨的外部環境挑戰：能源安全、新的國際地位、新的全球責任等。中國如何適應新的經濟大國角色和全球規則，塑造良好的國家形象？

中國如何跨越「中等收入陷阱」的世界性難題？未來如何實現吸納

3 億農村人口的工業化和城市化？到哪裡去尋找支撐中國經濟持續發展的能源資源？如何從要素驅動的高速增長階段轉型邁向創新驅動的高質量發展階段？中國經濟發展面臨的內部制度障礙，持續改革的動力來自哪裡？如何克服來自既得利益集團的阻礙，實現「機會公平、過程參與、成果共享」的和諧社會？

三、現實戰略選擇：中國如何從經濟大國走向綜合性大國

（一）中國最重要的外交關係是中美關係

中美關係的本質是新興大國與在位霸權國家的關係模式問題，三類基本模式是競爭對抗、合作追隨、韜晦孤立。從經濟大國走向綜合性大國需要卓越偉大的領導人、凝聚人心的夢想願景、高超的戰略智慧、縱橫捭闔的外交佈局、堅決靈活的執行力以及全方位的人才。

（二）制定新的立國戰略

改革開放 40 年來，中國一方面在經濟規模上躍升為世界第二大經濟體，另一方面在人均 GDP、基礎技術、軟實力等方面與已開發國家還有很大差距。中國正處於戰略轉型期和戰略迷茫期，所需要解決的關鍵問題是新的立國戰略問題，即面對未來政治經濟形勢演化趨勢以及世界領導權更迭，確定一種對中國有利的長遠的戰略定位，類似當年英國的大陸均勢，美國的孤立主義，中國的韜光養晦。

（三）清醒、冷靜、客觀認識中國所處的發展階段，繼續堅持三大戰略並保持戰略定力

我們應繼續堅持三大戰略：必須繼續保持謙虛的學習態度，必須繼續韜光養晦，必須堅定不移地推動新一輪改革開放。

（四）推動六大改革，從國際新三角分工中突圍

在當前國際分工格局中形成的新三角關係（以美國為金融和科技創新中心，以日德為高端製造業中心，以中國為代表的東亞國家為中低端製造業中心），中國如何實現從「外圍」走向「中心」，從製造業中心走向創新中心和金融中心，從追趕走向局部領域領跑？

展望未來，為邁向高質量發展，從國際新三角分工中突圍，六大改革亟待突破：通過地方試點方式，調動地方在新一輪改革開放中的積極性；國企改革；大力度、大規模地放活服務業；大規模地降低微觀主體的成本；防範化解重大風險，促進金融回歸本源，更好地服務實體經濟；按照「房子是用來住的，不是用來炒的」定位，建立居住導向的新住房制度和長效機制，關鍵是貨幣金融穩健和人地掛鉤。

（五）構建人類命運共同體，共創世界美好未來

中國如何從全球視野出發構建自身發展的戰略體系，實現經濟發展戰略與政治、軍事發展戰略的良好配合，如何處理好新形勢下的內政外交關係，如何參與到全球治理中去，爭取更大的發展空間，承擔相應的全球責任？推動經濟全球化，堅定支持多邊主義，積極參與推動全球治理體系變革，攜手構建人類命運共同體，共創世界美好未來。

大道之行，天下為公。站立在 960 多萬平方公里的廣袤土地上，汲取著五千多年中華民族漫長奮鬥積累的文化養分，擁有近 14 億中國人民聚合的磅礡之力，只要堅定不移地推動新一輪改革開放，中國經濟轉型必將成功！

參考文獻

〔美〕艾爾弗雷德・塞耶・馬漢：《海權對歷史的影響（1660～1783年）》，李少彥等譯，海洋出版社二〇一三年版。

〔美〕阿瑟・劉易斯：《增長與波動》，梁小民譯，華夏出版社一九八七年版。

〔英〕安格斯・麥迪森：《世界經濟千年史》，伍曉鷹等譯，北京大學出版社二〇〇三年版。

〔英〕安格斯・麥迪森：《中國經濟的長期表現（公元960～2030年）》，伍曉鷹、馬德斌譯，上海人民出版社二〇一六年版。

〔日〕濱野潔等：《日本經濟史：一六〇〇～二〇〇〇》，彭曦等譯，南京大學出版社二〇一〇年版。

〔美〕保羅・肯尼迪：《大國的興衰》，陳景彪等譯，國際文化出版公司二〇〇六年版。

〔美〕茲比格紐・布熱津斯基：《大棋局：美國的首要地位及其地緣戰略》，中國國際問題研究所譯，上海人民出版社二〇一〇年版。

〔美〕查爾斯・P・金德爾伯格：《世界經濟霸權：1500～1990》，高祖貴譯，商務印書館二〇〇三年版。

〔英〕達爾文：《物種起源》，王之光譯，譯林出版社二〇一四年版。

〔英〕哈爾福德・麥金德：《歷史的地理樞紐》，周定瑛譯，陝西人民出版社二〇一三年版。

〔美〕亨利・基辛格：《大外交》，顧淑馨、林添貴譯，海南出版社一九九八年版。

〔美〕霍利斯・錢納里等：《工業化和經濟增長的比較研究》，吳奇等譯，上海三聯書店一九八九年版。

〔美〕加布里埃爾・A・阿爾蒙德等：《當代比較政治學：世界視野》（第八版更新版），楊紅偉等譯，上海人民出版社二〇一〇年版。

〔日〕久保田勇夫：《日美金融戰的真相》，路邈等譯，機械工業出版社二〇一五年版。

〔瑞典〕魯道夫・契倫：《作為有機體的國家》，一九一六年。

〔德〕馬克思：《資本論》，中共中央馬克思恩格斯列寧斯大林著作編譯局譯，人民出版社二〇〇四年版。

〔美〕邁克爾・G・羅斯金等：《政治科學》（第十版），林震等譯，中國人民大學出版社二〇〇九年版。

〔美〕喬舒亞・雷默：〈北京共識〉，新華社《參考資料》編輯部譯，二〇〇四年。

〔美〕塞繆爾・亨廷頓：《文明的衝突與世界秩序的重建》（修訂版），周琪等譯，新華出版社二〇一〇年版。

〔日〕三橋規宏等：《透視日本經濟》，丁紅衛、胡左浩譯，清華大學出版社二〇一八年版。

〔美〕托尼・朱特：《戰後歐洲史》，林驤華等譯，中信出版社二〇一四年版。

〔美〕W・W・羅斯托：《經濟增長的階段：非共產黨宣言》，郭熙保、王松茂譯，中國社會科學出版社二〇〇一年版。

〔日〕五百旗頭真主編：《戰後日本外交史：1945～2010》，吳萬虹譯，世界知識出版社二〇一三年版。

〔美〕西蒙・庫茲涅茨：《各國的經濟增長》，常勳等譯，商務印書館一九九九年版。

〔英〕亞當・斯密：《國民財富的性質和原因的研究》，郭大力、王亞南譯，商務印書館一九七四年版。

〔日〕野口悠紀雄：《戰後日本經濟史》，張玲譯，民主與建設出版社二〇一八年版。

〔美〕約瑟夫・熊彼特：《經濟分析史》，朱泱譯，商務印書館一九九六年版。

〔美〕約翰・威廉姆森：〈華盛頓共識〉，一九八九年。

〔意〕朱里奧・杜黑：《制空權》，曹毅風、華人傑譯，解放軍出版社二〇〇五年版。

蔡林海、翟鋒：《前車之鑑：日本的經濟泡沫與「失去的十年」》，經濟科學出版社二〇〇七年版。

何曉松：《日美政治經濟摩擦與日本大國化：以二十世紀八〇年代為中心》，
　　社會科學文獻出版社二〇一五年版。

胡方：《日美經濟摩擦的理論與實態——我國對日美貿易的對策與建議》，
　　武漢大學出版社二〇〇一年版。

徐梅：《日美貿易摩擦再探討》，中國稅務出版社二〇一六年版。

國家圖書館出版品預行編目 (CIP) 資料

全球貿易摩擦與大國興衰 / 任澤平, 羅志恆著. --
　第一版. -- 臺北市：風格司藝術創作坊, 2019.12
　面；　公分
ISBN 978-957-8697-55-3(平裝)

1.經貿政策 2.國際經濟

558.1　　　　　　　　　　　　108018148

全球貿易摩擦與大國興衰

作　　　者：任澤平、羅志恆
責任編輯：苗　龍
發 行 人：謝俊龍
出　　　版：風格司藝術創作坊
　　　　　　新北市中和區連勝街28號1樓
　　　　　　Tel：02-8245-8890
總 經 銷：紅螞蟻圖書有限公司
　　　　　　Tel: (02) 2795-3656　　Fax: (02) 2795-4100
　　　　　　地址：台北市內湖區舊宗路二段121巷19號
　　　　　　http://www.e-redant.com
出版日期／2019 年 12 月　第一版第一刷
定　　　價／420 元

Knowledge House & Walnut Tree Publishing

Knowledge House & Walnut Tree Publishing